AS CIDADES e o futuro

MODELO de PACTO de INOVAÇÃO

C568	As cidades e o futuro : modelo de pacto de inovação / Jorge Luis Nicolas Audy... [et al.]. – Porto Alegre : Bookman, 2022.
	x, 166 p. : il. ; 25 cm.
	ISBN 978-85-8260-580-6
	1. Administração. I. Audy, Jorge Luis Nicolas.
	CDU 005.591.6

Catalogação na publicação: Karin Lorien Menoncin – CRB 10/2147

JORGE LUIS NICOLAS AUDY
JOSEP MIQUEL PIQUÉ
CLARISSA STEFANI TEIXEIRA
LUÍS HUMBERTO DE MELLO VILLWOCK

AS CIDADES e o futuro

MODELO de PACTO de INOVAÇÃO

bookman

Porto Alegre
2022

© Grupo A Educação S.A., 2022

Gerente editorial: *Letícia Bispo de Lima*

Colaboraram nesta edição:

Consultora editorial: *Arysinha Jacques Affonso*

Editora: *Simone de Fraga*

Preparação de originais: *Daniela de Freitas Louzada*

Leitura final: *Denise Weber Nowaczyk*

Capa: *Márcio Monticelli*

Editoração: *Clic Editoração Eletrônica Ltda.*

Reservados todos os direitos de publicação, em língua portuguesa, à
BOOKMAN EDITORA LTDA., uma empresa do GRUPO A EDUCAÇÃO S.A.
Rua Ernesto Alves, 150 – Bairro Floresta
90220-190 – Porto Alegre – RS
Fone: (51) 3027-7000

SAC 0800 703 3444 – www.grupoa.com.br

É proibida a duplicação ou reprodução deste volume, no todo ou em parte, sob quaisquer formas ou por quaisquer meios (eletrônico, mecânico, gravação, fotocópia, distribuição na Web e outros), sem permissão expressa da Editora.

IMPRESSO NO BRASIL
PRINTED IN BRAZIL

Organizadores

Jorge Luis Nicolas Audy: Professor titular da Escola Politécnica e do Programa de Pós-Graduação em Ciência da Computação. Superintendente de Inovação e Desenvolvimento da Pontifícia Universidade Católica do Rio Grande do Sul (PUCRS) e do Tecnopuc. Doutor na área de Sistemas de Informação pela Universidade Federal do Rio Grande do Sul (UFRGS). Pós-doutorado na Associação Internacional de Parques Científicos e Áreas de Inovação (IASP), na Tsinghua University, China e na Universidade de Málaga, Espanha.

Josep Miquel Piqué Huerta: Engenheiro de Telecomunicações pela La Salle/UPC. Doutor em Ecossistemas de Inovação pela Universidade Ramon Llull. Possui diplomas pelo MIT e pela UC Berkeley. Diretor de Internacionalização e Inovação da La Salle-URL. Presidente Executivo da La Salle Technova Barcelona. Presidente Fundador da XPCAT (Rede Catalã de Parques Científicos e Tecnológicos). Vice-Presidente da APTE (Espanha) e XVII Presidente da a IASP (Internacional).

Clarissa Stefani Teixeira: Professora do Departamento de Engenharia do Conhecimento (EGC) da Universidade Federal de Santa Catarina. Possui mais de 180 artigos publicados e é revisora de 14 periódicos nacionais e internacionais. Coordenadora de projetos público-privadas e da implantação de programas de inovação de governo. Pós-doutorado em Engenharia de Produção pela Universidade Federal de Santa Catarina.

Luís Humberto de Mello Villwock: Engenheiro agrônomo pela UFRGS. Coordenador Técnico do Pacto Alegre, da cidade de Porto Alegre/RS (2018-2019). Sócio da Villwock Consultores Associados Ltda. Idealizador do Crialab Tecnopuc, Laboratório de Criatividade da PUCRS. Doutor em Administração pela UFRGS. Mestre em economia rural pela UFRGS. Especialista em Comex pela Universidade do Vale dos Sinos (Unisinos) e pela Fundação Getúlio Vargas (FGV/RJ).

COLABORADOR

Elkin Echeverri Garcia: Empreendedor e empresário. Primeiro Diretor do Plano CT+i Medellín – Ruta N – 2013-2014. Medalha Juan de la Cruz Posada da Sociedad Antioqueña de Ingenieros y Arquitectos: SAI 2020. Nomeado Membro Exemplar IEEE Colômbia 2009. Prêmio Arquímedes Ruta N 2013. Conferencista Internacional.

Prefácio

O desejo de um futuro mais próspero acompanha a humanidade ao longo da história. A construção deste futuro foi mudando, de acordo com a organização social e dos agentes que lideraram estas transformações ao longo do tempo.

Em pleno século XXI, as cidades emergem como epicentros da economia e da sociedade do conhecimento. A razão fundamental é a importância do talento, tanto em sua dimensão profissional como pessoal. É nas cidades que se concentram os grandes desafios do mundo e onde se pode encontrar as soluções para esses desafios globais.

A articulação de governos, empresas e universidades para o desenvolvimento de ecossistemas inovadores está na base da construção de áreas de inovação, envolvendo a sociedade, o desenvolvimento econômico e a transformação territorial. Em sua expressão urbana, emergiram distritos de inovação e cidades do conhecimento que souberam articular os agentes para assegurar uma contribuição efetiva e coordenada de suas atuações nas dimensões urbanas, econômicas e sociais.

Este livro escrito por Audy, Piqué, Clarissa e Villwock estabelece as bases para uma compreensão mais profunda da importância das cidades como plataforma e destino da inovação e da necessidade de orquestração dos agentes envolvidos que atuam para atingir um propósito comum. Atingir este propósito comum é possível se, de forma explícita, houver uma visão de futuro compartilhada, com desafios consensuados para atingir a visão de futuro e uma implementação conjunta por parte de todos os agentes do ecossistema.

Uma das maneiras mais efetivas, em nível global, para atingir esta articulação, são os pactos de inovação, em que cidades e territórios têm desenvolvido modelos de governança de longo prazo que avançam para além de um mandato político, uma responsabilidade universitária ou uma liderança empresarial. Alcançar uma visão de futuro de 10 ou 20 anos requer um forte compromisso de todas as partes envolvidas e uma articulação de agentes de forma institucional, que aproveite as capacidades pessoais e também estimule o surgimento de novas lideranças ao longo de processo de mudança.

A metodologia apresentada neste livro para o desenvolvimento de pacto de inovação proporciona, de forma ampla e efetiva, a definição das fases de visão estratégica, diagnóstico, prioridades, mesa do pacto, macro desafios, projetos estratégicos, acompanhamento e avaliação. A apresentação dos casos de Barcelona, Medellín, Santa Catarina e Porto Alegre evidenciam que uma articulação dos agentes leva a resultados efetivos nos territórios que desenvolveram pactos de inovação. Barcelona, com o caso 22@, soube avaliar os avanços do distrito de inovação, incorporando de forma explícita a dimensão social. Medellín, em função do pacto de inovação, reverteu uma realidade crítica na área de segurança social para se tornar uma referência internacional em inovação e criatividade. Santa Catarina desenvolve um pacto de protagonismo estatal focado no desenvolvimento de ecossistemas de inovação em todo seu território. O Pacto Alegre, liderado pelas universidades, expressa a capacidade da cidade de reformular-se a partir de seus ativos e de uma esperança coletiva de uma Porto Alegre inovadora.

Convido a ler e aplicar as lições e experiências relatadas neste livro para todos aqueles envolvidos em projetos de cidades e territórios que desejam construir um futuro próspero, inclusivo e sustentável, tendo como ponto de partida a inovação e a criatividade, articulando as hélices do governo, da indústria, da universidade e da sociedade.

Luis Sanz
President of the Advisory Council
International Association of Science Parks and Areas of Innovation.

Sumário

Capítulo 1 Introdução... 1
Cidades em um mundo globalizado 2
Cidades e inovação 3
Talento e criatividade nas cidades.............................. 5
Orquestração de ecossistemas de inovação 6

Capítulo 2 Sete etapas para o desenvolvimento
de um pacto de inovação 15
Etapa I – Visão estratégica 17
Etapa II – Diagnóstico.. 26
Etapa III – Prioridades.. 40
Etapa IV – Mesa do pacto 43
Etapa V – Macrodesafios...................................... 47
Etapa VI – Projetos estratégicos 54
Etapa VII – Monitoramento e avaliação 61

Capítulo 3 *Cases* mundiais de transformação
a partir de um movimento colaborativo 69
CASE I – Barcelona: um pacto para repensar o 22@............. 69
CASE II – Gran Pacto por La Innovación Medellín............... 90
CASE III – Pacto de Inovação de Santa Catarina................. 106
CASE IV – Pacto Alegre – Porto Alegre – Rio Grande do Sul......... 120
Antecedentes.. 122

Capítulo 4 Lições aprendidas 145
O talento como base do desenvolvimento de territórios............ 146
Os cidadãos como quarto pilar (quádrupla hélice) 147
Cidades: a plataforma da ecologia da inovação 148
A revitalização da cidade necessita de
uma transformação urbana, econômica e social................. 148
Os agentes da quádrupla hélice desenvolvem diferentes
funções na construção de um ecossistema de inovação 149

O pacto de inovação como mecanismo de orquestração
do ecossistema territorial 150
Recomendações para implementar um pacto de inovação 151
Os valores devem estar no DNA do caminho. 152
Ativando e alienando ativos preexistentes 153
Das ações individuais aos projetos coletivos. 153
O que não é avaliado é desvalorizado. 154
Do governo à governança 155
Reflexões finais sobre as lições aprendidas. 155
Infraestrutura e desenvolvimento urbanístico. 157
Empresas e desenvolvimento econômico 157
Talento e desenvolvimento social 157
Governança. 158
Enfoque holístico e integrador. 158

Referências 161

Capítulo 1
Introdução

O *tsunami* tecnológico das primeiras décadas do século XXI está transformando a sociedade, a economia e os territórios. As cidades, como comunidades de pessoas que compartilham espaço e tempo no mesmo território, devem compreender as oportunidades que podem surgir e analisar as ameaças que podem impactar a realidade existente. Essa leitura não deve apenas capturar novos desenvolvimentos que impulsionam as realidades futuras, mas também resolver problemas estruturais e endêmicos do passado, para que não ocorram novamente no futuro. É necessário, portanto, utilizar novas formas de articulação dos atores que vivem e convivem nas cidades para formular visões sólidas que permitam construir o futuro almejado.

Este livro traz as metodologias recomendadas para a orquestração de ecossistemas a partir dos casos de Barcelona, na Espanha; de Medellín, na Colômbia; e do estado de Santa Catarina e da cidade de Porto Alegre, no Brasil, utilizando os pactos pela inovação como mecanismo de articulação de universidades, indústria, governo e sociedade civil organizada como agentes da quádrupla hélice que construirá o ecossistema de inovação.

O objetivo deste livro é compartilhar experiências e metodologias que possam auxiliar na implementação de pactos em cidades e estados que desejam liderar a economia e a sociedade do conhecimento.

Um **ecossistema de inovação** pode ser entendido como o mecanismo que melhor interpreta os desafios (oportunidades e problemas), articula os agentes capazes de entendê-los e promove projetos para resolver problemas ou capturar oportunidades. Para tanto, universidades, administração pública, empresas e sociedade civil devem se organizar de maneira efetiva para poder valorizar seus ativos, entender suas interdependências e cocriar uma visão que transcenda um mandato de um reitor, de um presidente, de um prefeito ou de um governador. Por sua vez, executar o conjunto de ações que vão além das ações públicas (*top-down*) e saber fazer emergir e alinhar projetos individuais e coletivos (*bottom-up*) que transformem o presente no futuro almejado.

Nesse sentido, é fundamental entender o que é um ecossistema inovador, quem o compõe, como se organiza e como transforma desafios em projetos e soluções. Desafios estes que são interpretados e pactuados em conjunto, e que são assumidos e priorizados por todos.

Para isso, é fundamental estabelecer um modelo de governança do ecossistema de inovação que permita a articulação de processos participativos de acordo com as capacidades e vontades de cada membro para a construção de uma visão compartilhada, lançar as bases para a participação da quádrupla hélice, com pactos claros que explicitam os desejos coletivos e comprometem seus membros para alcançá-los. Aqui reside a profunda mudança na liderança social, econômica, política e ambiental. Não somos mais individualmente, somos coletivamente, e na medida em que o meio ambiente favorece nosso desenvolvimento e nós favorecemos o desenvolvimento do meio ambiente, cria-se uma ecologia de simbiose necessária para ressoar. Estamos todos interligados e tudo está interligado. Conhecer e reconhecer cada um dos ativos e suas potencialidades será fundamental em um ambiente ecossistêmico, e, por sua vez, ter um olhar estratégico para aonde vamos, entendendo o papel de cada um agora e no futuro e que estabelece as bases de uma convivência.

A formalização dos pactos de inovação inclui desde o consenso na visão de governo, universidade, empresas e organizações sociais, até a governança operacional baseada em reuniões periódicas que sistematizam os macro e micro diálogos, passando pela orquestração do conjunto de projetos que se pretenda estimular e desenvolver em um determinado território. Este livro compartilha as experiências das cidades de Barcelona e Medellín, do estado de Santa Catarina e da cidade de Porto Alegre como uma sugestão às cidades e às regiões que desejam ativar seus ecossistemas de inovação para transformar suas realidades territorial, econômica e social, por meio de um pacto de inovação territorial.

Cidades em um mundo globalizado

A chegada massiva da globalização no final do século passado determinou mudanças nos padrões de comportamento da maioria dos agentes em escala mundial. Cidadãos, empresas e instituições viram-se obrigadas a reinventar-se face às exigências de um novo contexto em que a inovação e a criatividade desempenham um papel essencial.

Historicamente, as cidades sempre estiveram na encruzilhada de processos que ocorrem em escala global. No entanto, o que diferencia a mudança excepcional que a globalização gerou no século XXI é, em primeiro lugar, a intensidade, a complexidade e a abrangência das redes que surgem com as novas dinâmicas de economias de aglomeração geradas entre empresas; e, em segundo lugar, o aumento exponencial do peso relativo dos sistemas de produção digital e altamente intangíveis. Simultaneamente a esses eventos, a porcentagem de cidades que participam de uma hierarquia urbana global está aumentando. Cidades grandes ou pequenas, economicamente poderosas ou estruturalmente fragilizadas, multiculturais ou monoculturais, diversificadas ou especializadas, enfrentam desafios econômicos e sociais semelhantes e buscam, independentemente de suas particularidades, as melhores recomendações para se posicionar com sucesso no contexto internacional.

O fenômeno da globalização acompanha e molda uma mudança de paradigma nas agendas locais. A inter-relação, interdependência e internacionalização dos fluxos de capitais, mercadorias e trabalho configuram um novo panorama para a competitividade das cidades. O fato não é novo: desde as primeiras fábricas, de produção em massa ou fordista, a nova economia baseada no conhecimento ou o surgimento da criatividade como motor da competitividade gerou diversas formas de produção econômica e social que deram origem a novos processos de urbanização e, consequentemente, a diferentes modelos de cidade. Dois fatos fundamentais determinaram uma mudança substancial nos modos de relacionamento entre os atores: de um lado, a digitalização e a inovação nos processos de negócios, e de outro, o surgimento de uma nova divisão do trabalho. O primeiro, enquanto as novas tecnologias deixam de ser um setor em si mesmas para se tornarem um elemento capital no comportamento e funcionamento dos novos setores estratégicos da economia, a inovação em processos e produtos é fundamental nas novas regras de concorrência. Por outro lado, o surgimento de uma nova divisão do trabalho em que a distinção entre trabalhadores manuais e gerenciais é confusa e a capacidade de criar o talento é essencial como insumo na geração da cadeia de valor.

A tradução das inter-relações econômicas inerentes a uma economia do conhecimento no território determina uma nova dimensão na competição das cidades para atrair a atividade econômica. A relevância do talento nas novas fórmulas de produção provoca mudanças estruturais no comportamento urbano, por exemplo: a vantagem comparativa baseada na redução de custos ou benefícios fiscais para empresas localizadas em determinada localidade dá lugar a uma nova forma de competir, não apenas pela atração das empresas, mas também para atrair talentos e trabalhadores altamente qualificados. Consequentemente, como o crescimento e o desenvolvimento da cidade estão cada vez mais orientados para os setores do conhecimento dominados por talentosos trabalhadores criativos, as agendas locais dão mais atenção aos fatores que os atraem.

Nesse contexto, a marca "cidade inovadora" ou "cidade criativa" passa a ser a receita comum para conquistar um espaço na competitiva paisagem urbana global. Autores como Richard Florida delinearam as condições para alcançar o sucesso no desafio de atrair a "classe criativa" e fazer de cada cidade um núcleo de inovação. Duas visões polarizam as recomendações genéricas para o governo local: por um lado, argumenta-se como fundamental promover nas cidades tanto os elementos associados à qualidade de vida quanto os mais vinculados ao meio cultural e ambiental, e não diretamente ao sistema produtivo. Por outro lado, e ao contrário, dada a necessidade de interagir e gerar sinergias entre pessoas com competências e/ou talentos, é imprescindível que a cidade gere espaços de encontros informais e formais, facilitando a criação de externalidades positivas entre os trabalhadores, estimulando, desse modo, as formas de colaboração e a expansão da sua capacidade de inovação e criatividade.

Cidades e inovação

As cidades são os dínamos da atividade econômica e estão constantemente sujeitas às mudanças e dinâmicas do progresso tecnológico, às alterações sociodemográficas e às transformações em escala institucional. São elas que oferecem os incentivos para a localização da atividade produtiva. Assim, embora os padrões históricos de comportamento urbano indiquem a competição pela atração de recursos, evidenciando um jogo de soma zero, hoje, é mais relevante que a cidade faça parte da rede urbana em escala global, tornando-se um nó nos fluxos de troca de experiências e conhecimentos. Diante dessa nova abordagem, algumas cidades oferecem, sem dúvida, um conjunto melhor de atributos para os negócios e a atividade econômica em geral do que outras, incluindo simultaneamente ativos tangíveis na forma de elementos físicos facilmente mensuráveis, como rodovias e aeroportos, e aspectos mais indefinidos, como imagem, qualidade de governança e características sociais e culturais.

Vindas de diferentes disciplinas acadêmicas e de diferentes origens geográficas, a maioria das teorias que analisa os determinantes da localização da atividade econômica no território podem ser agrupadas em cinco abordagens, como ilustra a **Figura 1.1**.

1. *Trajetória econômica da cidade (path dependency).* O desenvolvimento histórico das cidades tem grande influência em sua situação atual. A associação de uma cidade a um determinado perfil econômico não aparece da noite para o dia: o passado determina, em grande parte, o presente das cidades. As transformações econômicas consecutivas deixam inexoravelmente seu legado no território.

2. *Os fatores clássicos: os fatores "duros".* A disponibilidade de capital e mão de obra com as qualificações necessárias, aliada a um contexto institucional que favoreça a localização dos negócios por meio de programas e ações específicos, como subsídios ou redução de impostos, têm sido os fatores tradicionalmente considerados determinantes da localização econômica. A disponibilidade de boas infraestruturas e ligações de transporte, bem como centros de ensino superior, também foram considerados fatores fundamentais.

3. *Os fatores clássicos:* **clusters**. Tradicionalmente, as vantagens de aglomeração, economias de escala e *clusters* econômicos têm recebido grande importância como promotores do crescimento financeiro. Os *clusters* industriais têm sido objeto de análise e reflexão como executores de um papel altamente relevante na análise da inovação e na definição de políticas de apoio à atividade industrial segundo o modelo de Porter. Os *clusters* industriais surgem como concentrações geográficas de empresas no mesmo setor ou em setores relacionados ao longo da cadeia de valor, que colaboram ou competem entre si e também têm ligações com outros atores (como universidades). Os *clusters* são decididamente fruto de uma ação política no território: são aglomerados não aleatórios de atividade econômica.

4. *Os fatores "leves".* Esses fatores sublinham a importância de certos atributos urbanos que contribuem para criar um ambiente atraente para as pessoas. A partir do momento em que o talento passa a ser o motor da nova economia baseada na criatividade e no conhecimento, os aspectos associados ao território tornam-se

FIGURA 1.1 Abordagens dos determinantes da localização da atividade econômica.

mais importantes como fatores de localização da atividade econômica. Qualidade de vida, ambiente urbano ou tolerância são, entre outros, alguns desses elementos.
5. **A rede ou fatores relacionais (rede).** As redes pessoais ou profissionais, implícitas ou explícitas, passam a ser os conectores entre os atores que participam nas diferentes formas de atividade econômica. Com efeito, os fatores de rede são uma formulação alternativa aos fatores clássicos de localização, tanto na forma de conectividade que oferece uma boa dotação de infraestruturas, como nas ligações estabelecidas entre empresas e pessoas dentro de um *cluster* (área). Além disso, incorporam aspectos como a trajetória individual das pessoas e sua conexão com o território à teoria da localização da atividade econômica.

A importância de alguns fatores varia de acordo com a prioridade dos sistemas econômicos. Nesse sentido, a transformação da economia eminentemente industrial em uma economia pós-industrial gerou mudanças na escala geográfica de análise (das pessoas na cidade global), mudanças nas estruturas internas regionais (do monocentrismo ao policentrismo), mudanças na especialização econômica (da indústria aos serviços) e mudanças nos modos de produção e divisão do trabalho. O paradigma econômico que atualmente define as relações de produção e o papel da cidade é baseado na criatividade e no talento. A capacidade de atrair e promover ambos os fatores dependem essencialmente do potencial inovador e competitivo da cidade.

Talento e criatividade nas cidades

O termo "criatividade", com a ênfase usada neste livro, surgiu no final dos anos 1990 como pedra de toque na maioria das soluções e propostas relacionadas à inovação e ao planejamento estratégico das cidades, tanto no campo acadêmico quanto nas agendas políticas locais. Esse fenômeno ganha mais força quando a crise econômica exige medidas urgentes para recuperar as taxas de crescimento.

Os conceitos de criatividade e talento andam de mãos dadas, pois "capital humano" também está diretamente ligado a esses termos, entendido como a experiência acumulada, habilidades e competências que as pessoas trazem para o processo produtivo como *input*.

Este é, sem dúvida, um fator de crescimento endógeno, pois é por meio da educação e da formação que os indivíduos qualificam o seu trabalho. Tradicionalmente, o capital humano é percebido como um dos recursos primários fundamentais da empresa e legitima a localização conjunta do negócio no território como um *cluster*, dada a facilidade de transferência, o estímulo ao empreendedorismo e a potencial criação de parcerias. No caso particular dos setores criativos e inovadores, os *clusters* estimulam a concorrência e, simultaneamente, a inovação.

Nos últimos anos, algumas cidades parecem melhorar rapidamente as posições na hierarquia urbana graças à sua capacidade de atrair novas atividades econômicas com grande capacidade de gerar crescimento, enquanto outras permanecem estagnadas. A chave para entender essas diferenças está no papel fundamental que a cidade desempenha na promoção de ambientes criativos. Os seguintes aspectos podem ser apontados sinteticamente como fundamentais para um território criativo:

- Existência de canais por meio dos quais é gerada uma alta densidade de fluxos de transmissão de informação e conhecimento (**infraestrutura**).
- Presença de trabalhadores qualificados e/ou com competências e habilidades (**pessoas**).
- Condições que promovem sinergias de todos os tipos entre os atores, sejam eles empresas, pessoas ou instituições (**ecossistema**).

O elemento diferenciador é o talento e sua incorporação na pessoa ou no grupo criativo. Muitas das agendas públicas locais têm atualmente como objetivo prioritário definir quais são os requisitos e as condições que favorecem o desenvolvimento de processos que promovam o desenvolvimento da criatividade e da inovação.

As relações econômicas de produção assumem diferentes formas no território, constituindo os chamados "ecossistemas criativos ou inovadores". Dos elementos-chave que convergem nesse ambiente, cabe destacar, por um lado, as redes constituídas por produtores especializados e ao mesmo tempo complementares e, por outro lado, os mercados de locais de trabalho definidos pela disponibilidade de determinadas competências e qualificações. A magnitude de ambos os aspectos define a capacidade de inovação e aprendizagem do território. A geração de um ambiente criativo na cidade não pode prescindir da existência de inter-relações que promovam trocas e transferência de experiências entre territórios com dimensão global. Atualmente, a tensão entre o local e o global exige métodos que permitam a inserção da cidade em um contexto de referência abrangente. As cidades tornaram-se *clusters* de inovação, em nós de redes globais que fornecem conhecimento e, ao mesmo tempo, beneficiam-se dos fluxos de talento e inovação que são criados e desenvolvidos em torno dos processos de geração de valor no território. Construir um ambiente inovador, que facilite a troca de talentos, cruze experiências em diferentes cadeias de valor e provoque a criação de novas ideias, faz parte da agenda política e é um dos objetivos estratégicos de grande parte das cidades e regiões em escala mundial (PAREJA-EASTAWAY; PIQUÉ, 2010).

Neste sentido, um dos agentes de maior influência como indutores dos ecossistemas criativos são as universidades, agregando uma função adicional ao papel tradicional de motor de inovação. Os centros acadêmicos não só contribuem com novas tecnologias e elementos inovadores no processo produtivo, mas também com a capacidade de gerar um ambiente atraente que estimula a geração e a mobilização de talentos. A universidade passa a ser um verdadeiro catalisador de sinergias no território, condição necessária (mas não suficiente) para o fomento da economia criativa e do conhecimento.

Orquestração de ecossistemas de inovação

Quando os ecossistemas são abordados, são tratados como o conjunto de diferentes atores sociais e econômicos, públicos e privados, os ambientes de inovação (tanto as áreas de inovação como os mecanismos de geração de empreendimentos) e as políticas, sejam institucionais, locais ou nacionais, que viabilizam e dinamizam espaços e territórios inovadores e empreendedores (AUDY; KNEBEL; PIRES, 2017). Assim, a temática pode ser abordada com vistas ao papel do ecossistema de inovação no desenvolvimento social e econômico na sociedade do conhecimento e seu protagonismo como ator orquestrador e estruturante da dinâmica da quádrupla hélice, como proposta por Etzkowitz *et al.* (2008) e Carayannis e Campbell (2009).

Uma metáfora interessante para os ecossistemas de inovação é com a visão da floresta tropical (HWANG; HOROWITT, 2012), exuberante, imprevisível, diversa, sem controle absoluto e em constante transformação e evolução. Trata-se de ambientes não uniformes, desiguais por definição, altamente colaborativos e flexíveis. Os ecossistemas de inovação são propícios ao desenvolvimento de novas tecnologias, inovações e atração de pessoas com talento, novas ideias e capital. Este círculo virtuoso gera processos de inovação de larga escala e de alto impacto social e econômico.

Os ecossistemas de inovação propiciam as condições para o florescimento da inovação, seja de produtos (típica dos anos 1970 e 1980), de modelo de negócios (típica dos anos 1990 e 2000) ou a cultural, que mudou e segue mudando o estilo de vida da sociedade nos últimos anos. Essas transformações estão ocorrendo nos ecossistemas de inovação pelo mundo e estão em constante evolução, pois são organismos vivos em contínuo crescimento, adaptação e desenvolvimento.

As pessoas, ou seja, gente com talento, com novas ideias e com capital, são os principais fatores críticos de sucesso de um ecossistema de inovação. Ao analisar esses ambientes no contexto da quádrupla hélice (empresas, universidade, governo e sociedade), pode-se identificar seu papel estratégico no desenvolvimento de políticas públicas de desenvolvimento social e econômico. Considerando que as pessoas, os talentos, são o principal ativo desses ambientes, fica evidente o papel da orquestração dos ecossistemas de inovação como fator crítico de sucesso dos desafios do desenvolvimento de um território, seja em escala local, regional ou nacional.

Dois projetos financiados pela comunidade europeia abordam esta temática, um com foco nos territórios e definição de áreas estratégicas de desenvolvimento, o *Smart Specialization Plataform* (S3, plataforma de especialização inteligente), e outro com foco direto na orquestração de ecossistemas de inovação regionais, o *Energizing Urban Ecosystems*.

Ambos modelos servem como pressupostos ao que se propõe por meio desta obra, ou seja, gerar subsídios técnicos robustos com vistas a estimular o desenvolvimento de pactos de inovação em um determinado território.

Plataforma de especialização inteligente (S3)

A plataforma de especialização inteligente é uma abordagem baseada em territórios, que visa à definição de áreas estratégicas de atuação nas regiões, tendo por base a análise de forças e fraquezas das regiões e do potencial econômico e empresarial. Adota uma perspectiva de potencial tecnológico, criatividade e acompanhamento dos processos.

Esta abordagem envolve aspectos críticos como:

- Foco no território, identificando e respeitando sua cultura, ativos, potencialidades e desafios, visando à construção de uma matriz de desenvolvimento orgânica e alicerçada nos aspectos próprios do território.
- Foco na priorização de investimentos, tendo muita clareza no atendimento direcionado de um número limitado de prioridades para a alocação de recursos e energia. A especialização inteligente envolve alocar os recursos e os potenciais próprios de

uma determinada região, respeitando suas tradições e construindo uma visão de futuro compartilhada, tendo por base os talentos locais existentes ou futuros.
- A definição de prioridades deve emergir de um processo participativo, com envolvimento dos atores da quádrupla hélice, ouvindo a sociedade, as forças de mercado local e global, envolvendo a preparação (formação) das pessoas e a definição das atividades a serem desenvolvidas pelos atores envolvidos, e o papel do governo no processo.
- A definição de estratégias de desenvolvimento deve estar alicerçada em uma visão abrangente de inovação, tanto tecnológica como social, permitindo que as escolhas e prioridades a serem definidas respeitem as características socioeconômicas e educacionais locais.
- As estratégias definidas devem envolver um coerente modelo de avaliação e monitoramento do processo, que permita uma constante revisão e ajustes ao longo do percurso.

Em função de ser uma abordagem que envolve uma metodologia formalmente definida, tem sido muito utilizada por diversos países e regiões (territórios) para a orquestração de ecossistemas de inovação. A concepção das estratégias de desenvolvimento deve estar alinhada com as políticas do ambiente (local, regional ou nacional) nas áreas de pesquisa, inovação e desenvolvimento econômico e social, bem como as políticas institucionais dos atores locais envolvidos.

A definição de prioridades é parte essencial do modelo, sendo que a definição de domínios, áreas e atividades econômicas do território envolve identificar e potencializar as vantagens competitivas existentes ou potencial de geração de riqueza, alicerçada no conhecimento e na tecnologia, visando à transformação econômica e social para enfrentar os desafios atuais. A quantidade e a natureza das prioridades variam entre os diferentes territórios, sendo previamente identificadas, e devem prever mecanismos de constante avaliação e alterações frente a novos desafios ou oportunidades.

A **Figura 1.2** mostra o ciclo do processo de descoberta empreendedora (EDP, do inglês *process of entrepreneurial discovery*), que é o motor da metodologia de especialização inteligente (S3, *smart specialization*). O EDP tem como foco a priorização de investimentos, tendo por base um processo participativo e baseado em evidências, envolvendo e engajando os agentes e reconhecendo as dinâmicas de mercado.

Esse processo identifica quais áreas de pesquisa e desenvolvimento e de inovação caracterizam uma determinada região ou país. O processo colaborativo e participativo se contrapõe a uma visão tradicional de definição centralizada e *top-down* dos diferenciais regionais. Como resultado, o processo permite que as regiões identifiquem potencialidades e oportunidades tecnológicas e econômicas, visando apoiar o processo de tomada de decisão governamental, envolvendo dois aspectos críticos:

a. Permite aos empresários e pesquisadores identificar e explorar novos nichos e mercados potenciais, assim como domínios e oportunidades científicas e tecnológicas de desenvolvimento e, consequentemente, inovação.
b. Possibilita aos formuladores de políticas públicas de desenvolvimento regional apoiarem suas decisões em informações sobre novas tecnologias e valor dos novos domínios tecnológicos ou científicos.

Dois conceitos básicos nesta abordagem são os de nicho e domínio de especialização. Um nicho está associado a um ambiente de negócios específico (mercado),

FIGURA 1.2 O ciclo do processo de descoberta empreendedora.
Fonte: Kyriakou *et al.* (2016, p. 8).

enquanto um domínio está relacionado ao conhecimento humano (como o científico, tecnológico e o social). Neste sentido, um nicho promissor no ambiente de negócios é a contrapartida de um domínio promissor na busca de conhecimento e ideias inovadoras.

Um nicho envolve a identificação de uma parte do mercado, no qual empresas atendem às necessidades dos clientes ou usuários por meio de produtos ou serviços direcionados e diferenciados. Esses nichos de oportunidades estão em constante alteração, envolvem inovação e esforços de negócios e capacitação pelas empresas que atuam neste mercado.

Um domínio de especialização geralmente é uma área de pesquisa ou de inovação caracterizada pelo conhecimento que a compõe. É uma condição necessária para o desenvolvimento de produtos ou serviços inovadores para nichos de mercado específicos.

Ao unir os dois conceitos, uma área de especialização inteligente envolve a combinação de domínios de conhecimento (p. ex., uma determinada tecnologia) com potenciais de mercado, identificados na forma de nichos específicos. Essa definição de especialização inteligente aplicada a um território pressupõe uma visão de que o conhecimento por si só não gera riqueza ou valor agregado, assim como produtos ou serviços com baixo conteúdo de conhecimento geralmente não conseguem se manter competitivos em escala local ou global ao longo do tempo. As áreas de especialização inteligentes situam-se na interseção de diferentes nichos (mercados) e domínios (tecnologias), próprios de cada região, atual ou potencial (futuro).

A definição das prioridades deve seguir dois processos básicos:

a. Fazer um mapeamento das áreas de atuação e conhecimento empresarial no território, planejando construir uma visão de mercado que permita identificar as oportunidades de diferenciação de outras regiões concorrentes, pressupondo assumir riscos e buscar alianças objetivando viabilizar o acesso e usar recursos necessários a serem mobilizados (financeiro, intelectual, físico, conhecimento de mercado), envolvendo todos os agentes relevantes da quádrupla hélice, em dinâmicas que estimulem um pensamento criativo e empreendedor.

b. Realizar uma análise objetiva da situação atual da região ou do território em termos de áreas de pesquisa, ambiente de negócios (*clusters*, arranjos produtivos locais), demandas da sociedade (públicas ou privadas), locais ou globais, financiamentos e orçamentos de pesquisa e inovação, ecossistemas de inovação. Deve ser considerado o contexto econômico local com uma visão externa, identificando barreiras e oportunidades para desenvolvimento econômico, tendo por base a atração e o uso de talentos e áreas intensivas em conhecimento, incluindo perspectivas de cooperação com outras regiões ou territórios.

O processo de definição das prioridades é complexo, requer técnicas de análises participativas e experimentação, tendo em vista construir incrementalmente a matriz de prioridades, utilizando projetos piloto com base em evidências. Esta orquestração de um ecossistema de inovação requer um sistema de governança forte e robusto, com apoio político que forneça uma base de poder aos atores, aceitando os riscos associados e as falhas como fonte de aprendizado para a construção do processo. O risco e, consequentemente, a falha, deve ser considerado inerente à inovação, em todas as instâncias, desde a inovação de produto ou processo até a estrutura de governança e de gestão do ecossistema de inovação.

Do ponto de vista da liderança do processo e da orquestração, pressupõe-se um processo de liderança colaborativa. Ou seja, nenhum agente ou hélice isoladamente tem condições de definir as prioridades e as estratégias, isto deve ser feito com a colaboração ativa dos diversos atores da quádrupla hélice envolvidos no processo. Cada região ou território terá um sistema de pesos e contrapesos, distribuição do protagonismo, variando ao longo do tempo, entre as hélices.

Neste contexto, a participação de empreendedores é particularmente importante. Não pode ser um processo de gabinete ou teórico-conceitual. O processo da abordagem da especialização inteligente deve ser constantemente monitorado e avaliado, possibilitando ajustes e aprimoramentos, sempre que necessário ou que novas oportunidades estejam presentes. Ou seja, é uma jornada sem fim, um processo cíclico e contínuo, que deve se renovar constantemente. Do ponto de vista de gestão e modelo de governança, depende das características de cada região, do ambiente regulatório e administrativo, incluindo financiamento das universidades, incentivos fiscais, estruturas de apoio à pesquisa e à inovação, bem como arranjos já existentes de governança. Isto é, os arranjos sempre dependerão do contexto político e institucional de cada território.

Um modelo de S3 pode ser aplicado nacionalmente, regionalmente ou localmente. Se o projeto é nacional, deve articular as estratégias regionais a partir do plano nacional e não de forma independente. Deve existir uma organização no sistema como um todo, seja nacional ou regional. Esse processo vai gerar a estratégia de pesquisa, inovação e desenvolvimento específico de cada território. No caso de um projeto nacional, os projetos de S3 regional deverão ser coerentes e complementares, formando um todo orgânico. O mesmo se for considerado um projeto de S3 regional com relação aos planos locais articulados. Quanto mais níveis de projetos em diferentes níveis relacionados, mais importantes serão as estruturas de governança e gestão para monitorar a implantação e manter o alinhamento entre os dois ou três níveis.

É importante destacar o papel dos hábitats de inovação, como os parques científicos e tecnológicos e centros de inovação. Esses ambientes são parte essencial e devem estar incluídos nas estruturas de governança e gestão dos S3, devendo ter participação relevante na priorização e definição das estratégias. Os hábitats de inovação constituídos possuem entendimento da cultura local e experiência em estimular e gerenciar fluxos de conhecimento e informação entre os atores da quádrupla hélice do território. Também são os ambientes que propiciam uma cultura de inovação, criatividade e uso intensivo de novas tecnologias. Além disso, incentivam e facilitam a criação de novos negócios por meios dos seus mecanismos de geração de empreendimentos, como as incubadoras, aceleradoras, entre outros, e trabalham em redes locais e globais, permitindo acesso a mercados mundiais por meios de plataformas de *softlanding*[1] com outros ambientes internacionais. Os hábitats de inovação constituem-se em espaços propícios à fertilização cruzada, alta interação entre os atores, em especial empresas, *startups* e infraestrutura de pesquisa e geração de talentos. Envolvem diversas atividades e dinâmicas que determinam a emergência de *clusters* e aglomerados setoriais e tecnológicos em interação constante com os mercados globais.

Orchestrating Regional Innovation Systems

O programa *Energizing Urban Ecosystems* (EUE) envolve uma nova abordagem pró-ativa e efetiva para o desafio do planejamento, projeto e gestão de ecossistemas, com foco na sustentabilidade ambiental, aplicação de novas tecnologias e ambientes inovadores, respeitando as condições locais, seus valores e cultura. O foco do projeto é criar um ecossistema de inovação com atuação global. O modelo tem por objetivo evoluir da abordagem da tripla hélice, incrementando o modelo com a abordagem do triângulo do conhecimento (KT, do inglês *Knowledge Triangle Aproach*), com foco na colaboração entre a educação, a pesquisa e a inovação.

A criação de vantagens competitivas do território está relacionada neste modelo com a combinação entre soluções técnicas (como nas áreas de engenharia e tecnologias digitais) e sistemas sociais (como inovação, aprendizagem e acumulação de conhecimento). A abordagem do KT refere-se à interação da pesquisa, da educação e da inovação como motores da sociedade do conhecimento (**Figura 1.3**). O conceito de KT, diferentemente de modelos mais diretos de transferência de conhecimento e comercialização de pesquisa científica, adota uma abordagem mais sistêmica com relação à orquestração dos processos de criação e inovação, vinculando as três áreas de pesquisa (acadêmica) e criação de conhecimento, educação e treinamento e inovação (comercial). No passado, outros conceitos foram desenvolvidos, enfatizando atores e dimensões individuais: terceira missão, universidade empreendedora e a tripla hélice.

A abordagem da KT está fundamentalmente relacionada com a necessidade de ampliar o impacto nas atividades de educação, pesquisa e inovação, via interações sistêmicas contínuas. Neste sentido, KT é dependente da estrutura do ecossistema de inovação do território, sendo definido como um conjunto de atores, políticas específicas para os três elementos para gerar atividades cooperativas induzidas no ambiente. Essa abordagem não substitui as demais citadas (universidade empreendedora e terceira missão), mas as complementa, ressaltando a importância deste tríptico no processo.

---

[1] De acordo com Associação Nacional de Pesquisa e Desenvolvimento das Empresas Inovadoras (Anpei), o desenvolvimento de mecanismos de *softlanding* busca promover de um ambiente mais acolhedor em outro país. Incubadoras oferecem a empresas estrangeiras infraestrutura e melhores condições de negócios.

FIGURA 1.3 Triângulo do conhecimento.
Fonte: Sjoer, Nørgaard e Goossens (2011, p. 2).

A orquestração deste processo envolve a capacidade de mobilizar e integrar recursos com o objetivo de oferecer soluções e criar valor para todos os atores envolvidos, o próprio orquestrador e os responsáveis da rede envolvidos. O orquestrador deve considerar as restrições potenciais existentes para definir e realizar a alocação para criar, produzir e entregar soluções para os desafios. Consequentemente, a abordagem EUE visa: (a) construir as bases para um entendimento abrangente de como planejar, projetar e gerenciar ecossistemas urbanos; e (b) transformar o capital intelectual e o *know how* existente em negócios globais de sucesso. A abordagem analisa simultaneamente como articular:

- Tecnologias específicas e plataformas tecnológicas.
- Sistemas sociais, como atividades de inovação, aprendizagem, gestão, geração de conhecimento e transferência de tecnologia.
- Desenvolvimento de mecanismos que permitam o aprimoramento da infraestrutura das cidades.

O modelo EUE está baseado na gestão (orquestração) e cooperação para operar com sucesso em ambientes complexos onde estão situados os ecossistemas de inovação regional. O sucesso desse tipo de iniciativa depende do correto entendimento de como o ambiente de inovação urbano funciona, como ele estimula a colaboração criativa e como as iniciativas afetam as estruturas e o planejamento urbano. Aspectos críticos envolvem o desenvolvimento de projetos pilotos para propiciar aprendizagem e direcionar as mudanças necessárias e a criação de processos colaborativos e criativos para as interações entre os atores envolvidos.

O modelo de orquestração proposto baseia-se nas propostas de Nonaka, Toyama e Hirata (2008), da área de aprendizagem organizacional, e integra diversas atividades que objetivam gerar sinergias entre um conjunto de projetos. Neste sentido, a palavra-chave é a orquestração deste sistema de gestão, em que pessoas e organizações desenvolvem motivação, engajamento, cooperação sinergética em torno de uma abordagem baseada em projetos em interação, organizados como um portfólio de projetos. A orquestração de sucesso envolve quatro fundamentos:

- Completo entendimento da área em análise (problema).

- Estruturação de redes abrangentes envolvendo todos os potenciais atores envolvidos no problema.
- Existência dos recursos necessários para a execução dos projetos, em especial os financeiros e humanos.
- Habilidade para motivar os melhores talentos e organizações a trabalharem de forma colaborativa.

Os principais princípios deste modelo de orquestração, chamado *mega-endeavour* (NONAKA; TOYAMA; HIRATA, 2008), envolvem a relação entre: (a) uma visão compartilhada do ecossistema regional de inovação; (b) atividades de pesquisa; (c) diálogo entre a sociedade e a ciência; (d) aplicação dos conhecimentos (inovação); e (e) conceitos e métodos da abordagem KT. A **Figura 1.4** mostra os principais aspectos do modelo *mega-endeavour*. A atividade de pesquisa de alta qualidade e relevância é a atividade essencial desse modelo, sendo organizada em temas ou fluxos de pesquisa. A partir da pesquisa, busca-se aumentar a sinergia com a educação e a inovação. A abordagem KT direciona as atividades de pesquisa nas universidades e destaca a importância da relevância das pesquisas desenvolvidas, voltadas para uma ênfase na resolução dos problemas da sociedade. As pesquisas conduzidas pelas universidades geram os conceitos e métodos para iniciativas baseada em desafios no contexto das demandas da sociedade (*challenge driven approach*). Abordagens de prototipação, projetos pilotos reais e multidisciplinares são estimulados.

A orquestração do sistema requer o uso de diferentes abordagens e métodos, tanto nas dinâmicas entre os diferentes atores da quádrupla hélice envolvidos, quanto internamente em cada uma das hélices. Estas dinâmicas geram interação entre diferentes culturas, promovendo o compromisso dos diversos atores na criação de uma cultura comum e criativa entre eles, no âmbito do ecossistema regional de inovação. A orquestração é a metodologia central do modelo *mega-endeavour*, criando conceitos e métodos específicos e uma forte interação cultural no âmbito de cada projeto. O conceito

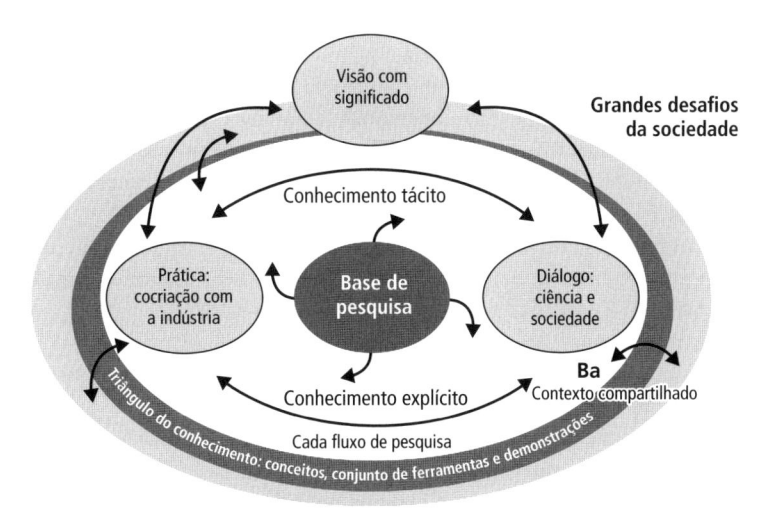

FIGURA 1.4 Implementação da cultura *mega-endeavour*.
Fonte: Lappalainen, Markkula e Kune (2015, p. 31).

de orquestração é definido como o conhecimento e entendimento compartilhado da interdependência entre os atores, tanto para criar novos conhecimentos, quanto para produzir novas inovações.

A implantação do modelo envolve três etapas, sendo todas importantes no sentido de propiciar condições para gerar ecossistemas de inovação que tenham o empreendedorismo, a criatividade e a inovação como atributos destes ambientes:

- *Icebreaking*: abrir novos espaços e oportunidades para inserir a inovação no território, permitindo as ações reais, removendo barreiras e resistências, criando novas oportunidades de pensar e agir. Quando as pessoas veem mais dificuldades que oportunidades, nesta fase se criam espaços de interação e experimentação para testar novas ideias, novas tecnologias e focar na busca de soluções inovadoras aos desafios
- *Pathfinding*: processo de descobrir e explorar as novas ideias e testar possibilidades, seguir por novos caminhos, estimular pessoas, gerar projetos e direcionar as organizações em direções com propósito e alicerçadas em valores como bem comum, sustentabilidade e melhoria da qualidade de vida da sociedade como um todo. Buscar soluções em escala global, estimular empresas locais e *startups* a aferirem novas soluções, estimulando inovações que gerem impacto positivo na sociedade.
- *Prototyping:* como o processo de cocriação e de teste das soluções no mundo real, em um modelo *learning by doing*, aprimora de forma incremental a solução. Prototipagem não só de produtos, mas também de serviços, políticas e futuros, sendo um aspecto crítico para a aceleração do desenvolvimento e adoção da inovação.

Dhanaraj e Parkhe (2006) conceituam orquestração de uma rede ou ecossistema de inovação como envolvendo a mobilidade do conhecimento, a apropriação da inovação e a estabilidade da rede ou do ambiente. A mobilidade do conhecimento se refere à facilidade de como o conhecimento é compartilhado, adquirido e implantado dentro da rede. A apropriação da inovação envolve os fatores do ecossistema que permitem que o inventor se aproprie dos resultados gerados pela inovação que ele desenvolveu, incluindo os marcos legais requeridos. A estabilidade da rede se refere à dinâmica que permite o crescimento da rede e a livre entrada e saída dos atores do ecossistema.

Ritala, Armila e Blomqvist (2009) definiram dois níveis de capacidade para a orquestração da inovação de uma rede ou ecossistema: individual e organizacional. No nível individual, identificaram habilidades requeridas nas dimensões da mobilidade do conhecimento (comunicação interpessoal e habilidades sociais), da apropriação do conhecimento (habilidades de negociação, empreendedoras e de equilíbrio nas decisões) e da estabilidade da rede (capacidade de influência, visão e habilidade motivacionais). No nível organizacional, destacaram habilidades para a dimensão de mobilidade do conhecimento (capacidade para gerar novas competências, colaboração e operação), para a dimensão de apropriação do conhecimento (capacidades empreendedoras, de equilíbrio e legitimação das decisões) e na dimensão de estabilidade da rede (capacidade de influenciar e gerar visão de futuro compartilhada).

A maioria dos modelos tradicionais de orquestração atua em redes hierárquicas, em que atores-chave controlam todo o ecossistema. Na visão do modelo EUE, a rede está configurada na forma de grafo, no qual os nodos são todos igualmente importantes, compartilhando entre si a própria orquestração da rede ou do ecossistema.

Capítulo **2**

Sete etapas para o desenvolvimento de um pacto de inovação

Inspirados por modelos de desenvolvimento descritos anteriormente, este capítulo apresenta um novo *framework* que auxilia no desenvolvimento de um pacto pela inovação territorial. Para tanto, esta seção descreve as sete etapas recomendadas pelos autores.

Torna-se cada dia mais evidente que desafios não faltam nos tempos atuais para que a humanidade possa avançar e prosperar nos próximos anos. Nunca se produziu tanto conhecimento e tecnologias diversas como agora; no entanto, diversas lacunas ainda não foram sanadas para transformar todo esse avanço em desenvolvimento sustentável, capaz de gerar impactos positivos para todos os indivíduos de uma sociedade, sem pôr em risco as condições de equilíbrio do ecossistema natural que a sustenta.

Avançar neste sentido pressupõe um alinhamento de percepções e a consciência de que é preciso buscar uma visão de futuro minimamente concertada entre os principais atores constituintes desta sociedade. Agregar forças coletivas, guiadas por meio do incremento do impacto sobre um determinado território de interesse das partes que tais ações irão causar.

Assim, o desenvolvimento sustentável impõe a inclusão de todos os atores membros de um determinado território, compondo um ecossistema complexo e de delicado manejo e gestão, visando ao maior equilíbrio de forças possível, gerando uma plataforma de alinhamento comum e factível frente às condições de contexto e recursos disponíveis.

Recomenda-se, em um primeiro momento, buscar a redução das assimetrias cognitivas e culturais, de forma que a maioria dos atores compreenda quais elementos são necessários a serem alocados para iniciar tal movimento evolutivo, concebendo-se um verdadeiro Pacto de Inovação, no qual conflua talentos, recursos, foco estratégico, representatividade ampla e uma governança competente e capaz de levar este projeto desafiador à frente.

Neste sentido, sugere-se o desenvolvimento de uma cultura de inovação baseada na sinergia entre todos os atores envolvidos, fortalecendo estruturas de cooperação e governança compartilhada.

Em um universo altamente competitivo e global, parece contraditória tal conformação estratégica, mas, apesar dessa falsa premissa, uma das únicas formas de sobrevida e de sustentabilidade no médio e longo prazos ocorre quando um determinado território, ao perceber-se fragilizado diante de tal contexto, reage e resgata princípios de cooperação e solidariedade, fortalecendo os laços de comunidade (vida compartilhada/ vida em comum), recuperando o conceito de cidadania entre todos os membros desta sociedade, cada dia mais complexa e plural.

A maturidade coletiva evolui à medida que esse movimento de resgate à cidadania se manifesta, gerando, como consequência, uma maior autoestima e qualidade de vida proporcionada pela organização de redes de cooperação. A busca da convergência de todas as forças da sociedade, inclui: governo, academia, organizações empresariais e sociedade civil (quádrupla hélice), todos orientados e comprometidos à inserção eficaz de seu território, que pode ser representado pelo seu bairro, por uma cidade, um estado ou, até mesmo, um país, em um novo patamar de desenvolvimento sustentável e duradouro a todos seus cidadãos.

Pessoas de diferentes formações e origens, trabalhando juntas, por meio de processos bem definidos, compartilhados e transparentes, atuando em um determinado território que as identifica e unifica, são pré-condições necessárias para aumentar as chances de êxito em projetos desta natureza.

Este movimento é reforçado pelo conceito das ciências da computação, chamado *networking* (trabalhando em equipe), entendida aqui como a capacidade das pessoas e suas organizações em trabalharem em grupo, perfeitamente articuladas, mas não necessariamente ligadas formalmente umas às outras.

Lipnack e Stamps (1993) recomendam que a forma de organização de trabalho em rede resulta da criativa tensão que há entre tendências competitivas e cooperativas entre indivíduos, que orientam suas ações baseados em cinco princípios organizacionais. Dois princípios dão suporte à competição: participantes independentes e múltiplos líderes. Dois refletem cooperação: propósito unificador e interligações voluntárias. O quinto princípio proporciona equilíbrio entre as forças antagônicas, ou seja, níveis interativos.

Brandenburger e Nalebuff (1997) afirmam que a combinação de "cooperação" e "competição" não é uma ideia contraditória e pode ser entendida como **coopetição**, ou seja, trabalhar em colaboração para competir em níveis superiores e mais desafiadores. Baseados na Teoria dos Jogos e em casos reais acompanhados ao longo dos anos de observação, os autores defenderam que tanto a cooperação como a competição eram necessárias e desejáveis no mundo dos negócios e das regiões em geral. A cooperação é necessária para aumentar os benefícios para todos os intervenientes (foco no crescimento), e a competição é necessária para dividir os benefícios existentes por esses mesmos intervenientes (foco na partilha dos resultados).

A visão de futuro manifesta que essa estratégia coletiva já vem sendo adotada em alguns territórios relevantes, como Barcelona (Espanha), Medellín (Colômbia) e, mais recentemente, no Brasil, no estado do Santa Catarina e na cidade de Porto Alegre, servindo de referência como ponto de partida para propagação em outros lugares que possuem ativos tangíveis e intangíveis potenciais para o despertar de novos pactos pela inovação territorial.

Entretanto, o tempo despendido, as estratégias adotadas, os ativos reunidos e o discurso de engajamento apropriado merecem um apoio mais consistente, estruturado, por meio de instrumentos processuais incrementais e organizados, capazes de acelerar o Projeto como um todo.

Importante resgatar que esta obra tem como objetivo principal apresentar uma proposta de desenvolvimento de um pacto de inovação de um determinado território, com

ETAPAS DE DESENVOLVIMENTO DE UM PACTO DE INOVAÇÃO

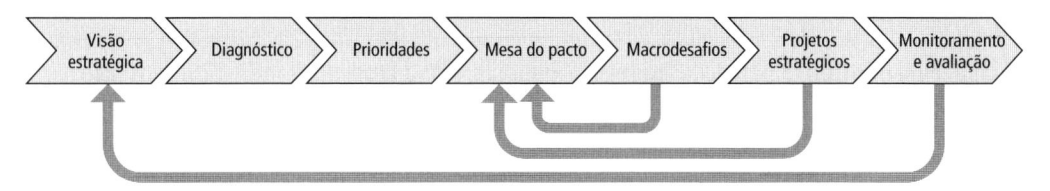

FIGURA 2.1 Modelo geral para o desenvolvimento de um pacto de inovação.

vistas a orientar políticas públicas amplas e participativas que possam auxiliar na organização dos atores sociais, por meio da promoção de estratégias de ação pragmáticas e evolutivas. Desta forma, propõe a organização da implementação do Pacto, distribuída em sete etapas de trabalho, graduais e iterativas, conforme ilustra a **Figura 2.1**, e que serão descritas a seguir.

Etapa I – Visão estratégica

O marco zero deste projeto está segmentado em cinco subfases distintas e que objetivam consolidar qual visão de futuro se pretende que oriente toda a execução do trabalho (**Figura 2.2**).

Cabe ressaltar que, para uma execução bem-sucedida, torna-se fundamental construir um nexo de contratos bem estruturados e que contemple as expectativas de todos os *stakeholders* participantes. Neste caso, a identificação de representantes qualificados e reconhecidos pela comunidade do território em questão (espaço geográfico delimitado de ação e repercussão) é condição indispensável para dar maior legitimidade a sua evolução e consequente engajamento político-social tão necessários para garantir sua sustentabilidade e perenidade no médio e longo prazos.

Sendo assim, recomenda-se como primeiro movimento a formação de um conselho de inovação proveniente da sociedade organizada e que mantenha um estreito relacionamento com o poder público local. A seguir, descreve-se de forma objetiva, as fases previstas nesta etapa inicial do projeto.

ETAPAS DE DESENVOLVIMENTO DE UM PACTO DE INOVAÇÃO

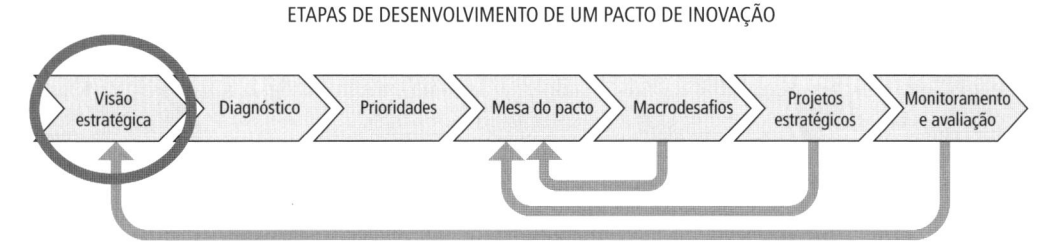

FIGURA 2.2 Modelo geral – ênfase na visão estratégica.

Fase I – Criação de um conselho de inovação

O conselho de inovação emerge da consciência de que, para garantir o progresso de qualquer região, é necessário reunir as principais lideranças locais, a fim de discutir qual o futuro almejado pelos seus cidadãos, frente à crescente competição por recursos e talentos, em nível global.

Com o advento das modernas tecnologias de informação e comunicação, os fatores promotores de desenvolvimento ganham maior liberdade de movimentação entre regiões, sobretudo aquelas em que se observa maior dinamicidade, oportunidades de crescimento econômico e, fundamentalmente, melhor qualidade de vida para seus cidadãos.

Outro aspecto importante a ressaltar é que a formação deste conselho deve prever a participação ampla da sociedade; desta forma, recomenda-se que ele seja constituído por representantes da chamada quádrupla hélice de inovação. Nessa quádrupla hélice é previsto o envolvimento ativo de representantes da academia/ciência, da comunidade empresarial, da gestão pública e da sociedade civil organizada, sendo esta última fundamental na legitimidade de todo o processo estruturante.

Dada a relevância do tema, cabe ao conselho convencer e engajar o gestor público local (prefeito, governador ou outra autoridade designada) a assumir a coordenação geral deste fórum, no intuito de consolidar seu *status* deliberativo/consultivo e acelerar os demais trâmites burocráticos previstos ao longo do referido projeto.

Uma vez constituído este conselho, torna-se fundamental estabelecer um modelo de governança ágil e transparente, de sorte a minimizar os custos de transação inerentes a fóruns plurais e, em grande parte, inéditos na região foco, permitindo maior eficácia às deliberações decorrentes de todo o trabalho subsequente, o que será detalhado a seguir.

Fase II – Estruturação da equipe de gestão

Estando consolidado o conselho, busca-se constituir um comitê de gestão estratégica, selecionando alguns componentes do conselho de inovação, que estarão mais presentes e atuantes, junto aos grupo de trabalho (GTs), que, por sua vez, desencadearão a execução do projeto propriamente dito.

Neste sentido, pressupõem-se a constituição de três primeiros GTs responsáveis por três áreas de atuação muito focadas e de alto desempenho. O primeiro deles vem a ser o grupo de gestão executiva operacional (GEO), ao qual caberá cuidar de todo o desenvolvimento do projeto (pacto), atribuindo-lhe responsabilidades, metas e dedicação de tempo e esforço à correta evolução dos trabalhos.

Ao lado dessa equipe, recomenda-se a formação de um GT de comunicação, cuja função principal visa garantir o pleno alinhamento e acompanhamento das decisões entre os diferentes atores envolvidos, permitindo transparência, fluidez no fluxo de informações e, sobretudo, aumento do engajamento público de todos aqueles que serão mobilizados, ao longo do trabalho formativo do pacto.

Finalmente, torna-se relevante a constituição de um GT específico responsável pela elaboração de um diagnóstico (*ex ante*) do contexto no qual o pacto estará sendo proposto, unificando conceitos, selecionando metodologias de intervenção e consolidando indicadores de desempenho, suficientemente abrangentes e válidos pela literatura técnico-científica internacional. Desta forma, espera-se que os documentos gerados sejam capazes de garantir credibilidade, legitimidade, consistência e comparabilidade frente às demais regiões dinâmicas e que estejam igualmente concebendo seus modelos de desenvolvimento socioeconômico e ambiental correspondentes.

Dessa forma, torna-se recomendável que os membros do GT responsáveis pelo diagnóstico sejam especialistas com ampla experiência em projetos públicos abrangentes e que possam, também, elaborar estudos sobre cenários futuros dinâmicos, contemplando processos de inovação e intervenção de grande impacto social.

Dada a densidade de trabalho e dedicação prevista, sugere-se a institucionalização dos GTs, definindo carga horária, funções técnicas, infraestrutura de apoio, responsabilidades e contratos.

Fase III – Estruturação do modelo de governança

Nesta fase, consolida-se a proposta de um organograma estruturado, definindo funções e hierarquias de responsabilidades, tornando o trabalho mais fluido, transmitindo maior transparência nas relações interpessoais e institucionais. Esses componentes são fundamentais na ampliação do engajamento de todos os atores que serão convidados a participar e contribuir com o desenvolvimento do projeto (**Figura 2.3**).

Além destes elementos constituintes, cabe recomendar a existência de conselho consultivo específico, ligado diretamente ao comitê de gestão estratégica e que tenha como função fundamental, e rotineira, sugerir melhorias nos processos de condução do pacto, validando ações, verificando inconsistências, sugerindo incrementos e necessidades de aportes de mais recursos necessários à condução de todo o processo.

Fase IV – Engajamento da sociedade

Uma vez constituídos, cabe aos conselhos, comitê de gestão executiva e GTs iniciarem os trabalhos a partir da promoção de uma série de eventos e palestras públicas, no intuito de aumentar o grau de convencimento e legitimidade do movimento, rumo a um Pacto de Inovação abrangente e consistente, capaz de ser executado na sequência.

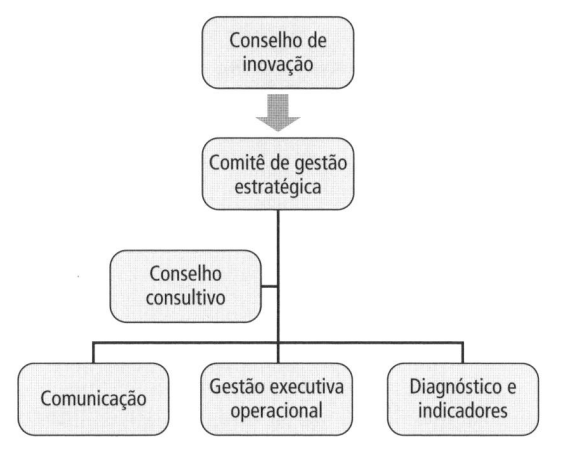

FIGURA 2.3 Organograma geral.

Esse processo de convencimento público deve preparar a comunidade mais ampla e representativa da sociedade local, propondo-a que venha assumir seu papel como protagonista pública e cidadã, auxiliando na formação de um tecido social consistente, plural e de elevado grau de competência de todos os segmentos identificados.

Importante destacar que o modelo previsto na formação de um Pacto de Inovação abrangente refuta o modelo clássico *top-down,* definido por certos segmentos que se julgam superiores e que se autolegitimam como dignos eleitos para proporem projetos e políticas adequadas ao povo, praticamente ignorando os anseios e as formas de vida de todos ali residentes.

Uma das estratégias interessantes a realizar reside na promoção de *meetings* com a presença e manifestação ativa de autoridades que já protagonizaram projetos de desenvolvimento de inovação semelhantes em outras localidades, narrando seu histórico (trajetória), experiências exitosas e fracassadas, recomendações de percurso, expectativas, riscos e lições apreendidas. Além desses, pode-se contar com líderes comunitários locais carismáticos, de fácil comunicação, e que reforçam a necessidade de implementar um Pacto desta natureza. Isto ajuda a impulsionar o estado anímico das pessoas envolvidas, desde a fase inicial de todo este movimento.

Fase V – Referenciais do planejamento estratégico

De posse do manancial de experiências anteriores e das discussões em torno do tema, pode-se prever o início daquilo que se entende como planejamento estratégico do pacto de inovação.

Nesta oportunidade, diversos atores representativos desta sociedade são convidados a compartilharem suas visões de mundo, apontando, sobretudo, aquilo que almejariam ser incorporado ao seu território, permitindo vislumbrar sua transformação consistente e duradoura, capaz de tornar a região próspera e inovadora, proporcionando alto impacto econômico, social, cultural e ambiental.

Essas reuniões prévias são conduzidas por especialistas em mediação e facilitação de grupo, proporcionando transparência, foco e leveza aos trabalhos e assim, auxiliando na elaboração de um mapa conceitual coletivo, que sintetize uma visão de contexto amplo e representativo do pensamento coletivo a respeito dos temas relevantes e que necessitarão estar contidos na elaboração do planejamento estratégico, em que deverão ser definidos: propósito, missão, visão, valores e objetivos do pacto de inovação.

Nesses encontros prévios, torna-se interessante que algum facilitador de reconhecida identificação e reputação no território faça um resgate da necessidade de promover tal mudança. No caso específico, isto poderá ser conduzido pelo líder do comitê de gestão estratégica do pacto e que provavelmente tem acesso ao conselho de inovação do território.

Após essa explanação ampla e de verdadeira convocação aos convidados participantes, abre-se o debate de forma livre e espontânea aos presentes, para que todos possam, primeiro, nivelar conceitos e perspectivas pessoais e, em segundo lugar, tentar construir consensos sobre as questões levantadas.

Neste momento, um facilitador com domínio gráfico pode ser de grande valia, uma vez que poderá registrar o *roadmap* dessas conversas em um grande mapa conceitual gráfico e que sintetize a fala coletiva, a cada reunião prévia estabelecida. O ideal seria,

FIGURA 2.4 *Roadmap* do Pacto Alegre (abril 2018).

no mínimo, três reuniões com essa característica, mudando os atores e dando ênfase a algum aspecto pertinente nesta construção de consensos. Exemplo de um mapa conceitual coletivo pode ser observado na **Figura 2.4**.

Após este exercício coletivo, uma nova rodada de reuniões é recomendada, agora sendo mais pragmática e orientada à construção dos marcos do planejamento estratégico do futuro pacto de inovação.

Neste sentido, tudo começa pela definição do **propósito** unificador, ou seja, aquilo que move o conjunto dos atores na firme intenção de implementar/conduzir algo comum e significativamente relevante, capaz de mobilizar toda a sociedade de um determinado território a percorrer uma jornada de trabalho necessária.

Interessante aqui trazer a definição contemporânea de propósito gerada pelo modelo proposto por Sinek (2009), chamado *golden circle*. Nesse modelo, apresentado na **Figura 2.5**, o autor afirma que as organizações e seus projetos devem concentrar suas primeiras ações naquilo que justifica todo o esforço que inspira e engaja a todos os envolvidos (*stakeholders*). Depois, parte-se para definição do "como" o projeto poderia entregar o seu legado, para finalmente, definir "o que" poderia representar tangivelmente este propósito.

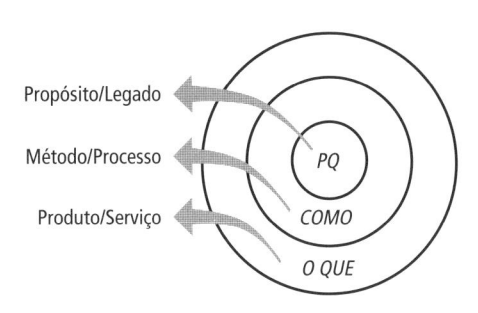

FIGURA 2.5 *Golden circle*.
Fonte: Sinek (2018, p. 49).

Desta forma, tratando-se de um projeto que visa transformar um território por meio da inovação, torna-se relevante conceber, como um primeiro momento do planejamento, "o porquê" de implementar tal desafio. Neste sentido, busca-se um alinhamento geral de expectativas, como forma de condução e de orientação de todo o processo. Sem estar claro o propósito, corre-se o risco da perda de engajamento natural e, até mesmo, de um potencial retrocesso a um estágio de organização social inferior ao diagnosticado previamente.

É importante reforçar ao grupo participante destas jornadas de planejamento que um pacto de inovação pressupõe a promoção do desenvolvimento sustentável de uma determinada região, trazendo maior qualidade de vida aos seus cidadãos, estimulando o engajamento amplo e representativo de todas as parcelas da população, sobretudo na busca de oportunidades de trabalho, renda e bem-estar social, estimulando, também, a retenção e atração de talentos, por meio do uso de conhecimento e aplicação de novas tecnologias instrumentais (*hard skills*) e sociais (*soft skills*).

Após a definição do propósito, parte-se para a próxima etapa do planejamento, em que se procura desenvolver missão, visão e valores que comporão o pacto (**Figura 2.6**).

De acordo com Irigaray, Cunha e Harten (2016), o conceito de **missão** pode ser entendido por duas perspectivas teóricas distintas. A primeira reflete um olhar funcionalista, que enxerga as organizações e/ou projetos por seus aspectos formais, racionais e objetivos, como por exemplo, a estrutura hierárquica, a divisão de cargos e os planos de negócio). A segunda, por sua vez, considera as organizações sistemas de significados socialmente construídos, focando o estudo em seus aspectos subjetivos, afetivos, como as crenças, a cultura organizacional e a construção de relações informais de trabalho.

Assim, a missão de uma organização se apresenta como um discurso capaz de sintetizar seu propósito fundamental e de ressaltar aquilo que a distingue de outras organizações/projetos que melhor a identifica, aliando aspectos racionais (sua oferta e seus objetivos estratégicos) e simbólicos (suas crenças e normas de conduta).

Desta forma, a missão reforça o motivo pelo qual o pacto precisa ser implementado. A missão é cunhada como a busca e um sentido comum, como linha mestra de atuação das ações decorrentes, a fim de que a mantenha, não apenas coerente com seus pressupostos de criação, como também alinhada aos objetivos mais elevados do projeto. Assim, a missão de uma determinada região visa transformar o espaço territorial em

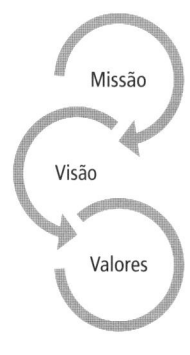

FIGURA 2.6
Planejamento estratégico.

um verdadeiro ecossistema de inovação, sendo reconhecido como tal por seus pares/congêneres, proporcionando um futuro melhor para todos seus cidadãos.

Dando sequência a este processo, parte-se para a definição da **visão** do pacto. Enquanto a missão acompanha o projeto ao longo de toda a sua existência, a visão (BASTOS, 2017) estabelece um marco temporal e uma percepção de futuro comum, ambiciosa e engajadora daqueles que participam ativamente de todo o processo. Face às mudanças, cada dia mais frequentes, dos cenários locais e globais, torna-se muito vago vislumbrar posicionamentos muito longínquos temporalmente. Assim, preconiza-se traçar uma visão de longo prazo que não ultrapasse os próximos 15 a 20 anos de horizonte de planejamento, dependendo das especificidades de cada região, em termos de indicadores de desenvolvimento local e regional.

Mesmo assim, corre-se o risco de uma série de alterações abruptas pelo percurso, o que certamente fará os atores envolvidos revisarem sua visão constantemente, sobretudo diante de fatos de maior impacto, como mudança de marcos legais, ideologias dominantes, alteração de *players* de mercado, alterações climáticas, catástrofes naturais e até mesmo pandemias, como a ocorrida recentemente, que assumem dimensões de difícil manejo e previsão de seus impactos.

Na base deste processo, deve-se avançar nessa etapa por meio da definição dos **valores** norteadores comuns e que sirvam de motores de ajuste de rota, frente à longa jornada de um projeto estruturante desta natureza.

No caso específico de um pacto de inovação, os valores comuns são imprescindíveis para aumentar a chance de sucesso do projeto e, por consequência, devem incluir: compromisso com o compactuado; cooperação franca e transparente; transformação incremental do bem-estar e desenvolvimento regional; inclusão ampla e irrestrita de todos os indivíduos residentes; e estímulo permanente da criatividade individual e coletiva (ambas capazes de identificar oportunidades e transformá-las em ações orientadas às demandas reais das pessoas e do público-alvo), isto é, promoção do empreendedorismo cidadão inovador.

Todo o trabalho de definição conceitual e que transmitirá identidade, coerência e consistência ao desenvolvimento do projeto no seu todo é desenvolvido por uma série de reuniões de imersão, envolvendo, sobretudo, representantes do conselho, do comitê estratégico e dos GTs definidos anteriormente.

Também é sugerido o convite de outros especialistas para compor o conselho consultivo a*d hoc* do projeto como um todo. O processo de construção coletiva exige algumas estratégias de facilitação específica, podendo ser utilizado neste estágio da metodologia *World Café*.[1]

De forma genérica, as regras do jogo começam pela divisão dos indivíduos participantes desta atividade de imersão, promovendo grupos de conversação divididos de forma igualitária e aleatória entre os presentes.

Após essa divisão, na qual procura-se formar grupos heterogêneos, solicita-se que alguém de cada subgrupo, normalmente organizado em torno de uma mesa de

---

[1] O *World Café* é uma metodologia de livre acesso para todas as pessoas, engendrada por Juanita Brown e David Isaacs. Trata-se de um processo criativo que visa gerar e fomentar diálogos entre os indivíduos, e, a partir daí, criar uma rede viva de diálogo colaborativo que acessa e aproveita a inteligência coletiva para responder questões de grande relevância para organizações e comunidades (THE WORLD CAFÉ, c2022).

trabalho, assuma o papel de "anfitrião" deste local, e no qual deverá permanecer, no intuito de registrar as contribuições dos viajantes (participantes volantes) e que, por sua vez, devem trocar de mesa a cada rodada de conversa.

Cada rodada deve durar um tempo suficiente para estabelecer um bom diálogo sobre o tema, algo em torno de dez minutos.

Cabe ao anfitrião de cada mesa registrar os acréscimos de todos os viajantes, por meio de um mapa conceitual coletivo, estabelecendo rabiscos, desenhos, modelos em uma folha de papel A3.

Além disso, o anfitrião deve, a cada rodada, apresentar de forma sucinta as ideias já elaboradas pelas rodadas anteriores e, imediatamente, estimular os participantes do momento a fazerem acréscimos que julgarem relevantes. Ao final de toda essa jornada, cada anfitrião faz a síntese de toda a mesa, a partir da coleta das contribuições incrementais realizadas por todos aqueles que ali estabeleceram contato.

Por fim, cada conceito é apresentado com vistas a estabelecer um consenso de ideias, evidenciando o conhecimento coletivo de todos os participantes desta jornada. Cabe reforçar que, para garantir maior consistência e relevância dos achados coletivos, torna-se necessário obedecer a algumas normas de conduta ao longo do exercício em questão, como:

- Apresentar de forma bastante clara os objetivos da jornada, reforçando seus propósitos.
- Criar um espaço receptivo que acolha a todos, estimulando a ampla participação dos presentes.
- Estruturar perguntas relevantes que propiciem início de conversa entre todos os participantes de cada mesa.
- Estimular a contribuição de todos, respeitando individualidades e visões distintas.
- Conectar perspectivas diferenciadas, estabelecendo-se conexões entre as ideias.
- Escutar os *insights*, prestando a atenção em cada contribuição para o conjunto dos participantes.
- Compartilhar as descobertas, como forma de legitimar os achados e fortalecer os consensos desenvolvidos ao longo de toda a jornada.

Uma vez estabelecida essa etapa bastante intensa, sugere-se que este exercício seja retomado em uma última reunião, convidando alguns atores da jornada anterior, sobretudo privilegiando os membros integrantes do comitê de gestão estratégica, e os que estejam mais envolvidos com a concepção do projeto como um todo, para que revisem o que foi produzido e validem o que foi construído coletivamente, a fim de completar o exercício de planejamento, no qual está previsto o estabelecimento dos **objetivos** do pacto.

Neste momento, procura-se alinhar os conceitos e as expectativas elaboradas em conjunto à realidade presente no território, resgatando percepções prévias e condicionantes impostos pela liderança local (normalmente estabelecidos no conselho de inovação do projeto).

Desta forma, os objetivos estratégicos específicos devem orientar quais metas pretende-se atingir, qual o tamanho do esforço para consolidar cada objetivo proposto, quais os prazos previstos, pontuais (curto prazo) ou mais estruturantes (médio e longo prazos), e, finalmente, quais indicadores prévios objetivam monitorar para avaliar o desempenho do projeto como um todo.

Neste ponto, é recomendado, em um primeiro momento, uma apresentação de tudo o que já foi concebido e validado, resgatando: propósito, missão, visão e valores do pacto. Depois, sugere-se que cada participante faça um exercício de reflexão individual silenciosa, registrando quais objetivos imagina estarem alinhados aos conceitos apresentados.

Esta etapa do trabalho pode ser entendida como um *brainstorming silencioso* (prevê-se uns 15 minutos para o exercício). Findo este tempo, sugere-se que as pessoas apresentem suas percepções individuais e que um facilitador, de preferência treinado e com boa grafia, vá registrando em um quadro de parede as contribuições apresentadas, uma a uma.

Para aquelas contribuições semelhantes, sugere-se um agrupamento (*clusterização*) das ideias, de forma a facilitar a síntese do ponto enaltecido pelo grupo. Ao final desse exercício, o grupo terá um conjunto amplo de objetivos almejados.

Cabe aos participantes, portanto, e com ajuda do facilitador, selecionar, sintetizar, agregar e hierarquizar cada um dos objetivos estratégicos que estejam em conformidade com o trabalho desenvolvido anteriormente.

Em um exercício prévio, sugere-se que alguns dos objetivos a seguir sejam contemplados neste processo, cuja abrangência, complexidade e habilidade de execução acompanhe as capacidades, as potencialidades e o grau de ambição da região/território foco de todo o Pacto em questão.

A seguir, como sugestão, é apresentado alguns dos objetivos que se espera estarem contemplados em projetos desta natureza:

- Engajar e atrair pessoas e organizações para o ecossistema de inovação.
- Sensibilizar a sociedade como um todo para importância do processo inovador.
- Estimular o potencial inovador nas pessoas, escolas, universidades e organizações para empreender.
- Auxiliar no desenvolvimento de ações inovadoras protagonizadas pela sociedade.
- Incentivar programas de capacitação em inovação.
- Monitorar e divulgar os resultados das ações de curto prazo para estimular a cultura de inovação.
- Resgatar o histórico da inovação no território em questão.
- Identificar defasagens do ecossistema de inovação.
- Dar visibilidade às organizações comprometidas com o pacto pela inovação.

Reforça-se, mais uma vez, que a definição desses atributos de orientação estratégica deverá estar associada à participação/imersão tanto do conselho de inovação, quanto do comitê de gestão e dos GTs. Sugere-se também a presença de alguns convidados de notória contribuição local, alinhados e pautados preferencialmente por uma ampla identificação territorial, cuja orientação política esteja orientada a não vinculação partidária/ideológica monocrática (vertente/visão de mundo, única), prevendo-se uma razoável contribuição representativa, ampla, democrática e de conformação o mais abrangente possível.

Como fechamento aglutinador das forças vivas do território, estimula-se que o trabalho imersivo preconizado nesta fase deve culminar na elaboração de um **manifesto** orientador e que represente o conjunto de valores que identificam o movimento de engajamento social, necessário a garantir sua plena implementação futura.

De acordo com a literatura, um manifesto é um gênero textual que consiste numa espécie de declaração formal, persuasiva e pública para a transmissão de opiniões, decisões, intenções e ideias (MANIFESTO..., c2022). Normalmente de cunho político, um manifesto tem como objetivo principal expor determinado ponto de vista publicamente, ou mesmo, para um indivíduo ou grupo de pessoas. Assim, o manifesto está incluído no chamado gênero argumentativo, devido a sua natureza de tentar convencer o leitor do discurso narrado (parte interessada) por meio de bons argumentos de convencimento.

Desta forma, um manifesto é considerado uma importante ferramenta democrática, pois possibilita que todo o indivíduo possa expressar publicamente o seu ponto de vista, sobre determinada situação ou assunto que diz respeito a si e a sua coletividade.

Assim, o manifesto de um Pacto pela Inovação de um determinado território pretende sintetizar todo este extenso trabalho de construção coletiva, servindo como referência e guia de orientação do que virá pela frente, reforçando a identidade de todo o movimento coletivo, em que os diferentes atores se reconheçam e nivelem suas expectativas particulares em torno de um propósito comum.

Por se tratar de um processo complexo, longo e desafiador, é muito provável que cada contexto, assim como o conjunto dos atores envolvidos, transmitirá uma identidade peculiar e afirmativa local, garantindo substrato necessário à adesão e ao comprometimento paulatino de toda a comunidade a ser impactada, durante toda a jornada.

Etapa II – Diagnóstico

Consolidada a estrutura geral do projeto por meio do conselho de Inovação, do comitê de gestão e dos GTs, e tendo definidos os pressupostos estratégicos que orientam a sua evolução, torna-se fundamental a atualização, específica para os fins a que se propõe o Pacto de Inovação, de um diagnóstico (**Figura 2.7**) do contexto presente da região foco (município, macrorregião, estado, etc.), com vistas a aumentar o conhecimento das especificidades locais, podendo identificar suas principais características intrínsecas deste ecossistema, foco da intervenção posterior, como: estágios de desenvolvimento, potenciais já presentes, fragilidades, expectativas, assim como indicadores socioeconômicos e ambientais.

Essa etapa, além de orientar o que já se apresenta, permite ao comitê de gestão e aos respectivos GTs utilizarem as informações para fixar o grau de eficácia na condução

ETAPAS DE DESENVOLVIMENTO DE UM PACTO DE INOVAÇÃO

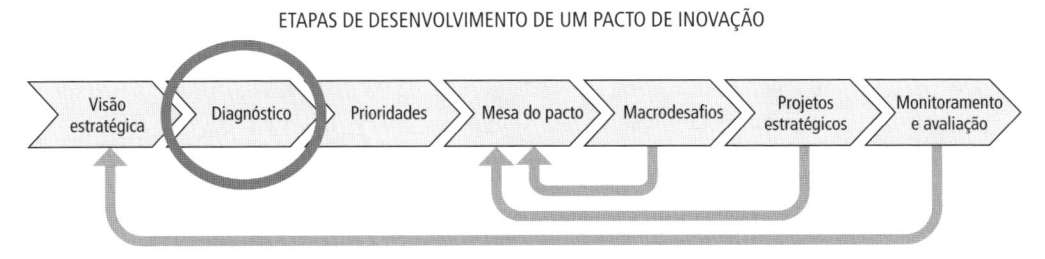

Visão estratégica › Diagnóstico › Prioridades › Mesa do pacto › Macrodesafios › Projetos estratégicos › Monitoramento e avaliação

FIGURA 2.7 Modelo geral – ênfase no diagnóstico.

FIGURA 2.8 Fase do diagnóstico regional.

dos projetos a serem executados ao longo do pacto, tendo conhecimento da situação *ex ante*, para identificar e avaliar o impacto por ele gerado, *ex post*, conforme **Figura 2.8**.

Inicialmente, recomenda-se a coleta de dados secundários em órgãos oficiais, instituições de suporte e relatórios nacionais e internacionais, contendo indicadores sobre o território foco, trazendo informações consistentes relativas às dimensões estratégicas definidas no escopo do projeto.

Os indicadores selecionados devem permitir a comparação com base em fontes seguras e confiáveis, sobretudo para avaliar graus de eficácia comparativa entre outras localidades de destaque na implementação de ecossistemas dinâmicos de inovação. Além disso, sugere-se o emprego de indicadores aceitos pela literatura internacional quanto ao desenvolvimento de ecossistemas de inovação. A seguir, será aprofundado este tópico.

Fase I – Identificação do território

Um dos elementos essenciais neste projeto é a delimitação do espaço geográfico que abrangerá os projetos e as ações futuras de intervenção. Neste caso, dependendo da demarcação geográfica, dados pregressos podem estar agregados de forma não coincidente ao foco do projeto. Normalmente, utiliza-se a unidade geográfica, denominada município; porém, em muitos casos, devido à expansão natural de urbanização e crescimento populacional, os dados coletados podem abranger regiões mais amplas, de difícil segregação, como é o caso de regiões metropolitanas. Por isso, são necessários cuidado e atenção na consulta das bases de dados pré-existentes, de modo a não (sub ou hiper) dimensionar os indicadores levantados na literatura e nos bancos de dados públicos e oficiais, preferencialmente.

Fase II – Identificação das potencialidades da região

Por se tratar de um projeto de inovação, com base na literatura (ZEN *et al.*, 2019) e na experiência de campo prevista pelo desenvolvimento do projeto, cinco grandes dimensões, chamadas de capitais e entendidas aqui como ativos locais (*assets*), tornam-se determinantes para a promoção de ecossistemas inovadores, conforme demonstrado **Figura 2.9**.

Capital intelectual

É entendido aqui como a formação e a qualificação de pessoas, prevendo a existência de instituições de ensino, pesquisa e extensão de excelência na região. Pressupõe-se

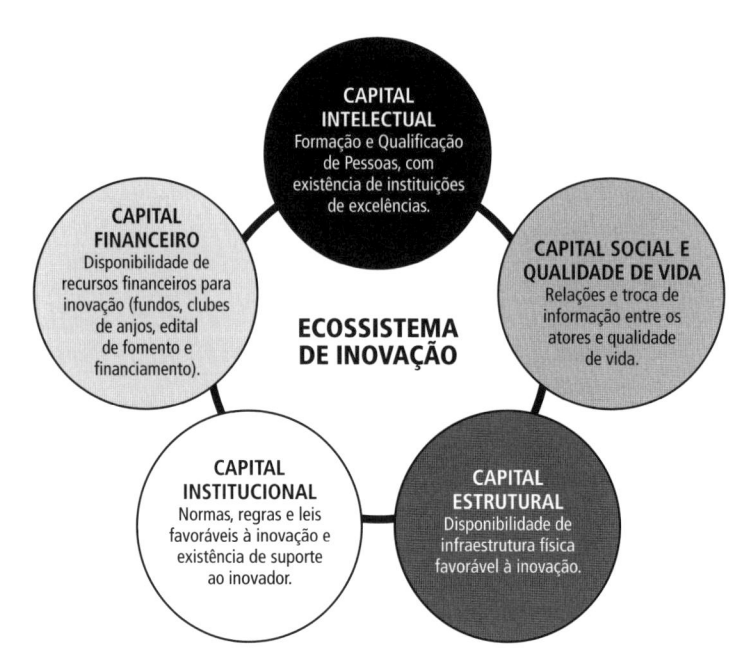

FIGURA 2.9 Elementos estratégicos de um ecossistema de inovação.
Fonte: Adaptado de Zen *et al.* (2019).

que regiões/territórios com nível mais alto de educação e de capital humano consigam criar e aproveitar melhores oportunidades, não apenas reagindo, mas também se antecipando às mudanças e tendências globais. Com base na premissa de que talentos e conhecimento são indispensáveis para uma região inovadora, devem ser considerados alguns dos principais indicadores que demonstram o estágio atual do ecossistema:

- Índice de Desenvolvimento da Educação Básica (IDEB).
- Percentual da população com nível superior.
- Número de universidades e de centros universitários.
- Número de programas de pós-graduação *stricto sensu*.
- Número de patentes depositadas e proteções de *software* solicitadas por ano.

Capital institucional legal

Esta dimensão define normas, regras e leis favoráveis à inovação, assim como prevê a existência de organizações e entidades que deem suporte às ações inovadoras. O capital institucional legal consiste principalmente nas leis, regulações e práticas institucionais que influenciam para que a inovação ocorra no ecossistema. Para a mensuração desta dimensão, sugere-se os seguintes indicadores:

- Existência de legislação municipal de apoio à inovação.
- Existência de incentivos fiscais para a inovação.
- Tempo para abertura de novos negócios.
- Alíquota média do Imposto sobre Serviços (ISS).

- Alíquota média do Imposto Territorial Urbano (IPTU).
- Número de frentes parlamentares relacionadas à inovação.

Capital estrutural

Compreendida pela disponibilidade de infraestrutura física, favorável ou não, aos movimentos voltados para a inovação da região (território foco do projeto), esta dimensão consiste essencialmente na presença tangível de infraestrutura e organizações que impactam na capacidade de inovação. Nessa dimensão, é fundamental tanto a existência de serviços de suporte ao empreendedor (SPIGEL, 2017), quanto outros aspectos estruturais, como a existência de zonas de inovação, polos e parques científicos e tecnológicos, e infraestrutura apropriada de transporte, energia, telecomunicações e logística. São sugeridos seis principais indicadores para a mensuração da qualidade e disponibilidade das estruturas que sustentam e fomentam a inovação de um território:

- Número de parques científicos e tecnológicos.
- Número de incubadoras de empresas.
- Número de instituições de apoio ao empreendedorismo.
- Número de *startups*.
- Número de núcleos de inovação tecnológica (NITs).

Capital financeiro

Esta dimensão define perfis e formatos, como fundos de investimento públicos e/ou privados, clubes de anjos e/ou editais de fomento e de financiamento de ações voltadas ao estímulo de empreendimentos inovadores. O capital financeiro tem grande importância para a inovação à medida em que permite acesso a investimentos públicos e privados em negócios com alto potencial de crescimento e de geração de emprego e renda, constituindo, consequentemente, benefícios à sociedade, como o aumento do bem-estar social. A alta disponibilidade, facilidade de acesso e visibilidade de recursos financeiros reduzem o custo de financiamento da inovação e permitem que as atividades inovadoras ocorram com mais frequência no ecossistema. Destacamos os seguintes indicadores que possibilitam a mensuração do desenvolvimento do ecossistema de inovação em relação ao capital financeiro:

- Repasses do governo federal para ciência e tecnologia *per capita*.
- Número de *startups* aceleradas ou em processo de aceleração.
- Número de programa de aceleração com investimento.
- Número de investidores em aceleradoras.
- Número de investidores anjo.
- Número de bancos com linhas de microcrédito.

Capital social e qualidade de vida

Esta dimensão promove maior inserção e participação de todos os atores do território, garantindo condições satisfatórias de segurança, lazer, esportes e cultura aos seus residentes. A dimensão interação e qualidade de vida reflete os aspectos relacionados às relações e troca de informações entre as pessoas e demais atores da cidade, bem como a qualidade de vida dos cidadãos da região foco. A interação auxilia na construção de redes e capital social, facilitando novos aprendizados, acesso a oportunidades e obtenção de recursos. Além disso, também interfere no bem-estar das pessoas, influenciando, consequentemente, na qualidade de vida percebida. Esta, por sua vez, resulta de condições culturais e contextuais que possibilitam às pessoas viverem melhor e mais felizes. Para avaliar a dimensão interação e qualidade de vida, sugere-se elencar os seguintes indicadores:

- Índice de Desenvolvimento Humano (IDH).
- Taxa de desemprego (emprego).
- Ocorrências policiais (segurança).
- Médicos *per capita* (saúde).
- Número de eventos internacionais por ano (cultura).

Cabe ressaltar que esses indicadores devem ser buscados em fontes oficiais e bancos de dados públicos, garantindo a credibilidade das posteriores análises. É importante retratar o momento do território-foco por meio do registro de indicadores prévios (*ex ante*) a qualquer intervenção decorrente do pacto. Após projetos e ações sugeridas por este, deve ser feita a chamada análise *ex post*. Dessa forma, ficaria visível a modificação do cenário multidimensional ao longo da jornada do pacto, ainda que outras variáveis exógenas possam influenciar seu transcurso, entre elas a modificação de políticas macroeconômicas e a ocorrência de catástrofes naturais ou de conflitos internacionais.

Fase III – Análise SWOT

Em seguida, com o objetivo de ampliar o entendimento sobre cada dimensão, sugere-se a organização de *workshops* (WS) imersivos, temáticos, sucessivos e de grande representatividade local; de preferência, organizados separadamente, um para cada dimensão.

Para garantir a boa dinâmica dos WS, aconselha-se o emprego de abordagens ativas e de alta participação, como as estratégias utilizadas pela abordagem de *design thinking,* e que de acordo com Brown (2010), reforça que a fase de entendimento das diferentes situações (questão problema) são fundamentais.

Assim, espera-se um aumento da empatia, por meio da apresentação de *personas* (personagens fictícios que representam perfis de pessoas reais e que possam ilustrar situações problema mais tangíveis à compreensão dos participantes) e de seus respectivos mapas de empatia e de jornada, quando isto for possível.

Para cada dimensão apontada anteriormente, sugere-se o desenvolvimento de WS de construção coletiva, convidando representantes dos distintos segmentos da sociedade para um aprofundamento mais qualitativo das percepções locais a respeito do diagnóstico atual do território foco do projeto.

Importante que cada hélice tenha representantes nesta atividade para tanto, no momento de *check-in* do evento, cada convidado, ao fazer seu registro de presença, deve receber um cartão colorido (*post-it*) identificando a origem de sua inserção no tecido social da região/território foco do projeto.

Da mesma forma, sugere-se que as pessoas não sejam as mesmas nos diferentes WS previstos, de forma a ir envolvendo cada vez mais pessoas sobre a importância do projeto em si. Ao participarem da elaboração desse diagnóstico qualitativo, as pessoas acabam percebendo sua participação no processo desde as fases iniciais do projeto, sentindo-se verdadeiras protagonistas da construção do **todo**, fenômeno fundamental para a aderência e legitimação futura, ao longo das próximas etapas do Pacto.

A dinâmica para esse WS é prevista para ocorrer em três etapas sucessivas e ágeis. A primeira etapa, considerada **como *check-in*** é o momento em que os convidados se apresentam para o evento. A organização os recepciona cordialmente, dando-lhes boas-vindas, identificando cada participante na lista de convidados previamente estabelecida em comum acordo com o Comitê Estratégico e, em seguida, passa a distribuir *cards* coloridos (*post-its*), em que cada participante deve colocar seu nome de identificação e entidade representativa, demarcando a categoria que está representando, conforme sugestão a seguir:

- Verde: para participantes da academia.
- Amarelo: para participantes das empresas.
- Rosa: para participantes do governo.
- Azul: para participantes da sociedade civil.

Conforme sugestão do roteiro de trabalho expresso pela **Figura 2.10**, recomenda-se que a dinâmica seja conduzida por facilitadores treinados na condução ágil de grupos, desde o momento do *check in* da atividade até o final da jornada do *worshop*.

Assim, prevê-se o planejamento, levando em consideração os tempos e movimentos dos WS (previamente cronometrados), definindo os conteúdos, os objetivos e as responsabilidades pela condução de cada atividade. Vale ressaltar que parte do sucesso da jornada decorre do respeito à pontualidade de cada momento previsto anteriormente, de forma a garantir maior engajamento das pessoas, sua atenção, assiduidade e a colaboração coletiva.

Nesse sentido, a figura de um facilitador, dedicado exclusivamente a assumir a função de um *time keeper,* de preferência, portando um apito/campainha sinalizador é fundamental para garantir o fluxo contínuo das dinâmicas propostas.

Da mesma forma, não são previstos *coffee breaks*, evitando ao máximo potenciais dispersões de qualquer participante, que poderia aproveitar este momento para sair de cena ou fazer uma reunião paralela, alheia aos objetivos do encontro, com outro participante. Para contornar esse potencial incômodo, uma vez que a reunião tem duração prevista entre três e quatro horas, café e água não podem faltar e devem estar bem posicionados no salão, permitindo permanente acesso aos participantes. Da mesma forma, a fim de evitar dispersão, os sanitários devem estar localizados próximos ao ambiente da imersão.

Estabelecidos estes acertos iniciais e de infraestrutura mínima, recomenda-se que a dinâmica ocorra toda em um único ambiente, amplo, iluminado e ventilado, onde as cadeiras e mesas possam ser deslocadas com facilidade e rapidez, permitindo arranjos espaciais múltiplos e reconfiguráveis. No início, assumindo formato de plateia, depois, em mesas de trabalho (quatro a cinco mesas, com cinco a seis participantes em cada uma). Finalmente, quando é chegado momento da avaliação final (terceira etapa), é prevista uma grande roda de cadeiras, para que todos possam se enxergar, falar e ser

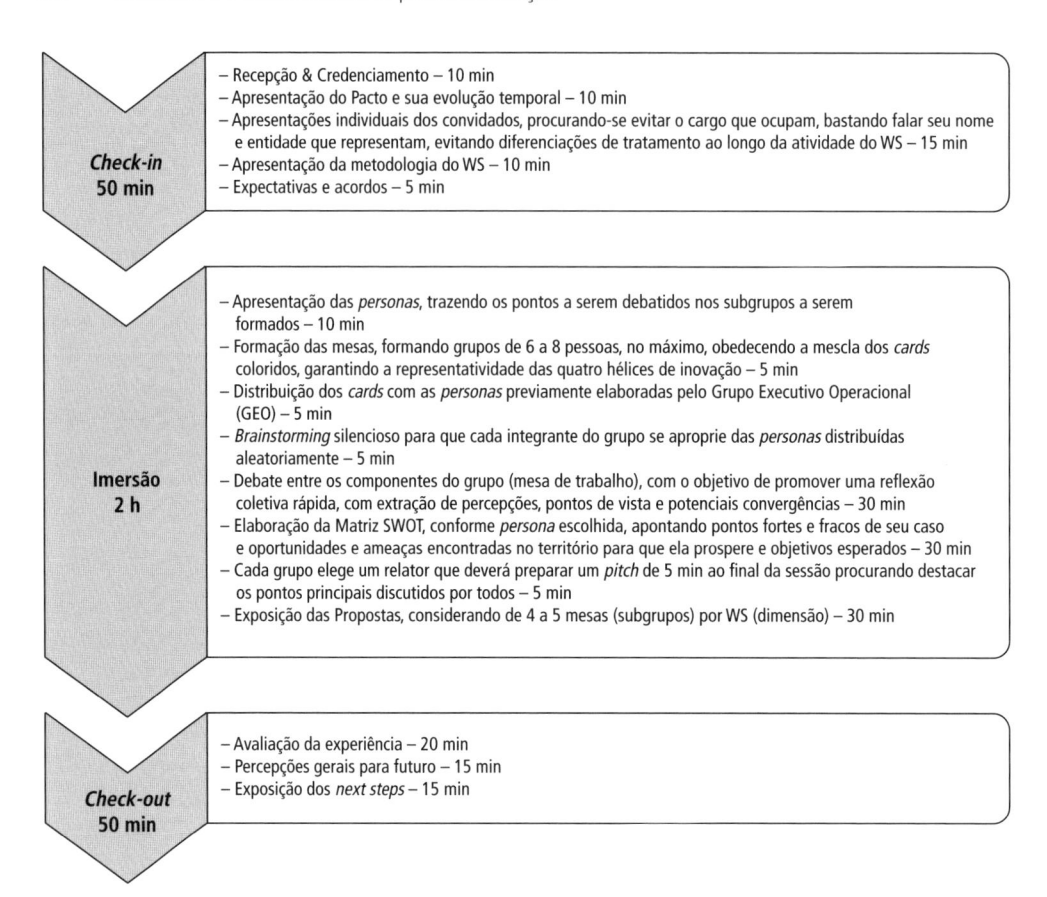

Check-in 50 min
- Recepção & Credenciamento – 10 min
- Apresentação do Pacto e sua evolução temporal – 10 min
- Apresentações individuais dos convidados, procurando-se evitar o cargo que ocupam, bastando falar seu nome e entidade que representam, evitando diferenciações de tratamento ao longo da atividade do WS – 15 min
- Apresentação da metodologia do WS – 10 min
- Expectativas e acordos – 5 min

Imersão 2 h
- Apresentação das *personas*, trazendo os pontos a serem debatidos nos subgrupos a serem formados – 10 min
- Formação das mesas, formando grupos de 6 a 8 pessoas, no máximo, obedecendo a mescla dos *cards* coloridos, garantindo a representatividade das quatro hélices de inovação – 5 min
- Distribuição dos *cards* com as *personas* previamente elaboradas pelo Grupo Executivo Operacional (GEO) – 5 min
- *Brainstorming* silencioso para que cada integrante do grupo se aproprie das *personas* distribuídas aleatoriamente – 5 min
- Debate entre os componentes do grupo (mesa de trabalho), com o objetivo de promover uma reflexão coletiva rápida, com extração de percepções, pontos de vista e potenciais convergências – 30 min
- Elaboração da Matriz SWOT, conforme *persona* escolhida, apontando pontos fortes e fracos de seu caso e oportunidades e ameaças encontradas no território para que ela prospere e objetivos esperados – 30 min
- Cada grupo elege um relator que deverá preparar um *pitch* de 5 min ao final da sessão procurando destacar os pontos principais discutidos por todos – 5 min
- Exposição das Propostas, considerando de 4 a 5 mesas (subgrupos) por WS (dimensão) – 30 min

Check-out 50 min
- Avaliação da experiência – 20 min
- Percepções gerais para futuro – 15 min
- Exposição dos *next steps* – 15 min

FIGURA 2.10 *Design* Instrucional – *workshop* sobre diagnóstico qualitativo e participativo da matriz SWOT.

ouvido por cada integrante do WS, coroando o evento com o engajamento necessário sobretudo às fases seguintes do projeto.

Findo o *check-in*, que não pode ultrapassar o tempo de uma hora no seu total, parte-se para a dinâmica objetiva dos eventos, configurando-se a segunda grande etapa do WS.

Nesta fase, considerando que as pessoas estão se conhecendo naquele momento, a estratégia preconizada para servir como disparador de conversa, e que possam estabelecer a construção de uma matriz SWOT coletiva e bem representativa da sua região, consiste na exposição de *personas* que representem situações-problema já identificados pela análise quantitativa anterior, concebidas a partir de percepções dos GTs (executivo e de diagnóstico), com base em dados secundários consolidados, públicos e, de preferência, validados oficialmente.

No caso específico de um território ou região, a análise SWOT, conforme **Figura 2.11**, é uma ferramenta bastante útil para contextualizar seu atual estágio de desenvolvimento, permitindo orientar as melhores e mais adequadas estratégias de

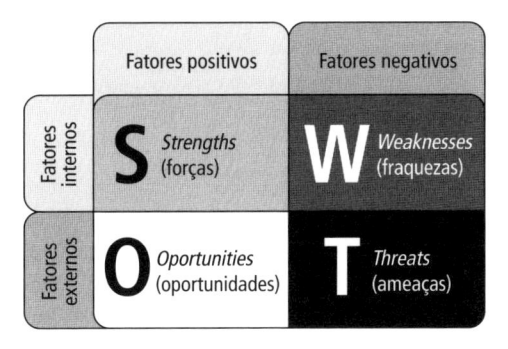

FIGURA 2.11 Definição da matriz SWOT.

melhoria e desenvolvimento de seu posicionamento, frente à competição de outros ambientes e organizações. Ou seja, aqueles fatores considerados suas forças, a região deve capitalizar e promover. Suas fraquezas precisam ser minimizadas ou fortalecidas. Por outro lado, as oportunidades precisam ser investidas e/ou capturadas e as ameaças precisam ser identificadas para serem evitadas e/ou contornadas.

Portanto, as *personas* devem caracterizar diferentes perfis de cidadãos locais, como um jovem recém-formado que pretende abrir uma empresa de tecnologia e está analisando se permanece no país ou vai morar no exterior; uma empresária sênior que decide implementar uma política de inovação de maior envergadura e que precisa de recursos externos para sua execução; um pesquisador acadêmico que deseja transformar seu projeto de pesquisa em uma potencial patente para explorar o mercado identificado, etc. Exemplos de construção das *personas* em *cards*[2] (frente e verso) são apresentados a seguir, por meio de inúmeras representações/perfis identificados em ecossistemas que pretendem estimular um pacto pela inovação (**Figuras 2.12 a 2.15**). Os *cards* apresentados como possibilidades ilustrativas baseiam-se nos *workshops* desenvolvidos no Pacto Alegre. Ou seja, as narrativas partem do contexto local, de forma a facilitar a identificação e a compreensão de situações problema na região foco da intervenção.

É importante que cada *persona* seja facilmente reconhecida pelas suas características locais, de forma a proporcionar a identificação rápida dos participantes diante do exercício coletivo. Assim, espera-se que sua concepção seja amigável ao público participante, situando o indivíduo e apontando suas dores representativas a situação problema fortemente vinculada à realidade local.

A forma usual é entregar dois *cards* escolhidos aleatoriamente por sorteio *blind*, por mesa, para cada participante escolher uma *persona* e defendê-la perante o seu grupo de trabalho, trazendo consigo alguma experiência pregressa ou uma maior identificação com as questões problemáticas apresentadas como disparadoras de conversa.

---

[2] Agradecimento especial ao doutorando Diego Alex Gazaro dos Santos (PPGA/UFRGS –, 2019), criador destas *personas* (perfis característicos de ecossistemas de inovação).

EMPREENDEDORA RECÉM FORMADA **Martha, 24 anos** Formada em Administração, sempre sonhou em ter sua própria empresa. Entrou na faculdade e, em seguida, iniciou em um estágio para ganhar experiência. Durante o curso, foi amadurecendo sua ideia de negócio. Logo após concluir a graduação, deixou o emprego e, junto a dois amigos, criou uma startup no segmento de biotecnologia. Após um ano validando o modelo de negócio e investindo dinheiro do próprio bolso e emprestado por familiares, pensa em desistir da ideia, pois não tem mais como financiar a empresa. Como alternativa, tentou buscar investidores, mas estes consideram o negócio muito arriscado, apesar de apresentar alto potencial inovador.	**Martha** **Pontos Fortes:** • Quais são as qualidades do local que podem facilitar o acesso de Martha a recursos financeiros? **Pontos Fracos:** • O que o território precisa melhorar, em termos de custo, acesso e disponibilidade de recursos financeiros, para auxiliar Martha no desenvolvimento de sua *startup*? **Oportunidades:** • Quais oportunidades a região poderia explorar para ter um sistema financeiro mais desenvolvido, auxiliando empreendedores como Martha a desenvolver mais facilmente suas *startups*? **Ameaças:** • Quais ameaças externas podem vir a ser um obstáculo para o local se tornar referência internacional em oferta e acesso & recursos financeiros para startups como a de Martha?
GERENTE DE PROJETOS EM UMA MÉDIA EMPRESA **Lya, 32 anos** Solteira, graduada em Engenharia da Computação, dedica-se integralmente à sua carreira profissional. Gosta de viajar e não deseja ter filhos. Sua prioridade são os projetos de inovação que coordena em uma empresa de Tecnologia da Informação, liderando uma equipe de 5 pessoas. Tem como principais atribuições identificar parceiros, gerir os processos de inovação aberta e viabilizar os projetos financeiramente. Entre as alternativas, ela tem buscado editais de fomento e linhas para a inovação em bancos de desenvolvimento. Apesar de conhecer tais alternativas, Lya está insegura se elas contemplam suas necessidades.	**Lya** **Pontos Fortes:** • Quais são as qualidades da localidade que podem auxiliar Lya a ter acesso recursos financeiros para seus projetos de inovação? **Pontos Fracos** • O que o local precisa melhorar, em termos do custo, acesso a disponibilidade de recursos financeiros, para auxiliar Lya a viabilizar seus projetos de inovação? **Oportunidades:** • Quais oportunidades a região poderia explorar para oferecer a Lya melhores condições de financiamento a projetos de inovação? **Ameaças:** • Quais ameaças externas podem vir a dificultar a oferta e o acesso a recursos financeiros para projetos de inovação no território?
EMPREENDEDOR E INVESTIDOR ANJO **Humberto, 39 anos** Divorciado, pai de uma menina. Tem o surfe como hobby. Empreendedor bem-sucedido na indústria criativa, vendeu sua agência de publicidade e propaganda há pouco tempo. Entusiasta de novas tecnologias e considerado um visionário por seus pares, tirou um período sabático. Agora, por influência de seus ex-clientes e amigos, deseja se tornar investidor anjo. Pesquisou e considera esta uma boa oportunidade para investir seu dinheiro. Aposta em sua experiência para mentorar novos negócios e considera um diferencial seu perfil arrojado de investimento. No entanto, gostaria de estar conectado a outros investidores anjo para trocas, aprendizado e *feedback*.	**Humberto** **Pontos Fortes:** • Quais são as características em que a região se destaca que poderiam auxiliar Humberto no seu desenvolvimento como investidor anjo? • Quais são os principais recursos que Porto Alegre oferece a Humberto para que ele possa investir em novos negócios e se conectar com outros investidores anjo? **Pontos Fracos:** • O que o local precisa melhorar, relacionado ao seu sistema financeiro, para facilitar a Humberto investir com novos negócios inovadores? **Oportunidades:** • Quais oportunidades a região poderia explorar para ter um sistema financeiro mais desenvolvido, facilitando o trabalho de Humberto como investidor anjo? **Ameaças:** • Em relação a seu sistema financeiro, quais são os obstáculos que a localidade pode vir a enfrentar no processo de auxiliar Humberto a investir em *startups*?
EMPREENDEDORA SOCIAL **Elis, 43 anos** Proveniente de família pobre, passou por dificuldades na infância. No entanto, sua paixão por estudar a levou a alçar altos voos. Graduou-se em gestão ambiental em uma instituição privada. Pagava as mensalidades do curso com o dinheiro que ganhava como secretária em um escritório de advocacia. Após se formar, abriu uma empresa de consultoria em gestão ambiental. É muito engajada socialmente e entende que seu propósito é reduzir a desigualdade social. Seu sonho é abrir um negócio social para jovens de comunidades carentes, mas esbarra nas alternativas de financiamento para esse negócio.	**Elis** **Pontos Fortes:** • Quais são as qualidades da localidade que podem auxiliar Elis a ter acesso a recursos financeiros e realizar seu sonho de ser uma empreendedora social? **Pontos Fracos:** • O que o local precisa melhorar, em termos de custo, acesso e disponibilidade de recursos financeiros, para auxiliar Elis a viabilizar sua ideia de negócio social? **Oportunidades:** • Quais oportunidades a região poderia explorar para oferecer a Elis melhores condições de financiamento para criação e desenvolvimento de seu negócio social? **Ameaças:** • Quais ameaças externas podem vir a dificultar a oferta e o acesso aos recursos financeiros para negócios sociais no território?

continua...

Continuação

 **POTENCIAL EMPREENDEDOR** Luís Fernando, 48 anos Casado, dois filhos, ensino médio completo. Profissional com mais de 20 anos de experiência na indústria metal-mecânica, identificou uma oportunidade relacionada à eficiência energética e deseja criar uma startup. Precisa de capital para desenvolver seu negócio, mas seu perfil conservador e receio em compartilhar a ideia o impedem de progredir. Seu filho mais velho, que está na faculdade, o tem influenciado e conseguiu convencê-lo a apresentar a ideia para investidores. Após a apresentação a uma banca, Luís saiu frustrado, pois, em sua percepção, os investidores querem uma participação muito grande na *startup*. Mesmo com o alto potencial do negócio, Luís pensa em desistir da ideia.	**Luís Fernando** **Pontos Fortes:** • Quais são as qualidades locais que podem auxiliar Luís Fernando a acessar recursos financeiros e viabilizar sua ideia de negócio? **Pontos Fracos:** • O que a região precisa melhorar, em termos de custo, acesso e disponibilidade de recursos financeiros, para auxiliar Luís a viabilizar sua ideia de negócio? **Oportunidades:** • Quais oportunidades a localidade poderia explorar para oferecer a Luís melhores condições de financiamento para criação e desenvolvimento de seu negócios? **Ameaças:** • Quais ameaças externas podem vir a dificultar a oferta e o acesso aos recursos financeiros para um novo negócio inovador, como o de Luís na região?
 **EXECUTIVO SÊNIOR** Moacyr, 55 anos Separado, pai de três filhas. Seu hobby é jogar pôquer. Estrategista nato, atua como Diretor de Expansão e Novos Mercados em uma multinacional do setor de bebidas estabelecida em Porto Alegre. É conhecido na empresa por seu humor sarcástico, inteligência analítica e habilidade na tomada de decisão. Atualmente, busca alternativas de financiamento para os projetos de expansão da empresa. No entanto, apesar de seu poder de influência e do lobby da empresa, está insatisfeito com as modalidades apresentadas pelos bancos na cidade. Além disso, considera o processo de solicitação muito moroso, burocrático e reclama que os juros são exorbitantes. Entende que poderia ter acesso a outras e melhores possibilidades em São Paulo. Porém, tem fobia de viajar de avião e procura evitar isso ao máximo.	**Moacyr** **Pontos Fortes:** • Quais são as qualidades locais que podem auxiliar Moacyr a acessar recursos financeiros para os projetos de expansão da empresa em que trabalha? **Pontos Fracos:** • O que a região precisa melhorar, em termos de custo, acesso e disponibilidade de recursos financeiros, para auxiliar Moacyr a viabilizar os projetos de expansão da empresa? **Oportunidades:** • Quais oportunidades o território poderia explorar para oferecer a Moacyr melhores condições de financiamento aos projetos de expansão de sua empresa? **Ameaças:** • Quais ameaças externas podem vir a dificultar a oferta e o acesso a recursos financeiros para projetos de grandes empresas, como a de Moacyr na região?

FIGURA 2.12 *Cards* sugeridos como disparadores de conversa, *workshop* sobre dimensão financeira.
Fonte: Grupo Executivo Operacional do Pacto.

 **EMPREENDEDOR DIGITAL** Paulo, 36 anos Paulo tem 36 anos, é casado, tem um filho, ensino superior incompleto e é empreendedor digital. Recentemente ele ampliou sua equipe e precisou mudar sua empresa para um lugar maior. Na nova sede, encontrou problemas com a velocidade e instabilidade da internet. Por vezes, precisa deixar a equipe parada ou liberar o trabaho via home office devido a problemas de conexão. Tentou outros provedores, mas apenas uma empresa disponbiliza internet na sua localidade.	**Paulo** **Pontos Fortes:** • Quais aspectos relacionados à disponibilização de internet na região podem ter contribuído para o crescimento inicial da empresa? **Pontos Fracos:** • Quais são os obstáculos que a região enfrenta na disponibilização de internet de alta qualidade e velocidade para que empresas possam desenvolver seus negócios? **Oportunidades:** • Quais oportunidades a região poderia aproveitar para melhorar o acesso à internet estável e de alta velocidade? **Ameaças:** • Quais consequências a região pode vir a enfrentar devido ao fato de nem toda empresa conseguir acesso a uma conexão de qualidade?
 **EMPREENDEDORA DE FORA DO ESTADO** Fernanda, 32 anos Fernanda tem 32 anos e mora em São Paulo, onde fundou uma empresa na área de geotecnologia. Em um congresso da área conheceu Cristian, gaúcho com quem casou-se três anos mais tarde. Agora ela tem a intenção de transferir a empresa para a região. Para isso, já registrou a alteração na Junta Comercial. Agora, ela busca uma empresa de contabilidade local para auxiliá-la em função das particularidades do município. Nesse período, descobriu que o *software* que utilza não atende à Prefeitura, o que poderá gerar problemas na emissão de notas fiscais. Outras questões a preocupam, como descobrir se o local que vai alugar está regularizado para obtenção de alvará.	**Fernanda** **Pontos Fortes:** • Quais as facilidades que a região proporciona a empreendedores de outros estados que queiram ou necessitam transferir seus negócios para cá? **Pontos Fracos:** • Quais são os obstáculos que dificultam a transferência de empresas de outros estados para a região? **Oportunidades:** • O que a região pode fazer para tornar mais ágil e fácil a transferência de uma empresa de outro estado para cá? **Ameaças:** • Quais fatores podem fazer com que outras cidades que não a região sejam escolhidas para transferir uma empresa?

continua...

Continuação

POTENCIAL EMPREENDEDORA Mel, 30 anos Mel tem 30 anos, é solteira e formada em biomedicina. Após 10 anos de experiência em laboratórios, decidiu abrir sua própria empresa de biotecnologia juntamente com uma sócia também formada na área. Ela nunca empreendeu e ninguém na sua família tem esse perfil para auxiliá-la. Ela tem noção de que o início de um negócio é complexo e de que precisaria de apoio jurídico, contábil, de comunicação, entre outros, mas está insegura sobre quem procurar.	**Mel** **Pontos Fortes:** • Que tipo de apoio a região oferece para aquelas pessoas que desejam empreender, mas não sabem por onde começar? **Pontos Fracos:** • Em quais aspectos a região deixa a desejar quando potenciais empreendedores, como Mel, precisam de auxílio? **Oportunidades:** • Quais benefícios, informações e formas de suporte a região poderia oferecer a quem deseja abrir um negócio? **Ameaças:** • Quais fatores podem vir a prejudicar a região sob o ponto de vista de uma cidade que deseja formar e atrair novos empreendedores?
EMPREENDEDOR QUE DESEJA INCUBAR SUA STARTUP Cláudio, 28 anos Cláudio, 28 anos, é publicitário, casado, possui pouco conhecimento em tecnologia, mas tem uma grande ideia e quer montar uma startup. Ele procurou uma consultoria em negócios, que avaliou que apenas sua empresa não contemplaria todas as áreas de conhecimento necessárias à complexidade de seu projeto, e que seria interessante o suporte e o envolvimento de pesquisadores e de outras empresas. Após pesquisar, decidiu que o melhor caminho será fazer parte de um parque tecnológico, e deseja verificar se será viável a entrada de seu negócio nesse ambiente. Ele leu o regulamento da seleção no site do parque, mas está inseguro, pois nunca imaginou participar de uma seleção com sua ideia de negócio e tem medo de não ser capaz de responder a todos os questionamentos.	**Fábio** **Pontos Fortes:** • Como os parques tecnológicos da região auxiliam pessoas com grandes ideias de negócio, mas sem experiência em inovação e empreendedorismo? **Pontos Fracos:** • Em quais aspectos os parques tecnológicos da região poderiam melhorar no que diz respeito a fornecer informações e estimular pessoas a participar? **Oportunidades:** • Como os parques tecnológicos podem aproximar-se da comunidade, desmitificando o processo de incubação? **Ameaças:** • Quais fatores podem vir a prejudicar os parques tecnológicos da região, fazendo empreendedores buscarem outras alternativas para o desenvolvimento dos seus negócios?
FUNCIONÁRIA PÚBLICA Sheron, 38 anos Graduada em Administração, mãe de dois filhos e profissional dedicada. Prestou concurso e trabalha na Prefeitura Municipal da região há dez anos. Com perfil de liderança e focada em resultados, é reconhecida entre seus colegas como uma funcionária competente e obstinada. Profissionalmente, Sheron é motivada pelo desejo de melhorar a vida dos cidadãos porto-alegrense. Seu propósito de vida, no entanto, é contribuir para que os filhos vivam em uma cidade melhor. Sempre em busca de novas alternativas para os problemas locais, considera que fomento a zonas de inovação é uma estratégia fundamental para o desenvolvimento da cidade. Porém, entende que há pouca interação entre o poder público e os organizadores destas iniciativas. Assim, frustra-se quando projetos que poderiam estimular tais ambientes demoram a serem aprovados.	**Sheron** **Pontos Fortes:** • Como a região auxilia no fomento a zonas de inovação na cidade? **Pontos Fracos:** • Em quais aspectos a região pode melhorar para auxiliar no desenvolvimento de zonas de inovação na cidade? **Oportunidades:** • Quais oportunidades a região pode aproveitar para promover o desenvolvimento de zonas de inovação na cidade? **Ameaças:** • Quais fatores podem vir a prejudicar os esforços da região para desenvolver zonas de inovação?

FIGURA 2.13 *Cards* sugeridos como disparadores de conversa, *workshop* sobre dimensão estrutural.
Fonte: Grupo Executivo Operacional do Pacto.

TRABALHADORA/ACADÊMICA Marcela, 27 anos Marcela, 27 anos, é casada e tem uma filha de quatro anos. Ela trabalha em turno integral e cursa o sexto semestre de Ciências Jurídicas em uma faculdade privada da região. Ultimamente, tem reclamado da falta de qualidade de vida, principalmente em virtude do pouco tempo dedicado à filha. Aliado a isso, Marcela também tem sentido tonturas frequentemente. Ao reclamar para uma amiga enfermeira, a mesma recomendou a ela que consultasse um médico o mais breve possível. Devido a não ter convênio médico e sua condição financeira ser limitada para pagar uma consulta particular, Marcela decidiu ir a um hospital público em uma sexta-feira à noite, seu dia de folga das aulas. Na recepção, aguardou 30 minutos para fazer seu cadastro e foi informada que teria de esperar aproximadamente quatro horas para ser atendida, pois a princípio seu caso não seria grave. Após a consulta, observou-se que seria necessário sua internação para uma avaliação mais profunda, mas não havia disponibilidade de leitos, nem previsão para este atendimento.	**Marcela** **Pontos Fortes:** • Que facilidades a região oferece para pessoas que, como Marcela, necessitam de serviços médicos públicos? **Pontos Fracos:** • Em que aspectos a região deixa a desejar quando pessoas como Marcela precisam de atendimento médico? **Oportunidades:** • Como a região poderia aprimorar seus serviços médicos? **Ameaças:** • O que pode impedir a região de aprimorar seus serviços médicos?

continua...

Continuação

	EMPREENDEDOR/TRABALHADOR **Ricardo, 33 anos** Ricardo, 33 anos é solteiro e não tem filhos. Graduado em Engenharia Mecânica, era sócio de uma *startup* do segmento de energia até oito meses atrás. Devido a diversas dificuldades, decidiu, em consenso com os demais sócios, encerrar o negócio. O evento que culminou nesta decisão foi quando teve o computador furtado enquanto se deslocava de trem para negociar com um potencial cliente na região metropolitana da região. Desde então, Ricardo decidiu abandonar a ideia de ter o próprio negócio e optou por voltar ao mercado de trabaho. No entanto, não está tendo sucesso ao buscar sua recolocação. Está preocupado, pois boa parte do dinheiro que reuniu durante o período em que trabalhava em uma empresa de engenharia foi investido na startup e o que sobrou está acabando. Pensa em se mudar para Florianópolis, onde lhe disseram que há melhores oportunidades de trabalho, mais segurança e transporte coletivo de qualidade.	**Ricardo** **Pontos Fortes:** • O que a região oferece, em termos de transporte público, segurança e oportunidades de trabalho para que pessoas como Ricardo tenham mais qualidade de vida em a região? **Pontos Fracos:** • Em que aspectos a região deixa a desejar em termos de transporte público, segurança e oportunidades de trabalho, influenciando negativamente na qualidade de vida de seus cidadãos? **Oportunidades:** • Como a região poderia aprimorar as condições de transporte público, segurança e oportunidades de trabalho, objetivando melhor qualidade de vida para seus cidadãos? **Ameaças:** • O que pode impedir a região de aprimorar as condições de transporte público, segurança e oportunidades de trabalho para a população?
	APOSENTADA **Carmen, 65 anos** Carmen, 65 anos, é casada, tem dois filhos e um neto de quatro anos. Aposentada do serviço público, costuma passar seus dias entre atividades diversas, como ir a cafeterias, cinema, teatro ou passear nos parques da região, cidade onde morou a vida inteira e da qual sempre se orgulhou. Porém, há algum tempo Carmen vem se sentindo menos confortável e otimista. Em sua percepção, a região está perdendo qualidade de vida. Este sentimento ficou mais evidente desde que ela voltou de sua primeira viagem ao exterior, há um ano. Carmen reclama cada dia mais que a região está muito poluída, feia e estressante. Além disso, alega sentir falta de mais eventos culturais de porte internacional, como os que presenciou em Barcelona, na Espanha. Mesmo tranquila em relação aos filhos, mas preocupada com o futuro do neto, pensa em sugerir aos pais da criança a mudança para outra cidade, em que haja mais áreas verdes e um ambiente menos estressante para a criação do filho.	**Carmen** **Pontos Fortes:** • O que a região ofereceem termos de cultura e meio ambiente (limpeza/poluição, áreas verdes, arborização, edificações etc.) que melhora a qualidade de vida das pessoas? **Pontos Fracos:** • Que aspectos da região relacionados à cultura e ao meio ambiente (limpeza, áreas verdes, arborização, edificações etc.) influenciam negativamente na qualidade de vida da população? **Oportunidades:** • Como a região poderia aprimorar as condições relacionadas à cultura e ao meio ambiente (limpeza, áreas verdes, arborização, edificações etc.) para proporcionar uma melhor qualidade de vida a seus cidadãos? **Ameaças:** • O que pode impedir a região de aprimorar as condições relacionadas à cultura e ao meio ambiente (limpeza, áreas verdes, arborização, edificações etc.) com o objetivo de proporcionar melhor qualidade vida para sua população?
	DIRETORA DE INOVAÇÃO **Laura, 42 anos** Laura, 42 anos, é casada e tem uma filha Ele mora com a família na região, cidade onde nasceu e pela qual tem muito apreço. Trabalha em uma grande empresa de produtos alimentícios sediada em São Paulo, como Diretora de Inovação. Devido ao cargo de executiva sênior, Laura tem muito trabalho, mas também horários flexíveis e pode trabalhar de onde julgar mais conveniente. Sempre em busca de soluções inovadoras para as demandas da empresa e atenta às tendências do mercado, identificou que as parcerias com startups são ricas fontes de inovação para o negócio. Porém, essas startups estão espalhadas por várias cidades do Brasil, e Laura tem encontrado dificuldades no deslocamento de avião partindo da região. Ela alega que perde muito tempo, principalmente com conexões, o que a deixa frustrada e afeta sua qualidade de vida. Além disso, considera que a região deixou de ser uma cidade agradável e segura como já o fora um dia. Por isso, ela e seu marido estão considerando a possibilidade de mudança para São Paulo.	**Laura** **Pontos Fortes:** • Que condições a região oferece, em relação à malha aeroviária e segurança, que tornam mais fácil e melhor a vida das pessoas? **Pontos Fracos:** • Que aspectos da região, relacionados à malha aeroviária e segurança, afetam negativamente a qualidade de vida na cidade? **Oportunidades:** • Como a região poderia aprimorar as condições relacionadas à segurança e malha aeroviária, visando proporcionar mais qualidade de vida a seus cidadãos? **Ameaças:** • O que pode impedir a região de aprimorar as condições relacionadas à segurança e malha aeroviária com o objetivo de proporcionar mais qualidade de vida a seus cidadãos?
	DIARISTA **Joana, 28 anos** Joana, 28 anos, é solteira, não tem filhos e ainda mora com os pais. Proveniente de uma família de renda média-baixa, é a mais velha de quatro irmãos e trabalha desde os 16 anos como diarista para ajudar no sustento de sua família. Seu sonho é cursar à faculdade de Psicologia e ajudar pessoas de comunidades carentes. Extrovertida, gosta de conversar e fazer novos amigos. Em seu tempo de folga, gostaria de se dedicar a um projeto social. Pensou em reunir pessoas interessadas e que tenham o mesmo propósito para implementar este projeto, pois acredita que é através da colaboração e engajamento que as coisas funcionam. Ultimamente, porém, ela tem achado as pessoas menos receptivas e amistosas. Considera que há uma polarização de ideias, o que dificulta o diálogo e as relações pessoais. Em sua percepção, a qualidade de vida na região diminuiu, e isso também tem influenciado no humor das pessoas. Joana se dispõe a contribuir para uma cidade melhor, mas não sabe o que poderia ser feito.	**Joana** **Pontos Fortes:** • Que condições a região oferece que facilitam a aproximação, o diálogo e o relacionamento entre as pessoas? **Pontos Fracos:** • Que aspectos da região afetam negativamente a aproximação, o diálogo e o relacionamento entre as pessoas? **Oportunidades:** • Como a região poderia aprimorar as condições para gerar mais aproximação, diálogo e um melhor relacionamento entre as pessoas? **Ameaças:** • O que pode impedir a região de aprimorar as condições relacionadas a aproximação, diálogo e relacionamento entre as pessoas?

FIGURA 2.14 *Cards* sugeridos como disparadores de conversa, *workshop* sobre interação e qualidade de vida.
Fonte: Grupo Executivo Operacional do Pacto.

EMPREENDEDORA INICIANTE Mel, 30 anos	Mel
Mel tem 30 anos, é solteira e formada em biomedicina. Após 10 anos de experiência em laboratórios, decidiu abrir sua própria empresa de biotecnologia juntamente com uma sócia também formada na área. Ela nunca empreendeu e ninguém em sua família tem esse perfil para auxiliá-la. Pesquisando na Internet Mel descobriu que a formalização da empresa demandará diversos registros, além de licenciamento ambiental. Ao buscar conselhos de empreendedores mais experientes, eles afirmaram que tais procedimentos são demorados e devem ser encaminhados o quanto antes. Recomendaram, então, a contratação de um escritório de contabilidade e de uma consultoria em gestão ambiental. Mel ficou um pouco assustada e não sabe se terá dinheiro para arcar com todos os custos. Ela também está se sentindo menos motivada ao pensar que pode levar um tempo considerável para formalizar sua empresa e ainda ter contratempos neste ínterim.	**Pontos Fortes:** • Que facilidades Porto Alegre oferece a quem, assim como Mel, deseja empreender, mas precisa cumprir todas as etapas de formalização e regularização da empresa? **Pontos Fracos:** • Em que aspectos Porto Alegre deixa a desejar quando empreendedores como Mel precisam cumprir os trâmites para formalização e regularização de suas empresas? **Oportunidades:** • Como Porto Alegre poderia aprimorar os processos para formalização e regularização de empresas? **Ameaças:** • O que pode impedir Porto Alegre de facilitar a formalização e regularização de novos negócios?
PROFESSOR EMPREENDEDOR Cláudio, 40 anos	**Cláudio**
Cláudio, 36 anos, é professor universitário, casado e não tem filhos. Sempre foi reconhecido como um profissional de excelência e no último ano recebeu um prêmio de práticas inovadoras em sala de aula. Entusiasta de novidades tecnológicas, considera a inovação fundamental para melhorar a qualidade de vida das pessoas. No entanto, se preocupa com as profissões que deixarão de existir e o futuro destes profissionais. Por isso, identificou como uma oportunidade fundar uma escola para profissões do futuro. Para isso, Cláudio precisa de uma estrutura física para salas de aula, laboratórios e equipamentos. A nova empresa já está com o modelo negócio definido e quase pronta para funcionar. Porém, Cláudio tem enfrentado entraves para regularizar a situação do imóvel, principalmente em relação ao Plano de Prevenção Contra Incêndio (PPCI), que o tem impedido de abrir as portas.	**Pontos Fortes:** • Como Porto Alegre auxilia empreendedores como Cláudio na obtenção de alvarás e cumprimento de exigências legais, como o PPCI? **Pontos Fracos:** • Em que aspectos Porto Alegre deixa a desejar quando empreendedores como Cláudio precisam cumprir exigências legais para tornarem operacionais suas empresas? **Oportunidades:** • Como Porto Alegre poderia auxiliar empreendedores como Cláudio a enfrentarem menos obstáculos na obtenção de alvarás e cumprimento de exigências como o PPCI? **Ameaças:** • O que pode dificultar a remoção de obstáculos para que os empreendedores obtenham alvarás e PPCI com mais facilidade em Porto Alegre?
GERENTE DE INOVAÇÃO Luan, 26 anos	**Luan**
Luan tem 26 anos, é solteiro e mora em Porto Alegre desde os 18 anos, quando veio à cidade para cursar a graduação em Design. Caçula de uma família com poucos recursos, enfrentou diversos obstáculos, mas, obstinado, superou-os através de muita determinação e estudo. Durante a faculdade, morou na Casa do Estudante, dividindo quarto com três colegas. Seu sonho é poder ajudar jovens em situação semelhante a que viveu. No momento, ocupa o cargo de gerente de inovação em uma empresa de *software*, onde está há sete anos e é o braço direito do diretor. Essa confiança permite a Luan dedicar parte de seu tempo a projetos que tenham a ver com seu propósito de vida. Entre eles, está um negócio social que virou *spinoff* da empresa, devido ao alto potencial inovador e de impacto social. No entanto, Luan vem sendo cobrado pela lentidão no desenvolvimento do negócio. Ele alega que suas principais dificuldades são a complexidade tributária e falta de incentivos fiscais para a inovação.	**Pontos Fortes:** • Como Porto Alegre incentiva o desenvolvimento de projetos com potencial inovador e de impacto social, em termos tributários e de incentivos fiscais? **Pontos Fracos:** • Em que aspectos Porto Alegre deixa a desejar quando inovadores como Luan precisam lidar com questões tributárias e de incentivos fiscais para a inovação? **Oportunidades:** • Como Porto Alegre poderia auxiliar inovadores como Luan a lidarem com mais facilidade em relação a questões tributárias e de incentivos fiscais para a inovação? **Ameaças:** • O que pode atrapalhar Porto Alegre na busca por uma legislação tributária menos complexa e por melhores condições em relação a incentivos fiscais para a inovação?
PEQUENA EMPRESÁRIA Joana, 52 anos	**Joana**
Joana, 52 anos, é casada e tem dois filhos. Zelosa com a família, gosta de cozinhar e conversar com as amigas. É dona de um minimercado no bairro em que mora. Não tem funcionários, mas recebe ajuda dos filhos quando preciso – especialmente aos sábados, quando há mais movimento. Há alguns dias, recebeu a visita gratuita de um agente de orientação a pequenos negócios, o qual realizou um diagnóstico e elaborou um plano de ação com sugestões para Joana implementar na empresa. Entre as ações indicadas, uma delas era implementar um software de gestão, pois até então Joana anota tudo em um caderno, o que ocasiona problemas em relação a estoques, clientes que deixam de pagar, entre outros. Joana compreende a importância de adotar um software, porém reclama que os impostos que paga são muito altos e com o sistema estaria muito vulnerável à fiscalização do governo. Ela considera que se precisar emitir nota fiscal de tudo o que vende terá prejuízos e não valerá a pena continuar com o negócio.	**Pontos Fortes:** • Como Porto Alegre facilita a pequenos empresários como Joana o cumprimento de suas obrigações fiscais? **Pontos Fracos:** • Em que aspectos Porto Alegre deixa a desejar quando pequenos empresários como Joana têm de cumprir suas obrigações fiscais? **Oportunidades:** • Como Porto Alegre poderia auxiliar pequenos empresários como Joana a enfrentarem menos dificuldades no cumprimento de suas obrigações fiscais? **Ameaças:** • O que pode atrapalhar Porto Alegre na busca por melhores condições em relação ao cumprimento de obrigações fiscais pelos pequenos empresários?

continua...

Continuação

INVESTIDOR ESTRANGEIRO Javier, 41 anos	Javier
Javier, 41 anos, é um investidor espanhol. Com formação em negócios em uma das principais universidades da Europa, veio ao Brasil em 2015 para passar férias em Salvador, onde conheceu Cristina, uma porto-alegrense pela qual se apaixonou. Depois de um tempo de namoro, os dois decidiram se casar e morar na capital gaúcha. Atualmente, os investimentos de Javier estão concentrados na Espanha, para onde ele viaja todos os meses para se reunir com os diretores e outros sócios dessas empresas. Javier está cansado desta rotina e deseja migrar seus investimentos para o Brasil, tendo identificado diversas oportunidades em Porto Alegre. No entanto, está com receio de fazer este movimento, pois considera o risco muito alto, devido ao quadro institucional legal instável, principalmente em relação a contratos de trabalho e tempo alto de execução de processos no judiciário.	**Pontos Fortes:** • O que Porto Alegre faz para reduzir a incerteza em relação a contratos de trabalho e proporcionar mais agilidade na execução de processos no judiciário? **Pontos Fracos:** • Em que aspectos Porto Alegre deixa a desejar em relação a reduzir a incerteza em contratos de trabalho e permitir maior agilidade na execução de processos no judiciário? **Oportunidades:** • O que Porto Alegre pode fazer para que investidores como Javier se sintam seguros em relação aos contratos de trabalho e para agilizar o tempo execução de processos no judiciário? **Ameaças:** • O que pode prejudicar Porto Alegre na busca por melhores condições em relação aos contratos de trabalho e tempo de execução de processos no judiciário?

FIGURA 2.15 *Cards* sugeridos como disparadores de conversa, *workshop* sobre questões institucionais e legais.
Fonte: Grupo Executivo Operacional do Pacto.

Desta forma, a partir da problemática representada por cada *persona*, especialistas são convidados a apresentar forças, fraquezas, ameaças e oportunidades do ecossistema de inovação em processo de consolidação (análise SWOT).

Entre as leitura dos *cards* de forma individual, num primeiro momento, e coletiva entre os componentes de cada mesa (subgrupos de seis a oito integrantes), há facilitação de troca de ideias entre os participantes para a montagem das matrizes SWOT. Os facilitadores devem disponibilizar folhas A3, já com os quatro quadrantes desenhados, por mesa, assim como *post-its* de cores variadas e canetas coloridas para proporcionar o registro das observações de cada subgrupo de trabalho.

No momento seguinte, solicita-se a exposição dos *finds* para o grande grupo, elegendo-se em cada mesa um a dois oradores dispostos a tal função. Este procedimento deve durar no máximo, de três a cinco minutos por mesa.

A etapa de **imersão** é prevista para durar no máximo duas horas de intensa atividade colaborativa e muito participativa, estimulando as contribuições de cada indivíduo convidado para o WS.

Passado esse momento, parte-se para o fechamento da jornada, solicitando ao grupo maior (incluindo os facilitadores presentes) que se reúnam em um formato de grande roda de cadeiras, em que os participantes do *workshop*, liderados pelo principal moderador/facilitador, realizem a última etapa da jornada de trabalho, denominada **check-out**. Nesta fase, procura-se fazer um resgate da experiência, acrescentando percepções e, sobretudo, esclarecendo as próximas etapas do projeto.

Como encerramento, agradecimentos com entusiasmo são previstos, ressaltando a participação efetiva de cada integrante. Normalmente, este momento culmina com uma *super selfie* e que deve, posteriormente, ser anexada aos relatórios de construção do projeto como um marco importante e testemunho da história local. Esta etapa, também não deve ultrapassar o tempo de até uma hora de duração.

Finalmente, os resultados do mapeamento de cada uma das dimensões do ecossistema de inovação devem constar de um documento informativo, apresentando as principais recomendações do grupo de participantes, servindo de suporte às deliberações subsequentes.

Etapa III – Prioridades

Estabelecida a visão estratégica e realizado o diagnóstico situacional da região foco do pacto, parte-se para a definição de prioridades de intervenção, de modo a incrementar melhorias significativas, sustentáveis e de alto impacto para a sociedade local (**Figura 2.16**).

Para que todas essas dimensões sejam adequadamente equilibradas, torna-se fundamental desenvolver a governança das ações, de forma **eficaz** no emprego dos recursos necessários; **transparente**, tanto na tomada de decisão, quanto nos resultados decorrentes das ações; **abrangente**, evitando privilegiar regiões em detrimento de outras; **sustentável**, de forma que seus efeitos perpassem mandatos governamentais (curto prazo), tornando-se perenes e incrementais, garantindo um legado de desenvolvimento cidadão de médio e longo prazos para todo o território abrangido pelo Projeto.

Fase I – Definição das áreas de domínio (dimensões)

Cabe considerar que as dimensões prioritárias de um pacto pela inovação de um território estarão associadas aos impactos social, econômico, urbano e de governança local (**Figura 2.17**). As quatro dimensões compõem um mosaico de ações prioritárias que exigem interdependência, coordenação e transparência na definição de prioridades, tanto do ponto de vista da alocação de recursos, na sua maioria público e, portanto, sujeitos à prestação de contas a toda a sociedade pertinente, quanto na cronologia das ações e nas áreas mais estratégicas e de maior impacto transformador e inovador. Importante resgatar boa parte daquilo que foi mapeado na etapa anterior do diagnóstico *ex ante*, já detalhado.

Assim, resgata-se que a dimensão social deve contemplar questões de acesso à educação em todos os seus níveis (da pré-escola à pós-graduação *strito sensu*),

ETAPAS DE DESENVOLVIMENTO DE UM PACTO DE INOVAÇÃO

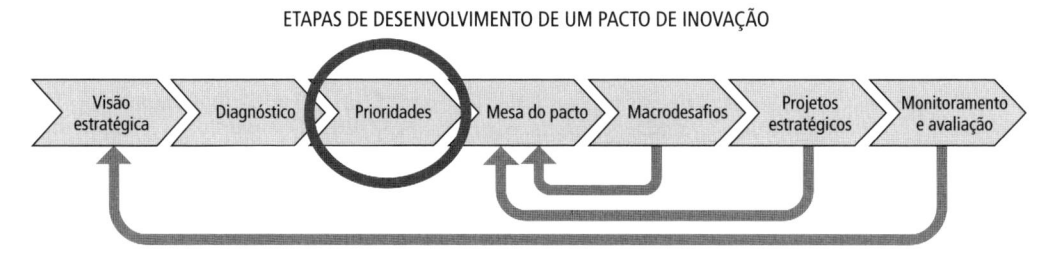

Visão estratégica › Diagnóstico › Prioridades › Mesa do pacto › Macrodesafios › Projetos estratégicos › Monitoramento e avaliação

FIGURA 2.16 Modelo geral – ênfase na definição de prioridades.

Dimensões

SOCIAL
ECONÔMICO
URBANO

GOVERNO

FIGURA 2.17   Modelo geral – ênfase na definição de prioridades.

instalação de rede de saúde pública e privada eficaz, além de segurança pública patrimonial e pessoal, moradia digna, eventos de cultura, áreas de lazer e de esportes. Muitas dessas variáveis estão contidas em indicadores de desenvolvimento humano (IDH) e nível de concentração de renda (índice de Gini), assim como acesso a bens e serviço, escolaridade média, taxa de desemprego e desalento, taxas de mortalidade infantil, e morbidade, longevidade, violência doméstica e pública, sistema prisional, entre outros.

A dimensão econômica pressupõe a capacidade de geração de renda, emprego, impostos, fluxos comerciais, produção de bens e serviços, capacidade de transformação industrial, redes de distribuição, acesso à capital financeiro e de fomento, desenvolvimento de novos negócios inovadores, acesso a tecnologias disruptivas, mecanismos de proteção à propriedade intelectual e patentes, e, finalmente, desenvolvimento de conexões e parcerias nacionais, regionais e internacionais que auxiliem à integração da região foco, na exploração e inserção junto ao potencial de mercado global.

A dimensão urbana, em síntese, consiste no desenvolvimento do espaço urbano e rural, prevendo-se, entre outros equipamentos, áreas de preservação ambiental, tratamento e distribuição de água e saneamento básico (como rede de esgotos fluvial e cloacal) e sistemas de limpeza e coleta de resíduos e áreas de reciclagem de resíduos sólidos, contaminantes, orgânicos. Além disso, refere-se a todo o sistema de mobilidade social, malha de transporte multimodal, sobretudo enfatizando o acesso a modais não poluentes ao meio ambiente; suprimento de energia, iluminação pública, telecomunicações, integração de dados; e praças, parques, paisagismo urbano e rural. Também diz respeito ao estabelecimento de um plano diretor de exploração mobiliária, prevendo-se, de forma similar, calçamento, sinalização pública, áreas de lazer, esportes e cultura; locais de comércio, hotelaria e áreas de alimentação, feiras e exposições; hospitais, clínicas e centros médicos; creches, escolas, centros de ensino superior e pesquisa, áreas de trabalho coletivo e individual, entre outros.

Finalmente, a questão de governança local refere-se aos sistemas de controle e fiscalização da coisa pública, que inclua a configuração de um nexo de contratos, certificações, registros de propriedade, autorizações, legislação pública e comercial, câmaras de arbitragem, fiscalizações, normativas, licenciamento ambiental, carga tributária, prazos, linhas de financiamento e fomento, contingenciamentos, etc.

Fase II – Definição das tecnologias

Esta é uma etapa importante e que pretende definir como operacionalizar as prioridades, por meio do uso de recursos de tecnologia de sistemas, integração de dados, automatização de processos e, principalmente, desenvolvimento de ferramentas e processos de gestão de pessoas (tecnologias sociais).

A abordagem sugerida para realizar esta fase é a proposta do modelo S3 (*Smart Specialization Plataform*), descrita no Capítulo 1.

Fase III – Áreas de especialização do território

Há na literatura diversas alternativas para as melhores práticas na gestão de projetos, integrando pessoas, suas representações (entidades públicas e privadas), definindo prioridades, recursos técnicos, indicadores de desempenho, transparência e publicidade de ações, desenvolvimento de metas e cronogramas físicos e financeiros compatíveis aos desafios priorizados.

Este trabalho, ao envolver a maior quantidade de pessoas possíveis, traz uma ideia sobre a realidade presente, assim como reforça as constatações coletadas pelos dados secundários levantados *ex ante*. Dessa forma, permite-se uma ampla análise da região, como ponto de partida para o desenvolvimento do trabalho subsequente. Sugere-se que os especialistas em diagnósticos e cenários socioeconômicos, preferencialmente vinculados ao comitê de gestão e aos GTs, devam ser responsáveis pela elaboração do relatório.

O planejamento territorial, particularmente urbano, enseja trazer aportes disciplinares relevantes, como geografia, urbanismo, sociologia, antropologia, psicologia, economia, cultura e educação, entre outros.

Quando se procura estabelecer um pacto pela inovação em um determinado território, algumas premissas devem ser consideradas na elaboração de um projeto amplo, ambicioso e que sirva de orientação nas ações e nos projetos a serem executados subsequentemente. Desta forma, um ecossistema de inovação de referência global deve contemplar alguns elementos fundamentais:

- Talentos: gerar, manter e atrair talentos globais.
- Transformação urbana: desenvolver ambientes inteligentes e criativos para viver e trabalhar.
- Ambiente de negócio: gerar um ecossistema inovador de classe mundial.
- Imagem do território: promover a imagem do território.
- Qualidade de vida: melhorar o bem-estar das pessoas em saúde, segurança, cultura e meio ambiente.
- Modernização da administração pública: qualificar e facilitar o acesso aos serviços para a população.

É evidente que um processo transformador desta natureza, pautado pela complexidade e abrangência, pode ser iniciado pela intervenção em uma determinada zona geográfica, de preferência centrada em áreas deprimidas e/ou decadentes, que poderão ser beneficiadas com ações e projetos estruturantes e que sirvam como modelo (projeto piloto) para sua consequente expansão para as demais áreas de abrangência. Exemplos no mundo são bastante ilustrativos neste sentido; são eles: Barcelona, Londres, Medellín, Seul, Singapura, entre outras. Novamente, a abordagem sugerida para realizar essa fase é da proposta do modelo S3 (Cap. 1).

Etapa IV – Mesa do pacto

Nesta etapa, procura-se legitimar as intenções e prioridades sugeridas pelo conselho de Inovação, comitê estratégico e sistematizadas pelas equipe de gestão do projeto (GTs), com base na consulta a dados e indicadores secundários e na pesquisa de campo imersiva, contando com a colaboração de inúmeros especialistas e/ou representantes da sociedade local (território focal).

A chamada **mesa** é uma figura simbólica e tem como objetivo central aglutinar todas as forças vivas de uma sociedade em torno de um compromisso unificador, visando ao desenvolvimento harmônico em um determinado território (**Figura 2.18**). Nesse sentido, ações voltadas para impulsionar a inovação, com geração de impacto social, apresentam um potencial de convergência bastante promissores. Inspirados na história antiga, idealiza-se que, no entorno de uma mesa, os consensos sejam construídos, baseados em intenso diálogo e firmeza de propósitos unificadores.

Para melhor ilustrar o que vem a ser uma Mesa, podemos recorrer aos registros da era medieval, na Europa antiga, onde as decisões de uma determinada localidade eram intensamente debatidas e concertadas entre os membros (líderes carismáticos) daquela comunidade.

Segundo a lenda do Rei Arthur, a távola redonda, descrita por Bradley (2017), era a mesa ao redor da qual o rei e seus cavaleiros (fiéis súditos e líderes locais) se reuniam.

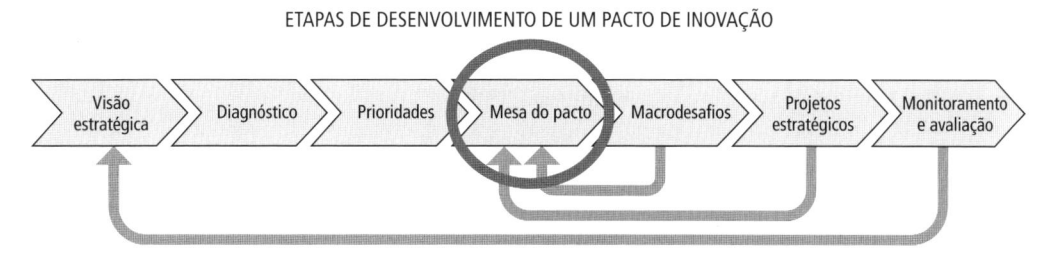

FIGURA 2.18 Modelo geral – ênfase na formação da mesa do pacto.

A mesa tinha o formato redondo para que não houvesse cabeceira, denotando, assim, a igualdade de todos os seus membros[3].

Essa busca de igualdade é, hoje, prática recorrente e recomendável em sociedades evoluídas, sobretudo nas mais democráticas, que buscam uma ampla representação social. O objetivo é que os indivíduos decidam, em conjunto, que medidas desejam ver executadas; o que deve ser melhorado ou, ainda, as práticas que devem ser eliminadas.

Assim, em um pacto de inovação em um determinado território, a estratégia não poderia ser diferente, uma vez que se busca arregimentar a maior pluralidade da sociedade que será impactada, direta ou indiretamente, pelas ações futuras do pacto de inovação deste território (*stakeholders* da quádrupla hélice).

Como chamamento público amplo, geral e irrestrito, procura-se afirmar o **manifesto** que agrega a todos, revelando o compromisso da participação ativa nos resultados das ações que serão executadas. Para tanto, espera-se que os membros da mesa, convidados previamente, possam celebrar um **termo de adesão** (compromisso formal) que confirmem a intenção jurídica legal de apoiar o desenvolvimento pelo Pacto pela Inovação do território em questão.

Como qualquer contrato, neste sentido, prevê-se o estabelecimento do **objeto formal** de aceitação entre as partes signatárias, de acordo com o **manifesto** elaborado nas fases anteriores e corroborado/ratificado neste momento.

Na sequência, elencar **quem faz parte (da participação)** como entidade membro signatário ao Pacto, sendo indicado um representante legal de cada membro para a participação de todas as reuniões deliberativas da mesa. Estas, previstas para serem realizadas, no mínimo, uma vez por semestre. Além disso, as entidades signatárias como membros efetivos do pacto precisam formalizar, neste item, quais ações serão de sua responsabilidade no decurso de seu desenvolvimento. Neste sentido, sugere-se que se contemple:

a. Promover o uso de logo do pacto, objetivando dar mais visibilidade ao movimento.
b. Disponibilizar, dentro das suas possibilidades e sempre com prévio agendamento, sua infraestrutura e recursos materiais em suporte às atividades do pacto, respeitados seus estatutos, regras internas e/ou diretrizes e recomendações de seus órgãos controladores e fiscalizadores.
c. Colaborar na identificação e estimular a participação de pessoas nas atividades do pacto, respeitados os interesses institucionais.
d. Divulgar as atividades relacionadas ao pacto, respeitadas suas regras de comunicação institucionais.
e. Colaborar de outras formas, conforme o andamento do movimento pacto e com a consecução de seus objetivos.

---

[3]Em diferentes histórias, variava o número de cavaleiros, indo de 12 a 150 ou mais. Na lista da *Winchester Round Table*, que data de 1270, constam 25 nomes de cavaleiros. Código de Cavalaria: Sir Thomas Malory descreve o código dos cavaleiros como: (1) Buscar a perfeição humana; (2) Retidão nas ações; (3) Respeito aos semelhantes; (4) Amor pelos familiares; (5) Piedade com os enfermos; (6) Doçura com as crianças e mulheres; e (7) Ser justo e valente na guerra e leal na paz.

Quanto à **forma de atuação** (como), sugere-se que o pacto prossiga sua jornada de acordo com o que preconiza a metodologia genérica para seu pleno desenvolvimento, deixando claro quais desafios serão contemplados por meio da implementação de ações e projetos executivos, em conformidade com o propósito, missão, visão e objetivos estratégicos, elaborados de forma colaborativa e representativa anteriormente. Como diretriz geral, poderão ser reconhecidas ou impulsionadas ações e projetos que tenham características similares às descritas a seguir:

- Corresponder a um comprometimento espontâneo de uma ou mais entidades partícipes, com foco no desenvolvimento do ecossistema de inovação.
- Relacionar com os temas de ciência, tecnologia, inovação, empreendedorismo e educação.
- Contribuir com a superação de algum dos desafios acordados pela mesa do pacto.

Finalmente, **dos recursos** previstos, sugere-se que o instrumento jurídico em questão, podendo ser denominado **protocolo de intenções**, não deva envolver transferência de recursos, físicos ou financeiros, entre as partes.

Cabe salientar que, além do protocolo de intenções, poderão ser firmados instrumentos específicos entre os participantes da mesa do pacto, se for conveniente ou necessário, em consonância com os objetivos e as metas estabelecidas pelas partes.

Fase I – Definição dos membros da mesa

Nesta definição, é prevista a ampla representação da quádrupla hélice do território foco do Projeto, procurando incluir a todos, de forma a reduzir oposições, contrariedades e potenciais boicotes que venham retardar o desenvolvimento das ações compactuadas, por meio de um escrutínio democrático, transparente e de ampla comunicação à sociedade local.

Os membros a serem oficializados devem ser representados pelos principais dirigentes das inúmeras agremiações e entidades locais. Além disso, algumas figuras de liderança histórica reconhecida devem fazer parte do movimento para aumentar a credibilidade e perenidade das ações deliberadas em colegiado.

Uma das preocupações na elaboração de um pacto desta envergadura é que as ações preconizadas apresentem um alcance temporal de médio e longo prazos, evitando interpretações intempestivas e conflito de interesses entre o que deve ser público e universal, daquilo que pode ser interesse particular de alguém ali representado.

Neste sentido, recomenda-se que o poder público esteja condicionado ao que esta ampla sociedade representada lhe sugere para executar. A redução do grau de liberdade do agente público, também representado e escolhido democraticamente, faz as ações de desenvolvimento e promoção de inovação serem mais consequentes e duradouras, uma vez que se minimiza certo viés no qual uma gestão vigente não deseja dar continuidade a uma determinada política de Estado, em função de um potencial desalinhamento ideológico/programático presente em uma gestão anterior.

Fase II – Organização da reunião da mesa (evento)

Para que o primeiro evento da formação da mesa fique marcado na história do território em questão, torna-se necessário uma logística especial, caracterizando-se como um evento marcante e amplamente documentado pela sociedade local.

Trata-se, portanto, de uma solenidade formal, exigindo um rito protocolar adequado, iniciando previamente mediante um convite pessoal, realizado pelos principais representantes do conselho de gestão (coordenador geral e seus principais assessores), prevendo-se sua entrega presencial, por meio do agendamento de visitas individuais ao gestor maior de cada entidade, explicando os termos de intenção da cerimônia, assim como respondendo eventuais dúvidas, expectativas e compromissos posteriores para cada entidade participante.

Após essas visitas, está prevista a coleta da intenção de participação de cada entidade, para, então, marcar o dia e local onde a constituição da mesa seria oficializada.

O evento prevê ampla cobertura da imprensa local e deve priorizar a definição de um ambiente especial, neutro, seguro e de grande reputação pública, podendo ser um clube social, um prédio histórico, um gabinete público, uma arena, um salão nobre, etc.

Além disso, aproveitando-se das tecnologias de informação e comunicação atuais, recomenda-se gravar todo o evento e disponibilizar de forma síncrona (*live*) nas principais redes sociais (Facebook, YouTube, Instagram e outros).

Com relação aos recursos materiais previstos, espera-se a elaboração de pastas com os documentos prévios (diagnóstico e prioridades definidas) e que venham, de forma conjunta, alicerçar as tomadas de decisão.

Além disso, recomenda-se fazer uso de uma equipe qualificada de cerimonial que deverá acolher adequadamente todos os participantes, encaminhando-os para seus lugares, com agilidade e cordialidade.

A coordenação do evento deverá estar a cargo do comitê estratégico e dos GTs do projeto, mantendo-se sincronizada, a fim de garantir total fluência do protocolo de desenvolvimento da reunião, planejado previamente. Recomenda-se que tal evento não ultrapasse três horas de duração, prevendo-se um almoço ou jantar no transcorrer do evento e que, também, serviria para aproximar os diferentes atores desta sociedade ampliada, garantindo maior engajamento posterior das entidades representadas. Ao final do evento, deve-se elaborar uma ata da reunião, constando a lista de todos os participantes, o roteiro do evento transcorrido e as principais deliberações tomadas em conjunto. Essas informações precisam ser amplamente apresentado nas etapas posteriores.

É sempre importante a formalização do encontro por meio do registro de uma foto, em que são identificados facilmente todos ali presentes. O material produzido ao longo da reunião precisará ser conservado e distribuído aos participantes, de preferência, por meio de um *site* promocional do pacto, via rede web.

Fase III – Próximas reuniões da mesa

Para dar sequência aos trabalhos e garantir a mobilização, assim como o engajamento permanente dos integrantes membros da mesa, cabe à coordenação do evento (conselho e equipes de gestão e comunicação) indicar os próximos passos, apontando datas, metas e entregáveis que serão cumpridos sistematicamente, logo após a formação da mesa.

Dessa forma, a mesa passa a ser o grande fórum de acompanhamento, validação e reformulação ao longo do desenvolvimento do pacto de inovação. Assim, sugere-se a realização de uma reunião geral ordinária por semestre, em que serão divulgados, em um primeiro momento, os resultados auferidos pelo pacto, provenientes de ações e projetos priorizados pela própria mesa.

Após o balanço das ações, há espaço para temas diversos, contribuições de cada membro integrante, sugestões de ajustes pontuais e votações de continuidade dos processos executivos, sempre observando a relevância e o impacto esperado, assim como, os recursos necessários (disponíveis ou não) para sua correta implementação.

Caso haja algum fato novo ao longo do percurso e que possa alterar significativamente os rumos do projeto pode-se prever a convocação de reuniões da mesa, em caráter extraordinário, evitando-se que tais momentos tenham uma frequência superior a mais de um evento por mês.

Finalmente, deve-se prever que todos os eventos devam ser amplamente documentadas e facilmente acessíveis a todos os integrantes, prevendo-se o desenvolvimento e a manutenção de uma plataforma digital, no formato de *intranet*, apresentando dados mais restritos aos integrantes legalmente institucionalizados, assim como informações mais abrangentes e que possam ser consultadas por toda a sociedade local impactada.

Etapa V – Macrodesafios

Fase I – Metodologia para identificação dos desafios

As dimensões apresentadas e validadas pela mesa, formada pelas principais lideranças locais, devem pautar a orientação dos principais desafios para transformação deste ecossistema foco na direção de algo mais dinâmico, inovador e agregador de maior qualidade de vida, capaz de manter e atrair novos talentos e propiciá-los um ambiente adequado e fértil para o desenvolvimento de novos negócios, prósperos, geradores de emprego, renda e impostos (**Figura 2.19**). Somente tal orientação poderá promover um movimento incremental e virtuoso de prosperidade, inclusão e igualdade social, tão vitais dentro de um contexto de alta competitividade internacional.

Portanto, consolidar desafios com base nas dimensões estruturantes propostas no plano inicial do trabalho e fundamentada em sugestões de membros do pacto, somado

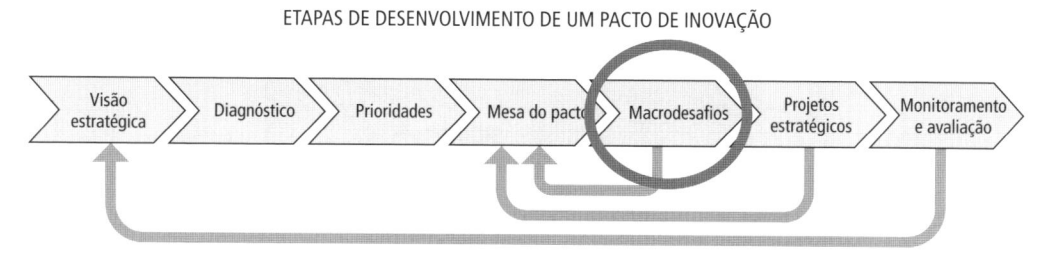

FIGURA 2.19 Modelo geral – ênfase na definição de macrodesafios.

ao diagnóstico prévio realizado por especialistas, constituídos com dados secundários de pesquisa de campo junto à sociedade, é a tarefa principal que se impõe neste estágio de desenvolvimento do trabalho.

É importante ressaltar que o método de seleção de desafios precisa levar em consideração a relevância, o impacto e seu potencial de viabilidade ao longo do tempo, evitando tornar-se simples desejo coletivo, de pouca consistência, eficácia e concretização.

De forma geral, o modelo de implementação do pacto de inovação de um determinado território pressupõe a definição clara dos desafios a superar, de acordo com cada dimensão estratégica pertinente a um ecossistema de inovação de classe mundial (referência entre os melhores de seu escopo). Cada desafio será contemplado por meio de um conjunto de ações estratégicas e cada ação deverá ser desdobrada em projetos executivos específicos, sejam eles os mais estruturantes e de longo prazo, sejam eles pontuais de rápida implementação e mensuração de resultados. Este modelo pode ser visualizado na **Figura 2.20**.

Fase II – Definição dos macrodesafios

Os macrodesafios são os principais orientadores de todo o trabalho de execução objetiva do pacto pela inovação de um determinado território; portanto, alguns pontos devem ser considerados para que o trabalho tenha êxito e seja aceito pela ampla maioria dos membros da mesa, assim como pela sociedade como um todo. Assim, parte-se de critérios de priorização muito bem definidos, calcados em parâmetros reais e viáveis de serem mensurados.

A seguir, é apresentado um resumo (**Quadro 2.1**) que revela definições dos desafios para o desenvolvimento de um **plano de trabalho** em um determinado território.

A cada critério, se atribui pesos de acordo com o seu impacto transformador da realidade observada. Esses parâmetros precisam ser validados junto aos membros da mesa, que recebem a proposta inicial e depois, por meio de reuniões internas, retornam

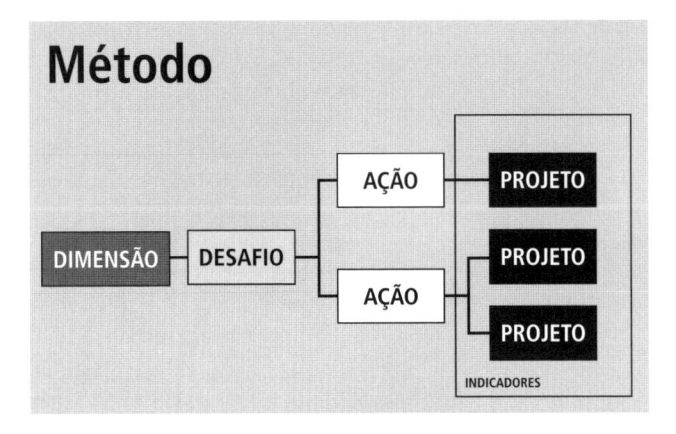

FIGURA 2.20 Modelo geral – método de execução do pacto.

QUADRO 2.1 Quadro do plano de ações – definição dos desafios de um território

Oportunidade Identificada:	Mapear desafios do território						
Ação	Subações	Duração	Data de início	Data para conclusão	Recursos necessários	Custos	Responsáveis
Elaborar mapa de desafios	Levantar desafios com base em sugestões de membros do Pacto, especialistas e população;						
	Definir método de seleção de desafios (p.ex., relevância, adequação, etc.);						
	Selecionar desafios;						
	Elencar desafios por ordem de prioridade;						
	Definir responsável por cada desafio;						
	Definir indicadores para cada desafio;						
	Iniciar a execução dos desafios;						
	Elaborar ferramenta acompanhamento desafios;						
	Monitorar a execução do desafio;						
	Definir plataforma acompanhamento desafios						
	Divulgar resultados dos desafios.						

Oportunidade Identificada:	Necessidade de estabelecer critérios para priorizar desafios a serem executados						
Ação	Subações	Duração	Data de início	Data para conclusão	Recursos necessários	Custos	Responsáveis
Elaborar lista de critérios de priorização	Definir quais serão os critérios de priorização;						
	Atribuir pesos aos critérios, conforme sua importância;						
	Elencar critérios do mais importante ao menos importante:						
	Validar critérios com os demais integrantes do Pacto pela Inovação;						
	Revisar critérios, conforme *feedbacks* recebidos;						
	Publicar critérios elencados em ordem de importância em uma lista (documento formal);						
	Comunicar e compartilhar critérios com todos os participantes do Pacto pela Inovação;						
	Tornar pública a lista de critérios.						

(continua...)

QUADRO 2.1 Quadro do plano de ações – definição dos desafios de um território *(Continuação)*

Oportunidade Identificada:	Disseminar os resultados dos desafios e prestar contas ao público						
Ação	Subações	Duração	Data de início	Data para conclusão	Recursos necessários	Custos	Responsáveis
Elaborar relatório de monitoramento dos desafios	Estruturar modelo de relatório a ser utilizado;						
	Estabelecer linguagem a ser utilizada;						
	Validar modelo com integrantes do Pacto;						
	Aprimorar documento a partir dos *feedbacks* recebidos;						
	Criar método de alimentação sistemática do relatório;						
	Preencher documento conforme a evolução das atividades;						
	Revisar e consolidar relatório;						
	Valida relatório final com membros do Pacto;						
	Divulgar relatório a todos os interessados.						

seus pareceres com sugestões de ajustes, novas solicitações, graus de comprometimento, potencial de participação, alocação de recursos e expectativas de implementação.

Uma vez consolidado o recebimento de sugestões, deve-se publicitar os critérios elencados, em ordem de importância, em uma lista (documento formal), possibilitando uma ampla comunicação do trabalho a ser anunciado para toda a sociedade, a começar pelos principais agentes representados (governo, academia, empresas e sociedade organizada).

Caso alguma nova prioridade seja apresentado por algum dos membros da mesa, ou alguma prioridade anterior fique obsoleta, as modificações sugeridas devem ser apresentadas e apreciadas em reuniões posteriores, para atualização do plano. Cabe destacar, mais uma vez que, são previstas, no mínimo, uma reunião geral da mesa por semestre e, algumas extraordinárias, não podendo ultrapassar mais de uma por mês de execução do pacto.

Fase III – Descrição dos macrodesafios

Após um debate junto aos *stakeholders* do pacto, os macrodesafios seguem a orientação de acordo com as dimensões preconizadas desde o início dos trabalhos. Cada desdobramento implicará em ações e projetos objetivos que responderão aos anseios coletivos elaborados, ao longo de um determinado tempo, levando em consideração: necessidade, capacidade de captação e alocação de recursos; tempo de maturação; capacidade de execução; controle e conservação.

A **dimensão social** (**Figura 2.21**), componente voltado para o desenvolvimento universal, promovendo igualdade de acesso, respeito à diversidade, zelo e conservação do patrimônio público, assim como evolução da qualidade de vida de todas as pessoas, apresenta os seguintes desafios:

- Atrair grandes eventos (acadêmicos, empresariais e de lazer).
- Promover atividades culturais e sociais, sobretudo nos espaços públicos.

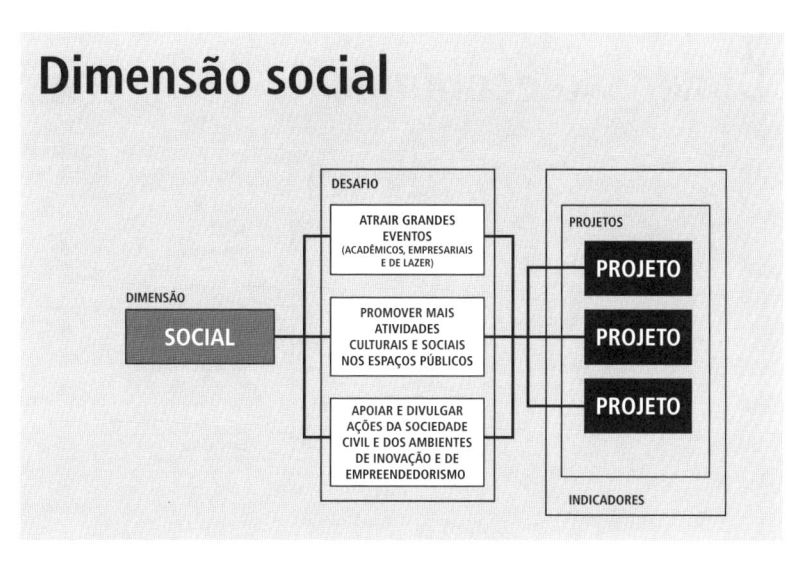

FIGURA 2.21 Quadro resumo: desafios da dimensão social.

- Apoiar e divulgar ações da sociedade civil e dos ambientes de inovação e empreendedorismo.
- Incentivar negócios sociais que potencializem talentos locais, fortalecendo a economia local, sobretudo, de comunidades de baixa renda. Este último desafio apresenta uma grande correlação com a próxima dimensão.

A **dimensão econômica** (centrada na geração de renda, empregos, impostos e prosperidade universal), conforme **Figura 2.22**, aponta os seguintes desafios:

- Aprimorar a formação, retenção e atração de talentos para que sejam capazes de agregar valor permanente e crescente aos negócios decorrentes de seu esforço individual e coletivo.
- Difundir o conhecimento sobre propriedade intelectual e modelos de negócios para pesquisadores e empreendedores, de forma que se possa apropriar do valor percebido pela sociedade de suas descobertas e pesquisas sistemáticas, orientadas a busca de soluções objetivas e de alto potencial de transformação da realidade identificada.
- Divulgar os negócios inovadores para atração de investidores, para atrair atenção do capital financeiro, necessário à viabilização dos projetos, negócios e prosperidade para todos os envolvidos.
- Formar e atrair investidores para as fases iniciais de *startups*, sobretudo porque, nesta fase de desenvolvimento dos negócios, a taxa de mortalidade é bastante alta, fruto da inexperiência, orientação para mercado, estratégias de posicionamento e divulgação de seus produtos.
- Aproximar *startups* e grandes empresas, a fim de facilitar as contratações de produtos/serviços destes novos atores, garantindo robustez no desenvolvimento dos negócios e diversificações de fontes de recursos, responsável pela minimização de certos riscos de mercado ainda incipientes.

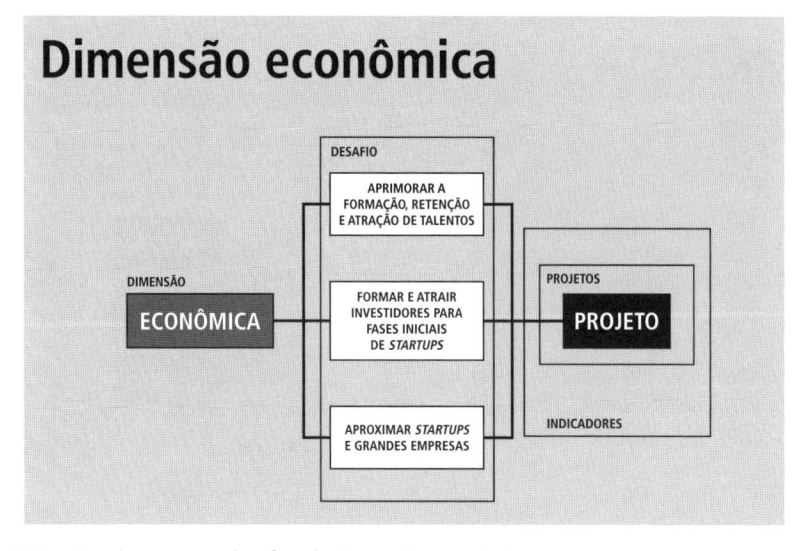

FIGURA 2.22 Quadro resumo: desafios da dimensão econômica.

- Promover campanhas de comunicação sobre os atrativos do território para investidores e empreendedores, de modo a tornar mais conhecido o potencial da região, como eventual polo atraente de novos negócios, infraestrutura e recursos associados.

A **dimensão urbana** leva em consideração que os empreendedores, além de serem atraídos por bons ambientes de negócio, também prezam uma excelente qualidade de vida para os momentos em que estão fora do trabalho; pode-se dizer que as ações devem preconizar (**Figura 2.23**):

- Criar campanhas de comunicação da região (municipalidade) que revelem os indicadores de qualidade de vida já presentes e aqueles em desenvolvimento.
- Desenvolver novos modais de maior qualidade do transporte público, sobretudo melhorando a mobilidade urbana, com conforto, segurança e previsibilidade, garantindo também o aumento do índice de qualidade do ar da localidade (redução de monóxido de carbono e outros gases tóxicos e poluentes).
- Promover a recuperação de zonas deprimidas/marginalizadas, por meio de projetos de melhoria das vias, comunicações, drenagem, esgotos, sinalizações, segurança, educação infantil, áreas de lazer e recreação, postos de apoio à saúde e suprimento local de bens necessários ao dia a dia dos indivíduos e suas famílias.
- Melhorar a infraestrutura de dados e telecomunicações da localidade como um todo, garantindo a implementação de tecnologias de comunicação de dados e Internet das coisas (IoT) – com uma visão de *smart cities*.
- Atrair grandes projetos de infraestrutura para planejamentos na área de inovação e empreendedorismo, por meio do desenvolvimento de parques tecnológicos, espaços de *coworking*, áreas de eventos, laboratórios de pesquisa e desenvolvimento, *makerspaces*, etc.

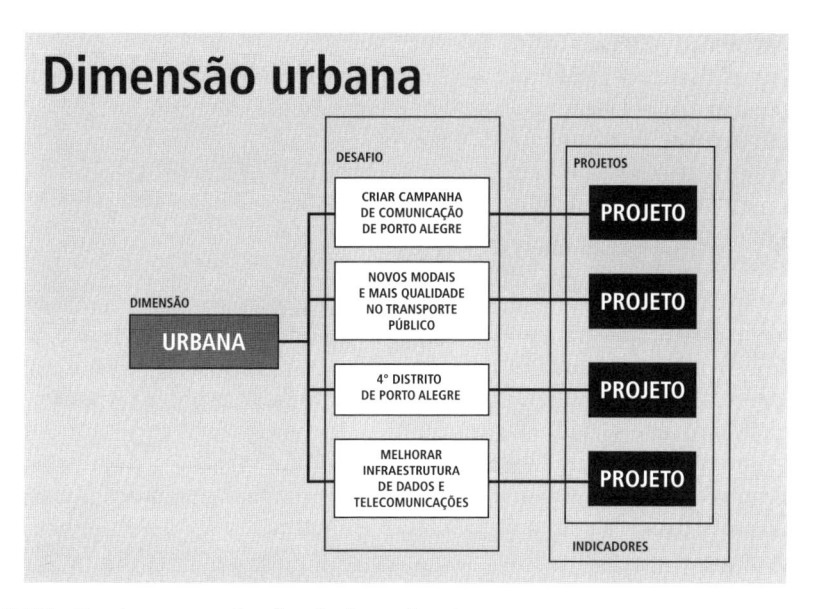

FIGURA 2.23 Quadro resumo: desafios da dimensão urbana.

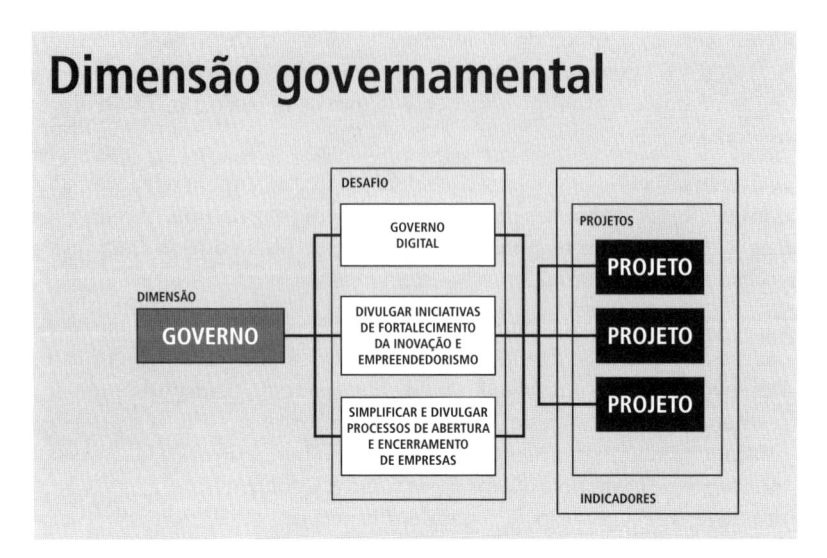

FIGURA 2.24 Quadro resumo: desafios da dimensão governamental.

Com relação à **dimensão governamental** (foco na facilitação e agilização de conexões de negócios, desburocratização de processos públicos, acesso a linhas de financiamento, alvarás, licenças, serviços públicos, etc.), os desafios se associam a (**Figura 2.24**):

- Converter as práticas de gestão para plataformas digitais, tendo ciência de que isto deve ser pensado como um processo gradual, à medida que o corpo técnico profissional seja capacitado para tal mudança de cultura de procedimentos (governo digital).
- Divulgar iniciativas de fortalecimento da inovação e do empreendedorismo junto ao serviço público.
- Simplificar e divulgar processos de abertura e encerramento de empresas, permitindo maior agilidade, transparência e fluidez no desenvolvimento de novos negócios no território.

Etapa VI – Projetos estratégicos

Um dos maiores desafios no desenvolvimento de um projeto estruturante desta natureza, no qual se propõe traçar impactos substanciais no curto, médio e, sobretudo, longo prazo, em um determinado território, refere-se à definição de projetos estratégicos a serem executados ao longo do tempo, como fruto de uma ampla discussão e com a sociedade local representada (**Figura 2.25**).

Quanto mais diversa e ampla for esta sociedade, maior o desafio, uma vez que os projetos precisam contemplar a maioria das expectativas da população, incluindo, principalmente, aquele espectro social mais marginalizado e de difícil alcance pelo poder público local.

A quantidade de pessoas convidadas para este exercício de construção coletivo e o tempo previsto para a conclusão desta etapa do trabalho como um todo impõem

ETAPAS DE DESENVOLVIMENTO DE UM PACTO DE INOVAÇÃO

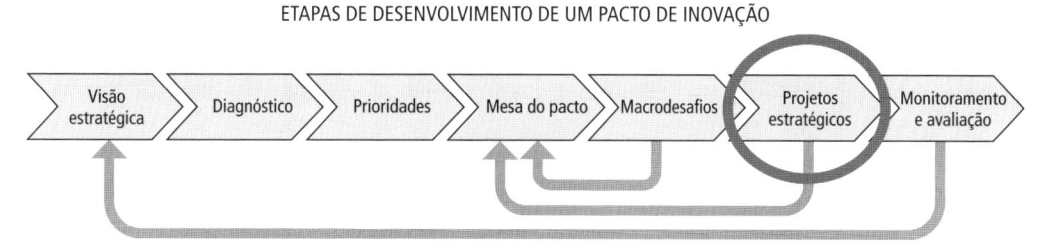

FIGURA 2.25 Modelo geral – ênfase na definição de projetos estratégicos.

estratégias de mobilização, engajamento e dinâmicas de grupo bastante diferenciadas e criativas, o que será melhor descrito por meio da análise das três fases pontuadas a seguir.

Da mesma forma como está previsto na etapa anterior, nesta etapa, os projetos estratégicos também devem ser avaliados continuamente; quando a capacidade de execução e o impacto não estejam atingindo às expectativas esperadas, poderão ser reavalidados, reajustados ou abandonados pela próxima reunião da mesa.

O desafio desta etapa pode ser estruturado por meio de planilhas de controle, conforme **Quadro 2.2**.

Fase I – Metodologia para geração de projetos

De forma sintética, a metodologia dos *workhops* de projetos consiste na realização de 11 etapas de trabalho, com duração máxima prevista de quatro horas de trabalho, de preferência, no turno da manhã, sendo previsto que as pessoas cheguem para o evento mais relaxadas e dispostas a contribuir, frente ao tamanho desafio, interagindo intensamente durante as atividades propostas pela dinâmica planejada.

O convite às pessoas deve ser amplo e irrestrito, contemplando indivíduos representativos dos componentes da mesa (membros), assim como alguns especialistas convidados.

A recepção e o credenciamento devem ser ágeis e de forma bastante acolhedora, tendo os principais coordenadores do pacto à frente deste processo de *check-in*. Isso permite o desenvolvimento de um clima ameno e aprazível para o seminário de imersão mais fluído e seguro para os participantes, evitando tratamentos diferenciados ou ressaltando eventuais posições e cargos que cada um possa desempenhar nas suas organizações originais. Para tanto, somente os nomes de identificação das pessoas e suas representações devem constar no crachá de identificação, evitando sua posição hierárquica. Normalmente, prevê-se um número variável de participantes entre 30 a 80 pessoas, de acordo com o macrodesafio em análise ou de acordo com a quantidade de representação existente para aquele tema. Vale destacar que a representação deve contemplar indivíduos das mais diferentes regiões geográficas do território em questão, como bairros, distritos, etc.

No convite, deve-se recomendar fortemente o respeito à pontualidade para o encontro, permitindo que o processo de acolhimento e *warm-up* durem, no máximo, trinta minutos do início dos trabalhos.

Cabe destacar também que os tempos são ajustados de tal forma a garantir a fluidez das etapas subsequentes, principalmente respeitando o compromisso de finalização

QUADRO 2.2 Quadro do plano de ações – definição dos projetos

Ação: Etapa 1	Subações	Duração	Data de início	Data para conclusão	Recursos necessários	Custos	Responsáveis
Portfólio de Projetos	Definir método de acompanhamento de projetos	2 dia(s)					
	Estruturar método de acompanhamento de projetos	10 dia(s)					
	Definir indicadores de acompanhamento de projetos	2 dia(s)					
	Definir plataforma de acompanhamento de projetos	2 dia(s)					
	Elaborar ferramentas de acompanhamento de projetos	5 dia(s)					
	Levantar projetos de acordo com os desafios elencados	2 dia(s)					
	Sugerir responsável por cada projeto	2 dia(s)					
Ação: Etapa 2	**Subações**	**Duração**	**Data de início**	**Data para conclusão**	**Recursos necessários**	**Custos**	**Responsáveis**
Método de priorização dos Projetos	Definir método de priorização a ser utilizado	2 dia(s)					
	Definir critérios de priorização	2 dia(s)					
	Atribuir pesos aos critérios	1 dia(s)					
	Validar critérios de priorização	1 dia(s)					
	Elaborar método de priorização	3 dia(s)					
Ação: Etapa 3	**Subações**	**Duração**	**Data de início**	**Data para conclusão**	**Recursos necessários**	**Custos**	**Responsáveis**
Elaborar Relatório de Monitoramento dos Desafios	Elaborar modelo de relatório de monitoramento dos projetos	1 dia(s)					
	Elaborar relatório de monitoramento dos projetos	1 dia(s)					

do evento no tempo estimulado (devendo constar no convite enviado a cada entidade representada).

Após este momento breve, os participantes são convidados a irem para os seus lugares, junto ao salão de trabalho, previamente configurado, para que a agenda do dia seja reforçada. Neste momento, espera-se uma rápida apresentação da equipe de organização do evento, apontando os papéis de cada um ao longo da jornada.

Sugere-se que a coordenação geral faça uma rápida introdução informando sobre em qual estágio se encontra o projeto como um todo e reforce as expectativas para o encontro do dia. Nesta apresentação, espera-se informações que resgatem os principais valores e conceitos do pacto em si, a trajetória por meio da exposição de sua linha do tempo, os desafios e as expectativas. A seguir, pede-se que cada participante faça uma reflexão silenciosa e individual do que se espera do projeto e de como cada um pode contribuir para o sucesso do evento para o qual foram convidados (*brainstorming* silencioso). Esse exercício visa colocar todos na mesma faixa de concentração e vibração quanto ao que se exige na sequência dos trabalhos.

Feita essa rápida introdução, é informada a agenda do dia, apontando todas as etapas previstas nas dinâmicas subsequentes, dando ênfase especial ao tempo rigoroso de duração de cada uma. Isto é vital para garantir o nível de engajamento, foco e assertividade ao evento. Normalmente, um trabalho desta natureza, se não for conduzido com muita energia, firmeza de propósito e objetivos claros e realistas, garantindo o comando e o controle da dinâmica do evento, corre-se o risco de promover dispersão de energia e consequente desinvestimento das pessoas. Tal clima pode arruinar todo o trabalho e comprometer, inclusive, as fases seguintes do projeto.

A seguir, rapidamente a sala muda de conformação, retirando-se as cadeiras expostas em formato de plateia, ajustando-as para que formem um grande círculo no meio do salão. O número de cadeiras deve ser equivalente à metade do público participante. Para essa técnica dá-se o nome de **técnica de aquário**, na qual, coletivamente, separa-se o público participante em dois grandes grupos de trabalho, formando dois círculos concêntricos, em que o grupo interno, sentado sob as cadeiras configuradas e unidas em um grande círculo por meio das uniãos de seus pés (muito próximos), irá debater durante cerca de 15 minutos, no intuito de discorrer/conversar livremente sobre três tópicos/perguntas específicos apresentados pelo principal facilitador: impacto esperado, capacidade de realização no tempo e viabilidade no aporte de recursos necessários a sua plena realização.

Assim, a apresentação dos temas é realizada pelo condutor da dinâmica, que não participa como moderador da conversa; ele atua como controlador do tempo de cada rodada, no caso, cinco minutos para cada debate franco e coordenado pelas pessoas participantes deste primeiro círculo de conversa. O papel do moderador assume quase a figura de uma voz divina e que tem poder absoluto sobre o comportamento de cada indivíduo dentro do círculo interno, onde as pessoas estão sentadas dialogando entre si.

Por outro lado, a outra metade do público participa da jornada como grupo externo, tendo somente como responsabilidade observar discretamente a evolução da conversa, ou seja, em absoluto silêncio, apenas anotando detalhes que julguem pertinentes e que venham a servir de subsídios para os debates posteriores, quando os papéis se inverterem.

Nesta dinâmica específica, é muito importante a ausência de hierarquia e a promoção da igualdade de oportunidade de expressão das pessoas. Assim, procura-se estimular a autorregulação do grupo, evitando monopolização e disputas ideológicas que venham a reduzir o nível de engajamento de todos os participantes.

Desta maneira, depois dos 15 minutos, o grupo externo (observador) inverte os papéis com o grupo interno (debatedor), passando a dialogar, de forma incremental, questões um pouco diferentes, mas abordando as mesmas ênfases anteriormente referidas.

A ideia central dessa dinâmica consiste em nivelar conceitos e percepções a respeito do tema foco da reunião, lembrando que são quatro reuniões (*workshops*) distintas, em que se aprofundará os quatro macros desafios identificados anteriormente. Ao colocar todos na mesma página, aumenta-se o grau de compreensão do tamanho do desafio proposto para o território foco do pacto (municipalidade, região metropolitana, bairro, etc.). Ao mesmo tempo, aquece o debate para a fase seguinte da jornada do dia, em que será proposto a concepção de projetos específicos, e que irão ao encontro dos macrodesafios apresentados no início dos trabalhos.

Findo este exercício de reflexão imersiva (técnica do aquário), o grupo é dividido novamente em quatro times, para conceber três propostas de projetos pertinentes ao macrodesafio em questão, distribuídos um por time de trabalho coletivo. Nessa etapa, recomenda-se que os projetos atendam aos seguintes tópicos: objetivos, etapas de operação, indicadores de mensuração, prazos e recursos necessários para a sua realização.

Essa etapa da jornada deve durar em torno de 40 minutos, correspondendo à **fase de ideação**. Assim, ao final, os grupos realizam *pitches* contendo a apresentação de suas concepções, não extrapolando mais de cinco minutos cada grupo/time.

Nessa etapa, espera-se que o grupo apresente 12 propostas, elaboradas por cerca de 40 minutos, contendo pertinência, impacto e factibilidade de cada projeto.

Na sequência, por meio de *post-its* colados nas partes em que os projetos foram expostos, todas as pessoas participantes do WS podem votar em até três projetos sugeridos, conforme seu juízo de valor individual. Isso é feito em 10 minutos. Ao final desse processo, a coordenação dos trabalhos soma a quantidade de votações e anuncia os três mais votados. Assim, de forma democrática e muito ágil, os participantes definem três projetos que devem ser submetidos ao plenário da mesa, a fim de serem recomendados para uma possível execução futura.

Importante fazer um exercício de *check-out* ao final desta longa e dinâmica jornada do dia no formato de uma grande roda de conversa, colhendo as impressões de cada participante sobre a experiência transcorrida, assim como sugestões para fases posteriores do projeto. Esta conversa final deve durar no máximo mais 15 minutos, reforçando a cadência e a pontualidade imposta ao longo de todos os exercícios.

Cabe também observar que não se prevê a existência de *coffee break*, de modo a evitar dispersões inadequadas ao tipo de exercício de imersão proposto. Água e café devem estar disponíveis ao longo de toda a jornada do dia (quatro horas de duração). Isto garante um bom respaldo e reputação, quando os participantes retornem às suas instituições de origem, reportando aos demais atores do processo, o grau de seriedade e pertinência de todo o processo do qual fizeram parte constituinte. De forma ilustrativa, como esses WS são estratégicos para a sequência do pacto e, sobretudo na definição dos projetos a serem executados, apresenta-se um *storyboard* do processo na **Figura 2.26**.

Fase II – Definição de projetos estratégicos

Uma vez realizados os quatro WS específicos, conforme as dimensões estratégicas recomendadas, a equipe de gestão, junto com a coordenação do pacto, organiza os projetos sugeridos e votados prioritariamente, estabelecendo a ideia de submissão à mesa.

Estes projetos são organizados em *cards*, em formato A4 ou A3, contento informações claras e de fácil compreensão a serem expostos em uma próxima reunião da mesa. Neste caso, sugere-se que cada *card* contenha as seguintes informações:

- Nome fantasia do projeto.
- Dimensão correspondente.
- Proposta de valor.
- Principais objetivos.
- Entregáveis sugeridos.

Neste momento, pode-se transformar os desafios em grupos de ação, agregando os projetos sugeridos pelos *worshops*, de acordo com dimensões estratégicas apontadas pela literatura e que são fundamentais na promoção de ecossistemas de inovação territorial.

Assim, sugere-se a transposição do trabalho anterior em um reordenamento matricial (**Figura 2.27**) cruzando os macrodesafios com as dimensões apontadas pela etapa III do desenvolvimento do pacto (etapa diagnóstico), descrita anteriormente.

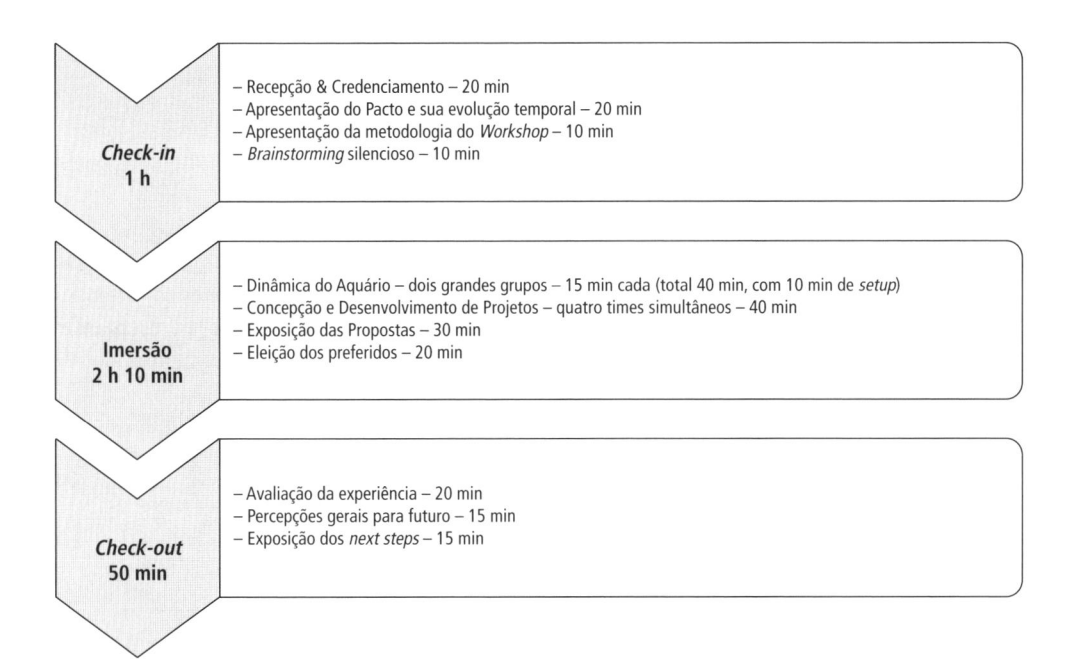

Check-in — 1 h
- Recepção & Credenciamento – 20 min
- Apresentação do Pacto e sua evolução temporal – 20 min
- Apresentação da metodologia do *Workshop* – 10 min
- *Brainstorming* silencioso – 10 min

Imersão — 2 h 10 min
- Dinâmica do Aquário – dois grandes grupos – 15 min cada (total 40 min, com 10 min de *setup*)
- Concepção e Desenvolvimento de Projetos – quatro times simultâneos – 40 min
- Exposição das Propostas – 30 min
- Eleição dos preferidos – 20 min

Check-out — 50 min
- Avaliação da experiência – 20 min
- Percepções gerais para futuro – 15 min
- Exposição dos *next steps* – 15 min

FIGURA 2.26 *Design* instrucional – *workshop* de definição e priorização de projetos.

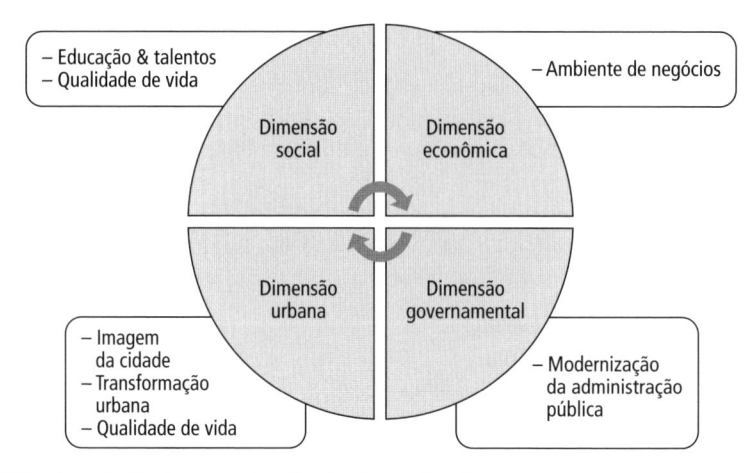

FIGURA 2.27 Associação de macrodesafios às dimensões do pacto.

Em alguns casos, nesta fase, prevê-se um novo reordenamento, em que os projetos podem ser reclassificados em seis grupos de ação um pouco diferentes do previsto. Logicamente, com a devida chancela da mesa, por meio de seus representantes legais.

A ideia de limitar três projetos específicos por grupo permanece, desde que o território tenha recursos e decisão política para sua execução, dentro do almejado pela mesa deliberativa. Assim, uma sugestão decorrente poderá transformar o pacto em seis macrodesafios distintos, como descritos a seguir:

- Educação & talentos.
- Ambiente de negócios.
- Imagem da cidade.
- Transformação urbana.
- Qualidade de vida.
- Modernização da administração pública.

Além desses seis grupos, também pode-se prever a constituição de um sétimo grupo em que podem ser agregados outros projetos, assim denominados projetos estruturantes, e que podem ser definidos pela coordenação geral como aqueles estratégicos para impulsionar o pacto como um todo, mesmo que eventualmente os representantes da mesa não os tenham apontados em seus processos de planejamento e tomada de decisão.

Dessa forma, prevê-se uma certa flexibilidade ao comitê gestor estratégico, dada sua capacidade de articulação e acompanhamento dos trabalhos, em que alguns gargalos possam ser identificados e prontamente sanados, por meio de alguns projetos pontuais e de alto impacto na sequência da implementação do pacto como um todo.

Fase III – Desenvolvimento de um sistema de priorização

De posse deste material, a coordenação do pacto convoca os membros oficiais da mesa para uma segunda reunião, a fim de priorizar e chancelar os projetos sugeridos para sua posterior execução.

Após o protocolo formal de boas-vindas, parte-se para a apresentação do portfólio de projetos, apontando objetivo geral, estrutura de governança, linha do tempo de trabalho até então desenvolvido, diagnóstico rápido da situação atual local, assim como projetos priorizados sugeridos.

Diante dos projetos propostos, parte-se para uma rápida coleta de percepções e posicionamentos frente às informações disponibilizadas, incluindo processo de votação e deliberações. Cada membro da mesa, respondendo legalmente por sua entidade representativa, elege quais projetos acredita que deveriam sair do papel, para posteriormente serem executados no curto, médio e longo prazos, conforme especificidade de cada um.

Para tanto, é previsto que cada um, após a exposição de todo o rol de projetos, preencha uma **ficha de acompanhamento** da reunião, reforçando o compromisso em que cada representante membro da mesa se coloca frente ao planejamento global do pacto.

Por fim, estimula-se que cada membro defina seu papel na execução de cada projeto eleito, caracterizando-se como duas possibilidades de atuação, sendo:

- **Coexecutor:** quando o titular ou seu representante legal (membro da mesa) pretende alocar recursos específicos próprios para a execução do projeto.
- **Apoiador:** quando o membro pretende apenas acompanhar sua execução e dar aval político a sua existência.

Cabe destacar também que é recomendado ampla divulgação dos projetos, por meio do desenvolvimento de um *site* institucional do pacto, prevendo áreas restritas (*intranet*) e abertas (*web*), além de publicações permanentes nas redes sociais, artigos em jornais da mídia tradicional e desenvolvimento de fóruns e palestras com os principais atores envolvidos (comitê executivo).

Caso algum membro importante não esteja presente nesta reunião da mesa, recomenda-se que, em certas ocasiões excepcionais, seja previsto uma visita posterior ao evento por meio da coordenação geral do pacto, com vistas a detalhar como este membro poderia se comprometer frente ao que foi votado no encontro. Igualmente, agrega-se a essa visita, uma ficha de acompanhamento, conforme ilustra a **Figura 2.28**, de forma a "selar" tal parceria subsequente.

Etapa VII – Monitoramento e avaliação

Todas as fases anteriores são fundamentais para preparar o ambiente ideal para a implementação do plano de Ações, em que os projetos estratégicos serão levados à realidade, tornando-os tangíveis à sociedade que os legitimará na sequência.

Assim, o projeto de desenvolvimento do pacto alcança a sétima e última etapa de sua implementação, quando se prevê, na fase I desta etapa, a estruturação de um escritório dos projetos (PMO, do inglês *Project Management Office*), que se responsabilizará pela padronização de processos de governança e gestão dos projetos.

Após essa fase, parte-se para a execução e acompanhamento dos projetos definidos anteriormente (fase II). E, finalmente, culmina-se com a fase III (**Figura 2.29**), em que os resultados serão apresentados com a finalidade de prestação de contas, avaliação do projeto, servindo então como orientação para ajustes e reprogramação de um novo ciclo de desenvolvimento, a partir da visão estratégica descrita em uma nova etapa I atualizada.

FORMULÁRIO DE ACOMPANHAMENTO REUNIÃO MESA

Representante da Coordenação	Local	Data Reunião

Dados de Identificação da Entidade/Instituição:

Liderança Principal da Entidade Convidada	Cargo

Ponto Focal (Nome)	Função	Fone	E-mail

Projetos próprios em colaboração (autofinanciáveis)
1)
2)
3)

Recursos disponibilizados

Indicadores (se houver)

Status

Disposição à Adesão	
Complexidade	
Classificação 4 Hélice	

Observações adicionais

FIGURA 2.28 Formulário de acompanhamento da reunião priorização de projetos estratégicos.

Fase I – Estruturação de um PMO

De acordo com a literatura especializada, um PMO pode ser corporativo, departamental ou operacional, e deve oferecer orientações, métodos e ferramentas para os gerentes de projetos conduzirem seus planejamentos. O PMO corporativo abrange todos os projetos da organização, normalmente ligados à estratégia geral da organização. No caso específico da implementação de um pacto pela inovação, recomenda-se que esse papel seja atribuído ao comitê gestor do pacto e que atuará em conjunto como os GTs específicos para cada fase dos projetos.

ETAPAS DE DESENVOLVIMENTO DE UM PACTO DE INOVAÇÃO

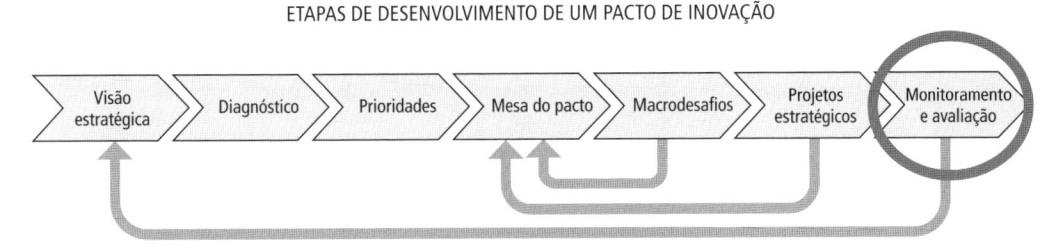

FIGURA 2.29   Modelo geral: ênfase em monitoramento e avaliação.

Por sua vez, o PMO departamental ajudará em determinada área a entregar resultados por meio de um portfólio de projetos específico e que, neste caso, está associado as quatro dimensões estratégicas do projeto descritas anteriormente.

Por fim, o PMO operacional poderia ser descrito como um escritório de projetos que gerencia exclusivamente um projeto ou programa, no qual, em geral, é descontinuado ao fim da iniciativa.

É importante ressaltar que os tipos de PMO, embora hierarquizados, não são evolutivos. Cada um deles indica a forma como a estrutura organizacional necessita controlar seus projetos, podendo inclusive ter mais de um tipo de PMO concomitante, conforme pode melhor ser visualizado na **Figura 2.30**.

A **Figura 2.31** demonstra a forma como se prevê a realização de diversos processos de gestão de projetos, ocorrendo em níveis de esforço distintos e complementares, por meio do transcurso previsto para esta etapa de monitoramento e avaliação.

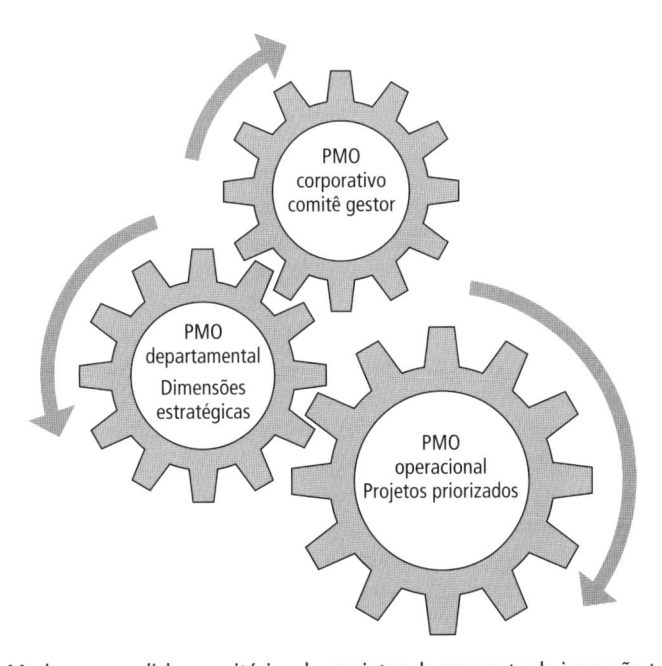

FIGURA 2.30   *Modus operandi* dos escritórios de projetos de um pacto de inovação territorial.

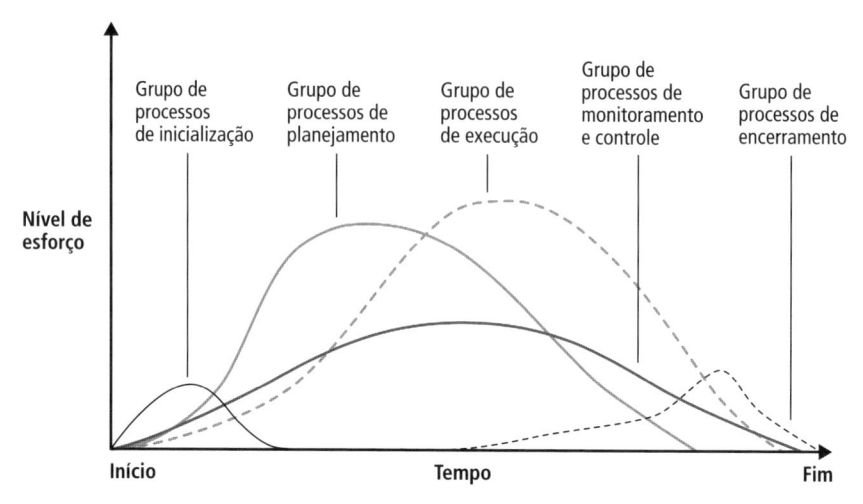

FIGURA 2.31 Ciclos de vida da execução dos projetos estratégicos do pacto.
Fonte: Project Management Institute (2017).

No caso específico do pacto de inovação de um determinado território, a natureza do **modelo de governança** de um PMO é ainda mais complexa, pois sugere-se que haja a presença de componentes técnicos especialistas e que, além de suas competências técnicas, seu perfil seja capaz de articular todos os processos, respondendo a um conjunto de *stakeholders* bastante amplo representado pela quádrupla hélice (governo, academia, empresas e sociedade civil organizada).

É importante lembrar que o pacto leve em consideração a concertação de todos os atores da Mesa e que, dependendo da estrutura de um determinado território, poderá ter representantes com mais de 50 atores diferentes.

Desta forma, os diferentes PMOs devem ser capazes de estabelecer todos os documentos dos projetos, definindo padrões, metodologia e ferramentas para o gerenciamento dos projetos. Além disso, são fundamentais na definição de métricas de *performance*, dependendo da natureza de cada projeto a ser implementado, utilizando-se das melhores práticas já consolidadas pela literatura e por projetos bem executados anteriormente.

Neste sentido, cabe também ao PMO a definição das coordenações estratégica e executiva, selecionando líderes de projetos experientes e aptos para cada especificidade de projeto a ser executado. Tais projetos, mesmo chancelados pela mesa, precisarão de um aprofundamento, de forma a garantir maiores taxa de sucesso e minimizar eventuais riscos associados.

Para tanto, recomenda-se que seja possível consultar, constantemente, diversos *stakeholders* associados, por meio de *worshops* e realização de *focus group*, cujos objetivos específicos referem-se a atualização prioridades, análise de requisitos e restrições, definição de recursos necessários, indicadores de sucesso, gestão de procedimentos, padrões de qualidade, cronograma de execução, orçamento e distribuição de responsabilidades operacionais. Validados tais parâmetros, parte-se para a alocação de recursos, destacando-se: prazos, pessoas responsabilizadas, recursos físicos e financeiros, entre outros.

Fase II – Acompanhamento da execução

Nesta fase, é previsto o acompanhamento dos projetos. Os PMOs precisam estar alinhados, desde o mais estratégico e sistêmico, e que estará fortemente ligado à coordenação geral do pacto, até o mais operacional e que cuidará da implementação do seu projeto estratégico específico, conforme nível de prioridade, cronograma de execução e disponibilidade de recursos.

Normalmente, a priorização de projetos é um processo pelo qual as iniciativas são analisadas e organizadas para sua execução. Para isso, existe uma série de estratégias para a prevalência de etapas e alocação de recursos. No caso específico de um pacto, exige-se o envolvimento de todos os *stakeholders* presentes na mesa.

A literatura apresenta diversos modelos de decisão que reduzem o custo de transação (WILLIAMSON, 1985) entre os atores e garantem maior potencial de eficácia ao acordado entre as partes.

De acordo com Justo (2018), pode-se utilizar a matriz 4×4 levando em consideração os seguintes critérios de análise: relação custo/benefício, urgência e importância, esforço e impacto. Pode-se também observar a matriz GUT (gravidade, urgência e tendência).

E finalmente uma terceira alternativa prevista pela literatura especializada seria compor a organização da execução dos projetos priorizados, utilizando a Matriz RICE, tendo como critérios:

- *Reach*: número de pessoas que serão afetadas pelo projeto.
- *Impact*: grau de impacto da demanda (massivo = 3, grande = 2, médio = 1, baixo = 0,5 e mínimo = 0,25).
- *Confidence*: nível de confiança no resultado (alto = 100%, médio = 80%, baixo = 50% e mínimo = 20%).
- *Effort*: tempo necessário para realizar a demanda.

Para calcular o *score* RICE, você precisa multiplicar *rice*, *impact* e *confidence* e depois dividir pelo *effort*.

Em função das especificidades do pacto, é interessante levar em consideração as dimensões estratégicas imbricadas, sobretudo na avaliação dos impactos social, econômico, ambiental e de governança pública. Ou seja, nos critérios de seleção e priorização da implementação dos projetos, é relevante observar o sentido de urgência, a abrangência territorial e social, e o potencial de desenvolvimento econômico, sempre pautado preferencialmente pela inovação e agregação de valor associado ao projeto.

Neste ponto, é importante atribuir um local físico adequado, com amplo acesso a recursos computacionais e de comunicação com a sociedade, de preferência, que seja neutro e mantido por um consórcio de forças representadas pela mesa. Nesse local, as equipes de acompanhamento e execução precisam interagir com todos os intervenientes.

Boa parte dos recursos financeiros alocados em obras físicas serão provenientes do governo quando se referirem, sobretudo, a obras de infraestrutura básica, como água, luz, escoamento de resíduos, acessos logísticos, fibra ótica, paisagismo urbano. Quando os projetos envolverem atuação e intervenção em áreas privadas, os atores detentores da propriedade precisam aportar sua parte. Neste sentido, haverá também projetos de escopo comunitário e que podem inclusive acontecer em terrenos privados. Assim, os projetos aconteceriam por adesão e permuta, mediante contratos específicos e que regulam projetos típicos de parceria público-privado (PPPs).

Antes de iniciar cada projeto, torna-se recomendável o aval da coordenação geral e do conselho do pacto, de forma a tornar as atividades transparentes e legitimadas pela coletividade. Reuniões constantes de avanços no desenho de cada projeto são previstas ao longo do tempo de sua implementação, permitindo ajustes inerentes a projetos complexos desta natureza híbrida (público-privado).

Cada reunião precisa ser documentada e datada, compondo o memorial descritivo e evolutivo do projeto, apontando atividades desenvolvidas, percentuais de realização/previsão, alocação de recursos e obediência aos prazos estimados/realizados.

Esse processo precisa ser o mais transparente e amplo possível, permitindo acesso à sociedade local, por meio de uma plataforma virtual (*site* na *web*), preferencialmente, sendo desenhado de forma multiplataforma, no qual as pessoas podem consultar avanços, atrasos, justificativas e responsabilidade de forma *on-line*, via acesso *desk* ou *mobile* (acesso hegemônico, atualmente).

Mesmo assim, devem estar previstas auditorias públicas e independentes, respeitando as boas práticas de **compliance**, ou seja, com acesso aos detalhes operacionais e ao dispêndio dos recursos financeiros, sobretudo quando estes provirem dos cofres públicos. Assim, técnicos dos tribunais de contas e Ministério Público precisam fazer parte desta força-tarefa e que tenha poder de identificar falhas, se referirem punir os responsáveis, caso as justificativas para a não conformidade identificada não estejam adequadas aos moldes do contrato de prestação de contas, previamente estabelecido.

Isto reforça a necessidade do desenvolvimento de um *dashboard*, contendo o monitoramento dos projetos, para identificar gargalos e falhas executivas nas suas fases iniciais, evitando o comprometimento das metas acordadas entre as partes.

De posse destes relatórios executivos, muitas lições serão aprendidas e deverão auxiliar na correção dos procedimentos subsequentes. O desenvolvimento de um pacto pela inovação pressupõe melhoria contínua e permanentes ajustes à conjuntura vigente. Importante ressaltar que ao longo deste processo, e que dura anos, haverá alterações nos comandos das instituições representadas, talvez alterando visões de mundo e formas de estabelecer prioridades.

Ao mesmo tempo que o projeto deve respeitar esta flexibilidade inerente a sua complexidade, determinadas ações precisam de uma execução de longo prazo, necessária à sua plena execução e consequente impacto esperado. Desta forma, os graus de liberdade devem ser definidos *a priori*, para impedir reveses prejudiciais aos projetos estratégicos prioritários, especialmente aqueles considerados estruturantes.

Ou seja, cada projeto terá seu começo, meio e fim, mas de um modo geral, projetos territoriais estratégicos estarão em permanente evolução e adaptação ao contexto. Prazos e metas precisam ser respeitados para garantir a credibilidade contida em seu escopo.

Fase III – Prestação de contas

A última fase desta etapa consiste na prestação de contas, reforçando o que já foi enfatizado anteriormente. Casos de sucesso, observados em diversos locais no mundo, indicam que a prestação de contas é um dos principais fatores de sucesso, tanto para a acreditação pública, quanto para a continuidade dos esforços de alocação de recursos e melhoria contínua. Por isto, **relatórios *ex ante* e *ex post*** são primordiais ao longo do desenvolvimento de todo o projeto.

Medellín, na Colômbia, é um caso bem ilustrativo, onde os atores locais, depois de mais de 15 anos de existência de seu pacto,[4] mantêm até os dias atuais uma reunião mensal permanente e fixa no calendário para que os coordenadores de cada frente de trabalho apresentem o que foi desenvolvido naquele mês e indique os planos para o seguinte. Este *case* será mais bem detalhado no Capítulo 3.

Nesta última etapa, é interessante destacar que está prevista a realização de espécies de assembleias públicas, normalmente anunciadas em um local próprio e adequado a natureza da reunião. Nesse evento, qualquer cidadão pertencente à comunidade local envolvida pode pedir a palavra para apresentar sugestões de melhorias, assim como fazer eventuais apontamentos de irregularidades, tecer julgamentos de *performance* e indicar novos dirigentes para fazerem parte da execução de um determinado projeto, ou até mesmo ter seu nome submetido à mesa para compor novos postos junto à coordenação do projeto geral.

Nestas reuniões públicas, também é permitido a entrada de observadores externos para acompanhar o fluxo das atividades e, de vez em quando, podem interagir com a plateia reunida, trazendo novos referenciais e sugestões de melhorias contínuas.

Recomenda-se que, ao final de cada ***milestone*** (entregas planejadas) significativo, a coordenação geral elabore um **relatório de atividades** consistente e abrangente, apontando avanços, sugestões de melhorias, incorporação de novas prioridades, auditorias públicas oficiais e independentes, recursos envolvidos, responsabilidades assumidas, de forma a garantir manutenção consistente e legítima de todo o esforço coletivo desempenhado por toda a coletividade envolvida (*stakeholders*).

---

[4]Mais informações, consultar Gran pacto por la inovacción. c2018. Disponível em: https://www.rutanmedellin.org/granpacto/Acesso em: 14 fev. 2022.

CAPÍTULO **3**

Cases mundiais de transformação a partir de um movimento colaborativo

Com base nos capítulos anteriores, este capítulo pretende ilustrar modelos de concepção e execução de pactos de inovação territoriais, muitos dos quais foram acompanhados e coordenados pelos autores desta obra, permitindo aos leitores entenderem que, apesar de um *framework* geral, descrito no Capítulo 2, dependendo do contexto, da cultura local e do grau de ambição de um projeto desta envergadura e complexidade, pode-se estabelecer contornos diferentes e resultados esperados distintos.

A seguir, serão apresentados quatro casos bastante ilustrativos, expostos na ordem temporal em que foram acontecendo, iniciando pelo Pacto de Barcelona, Espanha, no intuito de repensar o Projeto 22@. Após, será o Gran Pacto por La Innovación de Medellín, Colômbia, e que tanto vem contribuindo para transformá-la como referência de cidade criativa pela Unesco.

Por fim, apresenta-se o caso do Pacto pela Inovação do Estado de Santa Catarina, um plano bastante ousado face à abrangência de impacto de um território bem mais amplo e o pacto de inovação de Porto Alegre, assim denominado de Pacto Alegre, em estágio de plena consolidação.

CASE I – Barcelona: um pacto para repensar o 22@

O principal exemplo do mundo ibérico e latino-americano de transformação de uma cidade é o de Barcelona, de um polo regional típico da sociedade industrial (séc. XIX) para um ecossistema de inovação global característico da sociedade do conhecimento (séc. XXI). Por esta razão, Barcelona é frequentemente usada como exemplo de uma bem-sucedida inserção de uma região no cenário de competição global, transformando a cidade em um lugar desejável de se viver e trabalhar, devido a sua qualidade de vida e sua capacidade de renovar e adaptar a economia local aos novos requisitos da economia global (**Figura 3.1**).

Esse processo de mudança da cidade, em todas suas esferas, públicas e privadas, teve como referência principal, na área de inovação e empreendedorismo, o pacto pela

FIGURA 3.1 O plano original do Projeto 22@ foi aprovado no ano 2000.
Fonte: Wray (2020, documento *on-line*)

Inovação e o Projeto 22@, envolvendo uma articulação efetiva entre os atores da quádrupla hélice (universidades, empresas, governo e sociedade).

As origens do processo de transformação da cidade foram estabelecida nos Jogos Olímpicos de 1992, quando a cidade aprofundou uma política de regeneração de áreas estrategicamente localizadas no espaço urbano, gerando condições de construção sistemática de uma imagem internacionalmente reconhecida como de uma cidade criativa e inovadora. Naquele contexto, emerge o Projeto 22@ como fruto da combinação de uma desejada regeneração de espaços urbanos deteriorados e um ambicioso projeto de revitalização urbana, orientado para uma maior competividade da cidade e região, gerando a atração de talentos internacionais e revertendo o fluxo de saída de cérebros para outras regiões da Espanha e exterior. O Projeto 22@ surge como um empreendimento principal e estratégico de um projeto maior da cidade chamado de "**Barcelona, cidade do conhecimento**".

Desde a sua concepção, o Projeto 22@ envolve todos os atores relevantes da nova economia do conhecimento, universidades, empresas, governo e sociedade, sendo liderado desde sua concepção pela municipalidade de Barcelona. Ainda no início dos anos 1990, sob a liderança da municipalidade, foram elaborados planos estratégicos que norteavam as ações e os desafios enfrentados pela cidade, envolvendo todos os atores relevantes no processo de desenvolvimento da cidade. Estes planos estratégicos são desenvolvidos por organizações transversais com participação de diversos segmentos empresariais e sociais. Neste ambiente, foram criadas as condições para um pacto pela inovação, modelo de transformação da cidade de Barcelona, que acabou sendo usado como referência em diversas outras regiões do mundo, a partir dos anos 2000.

Desde o primeiro plano estratégico no início dos anos 1990, diversos outros se sucederam, tendo como filosofia a busca incessante de consensos viáveis entre todos os atores envolvidos, envolvendo cooperação entre as áreas públicas e privadas. Em linhas gerais, esses ciclos de planejamento e o pacto pela inovação visavam e visam orientar o desenvolvimento da cidade em torno de estratégias compartilhadas e desafios comuns a todos os envolvidos.

Ao longo do tempo, uma ambiciosa visão de futuro da cidade como protagonista do desenvolvimento regional e global emerge, novos projetos são desenvolvidos, tendo o Projeto 22@ como seu exemplo mais arrojado e referência para a renovação da cidade, com definição clara de áreas prioritárias de desenvolvimento, estímulo ao empreendedorismo, à criatividade e à construção de ambientes para viver e trabalhar na sociedade do conhecimento.

Desde sua origem, o objetivo principal do 22@ foi muito além da transformação urbana do antigo bairro do Poblenou. Sempre esteve voltada a gerar condições favoráveis para a criação dos *clusters* tecnológicos, definidos como estratégicos para a nova fase da cidade e a atração de empresas e pessoas altamente criativas e inovadoras. Neste sentido, o objetivo desde o início foi transformar o que era uma cidade típica das sociedades do século XIX em uma região líder global na sociedade do conhecimento, própria do século XXI, em especial em atividades relacionadas com educação de alto nível, criatividade e inovação.

Inicialmente foram priorizados cinco *clusters* (áreas) de conhecimento para atração de empresas, universidades e talentos. Foram definidas metas audaciosas, como gerar 150 mil empregos nesses *clusters* estratégicos, sendo que as áreas foram definidas em função de uma visão de futuro e de desafios a serem vencidos e não somente nas competências existentes. Foi uma abordagem *top-down* de desenvolvimento, baseado na definição dos *clusters* estratégicos de desenvolvimento, chamando os atores sociais e econômicos, públicos e privados a enfrentarem os desafios propostos.

Após mais de 20 anos do início do Projeto 22@, os resultados são impressionantes, seja na dimensão de reorganização do espaço urbano, seja nas novas matrizes de desenvolvimento da cidade. Todas as grandes universidades implantaram unidades na região do 22@, em áreas estratégicas (*clusters* de tecnologia) definidas pela cidade, o poder público deslocou operações importantes de pesquisa e desenvolvimento de empresas públicas para a região, a construção civil investiu pesadamente nos novos prédios e aparelhos públicos de mobilidade urbana e de energia, etc. Todas as metas físicas e econômicas foram superadas.

Finalmente, muitas lições podem ser aprendidas deste *case* de Barcelona. Entre elas, podemos destacar: (1) a importância do trabalho cooperativo, em parcerias público e privadas, no contexto dos planos estratégicos e do pacto pela inovação na cidade; (2) o papel de liderança da Prefeitura (municipalidade), com alto engajamento das autoridades locais do município, ao longo de governos sucessivos; (3) a construção do *case* do 22@, para transformar aquela região da cidade no modelo da nova cidade de Barcelona no século XXI; e (4) alinhar as estratégias de desenvolvimento da cidade com os fatores críticos de sucesso na sociedade do conhecimento: criatividade, inovação e empreendedorismo.

Hoje, Barcelona e o Projeto 22@ são *benchmarks* internacionais de transformação urbana, social e econômica, tendo como base os valores próprios da sociedade do conhecimento, sendo modelo para áreas de inovação e parques científicos e tecnológicos em todo o mundo. Este foi o modelo usado por países como Colômbia e, mais especificamente, cidade de Medellín, assim como o Estado de Santa Catarina, Brasil. É um modelo que coloca universidades, governos, empresas e sociedade em articulação plena, em torno de um Pacto pela Inovação, desafiando a gerar condições para o desenvolvimento da cidade e do território, motivando a transformação social e econômica necessária para uma nova sociedade, que responda aos atuais desafios e oportunidades.

Objetivos do 22@

O 22@Barcelona nasceu como uma oportunidade única para transformar parcialmente o Poblenou, um bairro com vocação produtiva que constituía o antigo distrito industrial têxtil da cidade, numa plataforma de inovação e economia do conhecimento internacional. Em 1998, após um considerável debate político sobre como regenerar os 200 hectares de zona industrial obsoleta, duas posições claras foram estabelecidas: por um lado, a regeneração deve ter como objetivo preservar a vocação produtiva da zona e, por outro, transformá-la em zona residencial, dada a escassez de habitação social em Barcelona (PAREJA-EASTAWAY; PIQUÉ, 2011). Apesar desse confronto, uma solução mista foi adotada começando com a criação de uma cidade compacta em que a indústria, baseada no conhecimento, seria combinada com usos residenciais. Com a aprovação em 2000 da "Modificação do Plano Geral Metropolitano para a Transformação do Parque Industrial de Poblenou, 22@ Distrito de Actividades", Barcelona decidiu de forma objetiva e inequívoca preservar o perfil produtivo deste território, mas também combinar usos residenciais na área.

O 22@ Barcelona procurou uma transformação urbana ao longo do tempo que regenerasse progressivamente os espaços industriais, tanto a partir da valorização do seu entorno arquitetônico, quanto da melhoria da qualidade do seu espaço público. Em vez da forma convencional de alterar totalmente o espaço urbano, esse processo se desenvolveu estabelecendo um equilíbrio entre a manutenção e a renovação, permitindo definir novas imagens urbanas num contexto de continuidade com formas anteriores, preservando o patrimônio arquitetônico, industrial, dando-lhe novos usos.

Com essa ideia, Barcelona deu início à transformação do bairro Poblenou, que por mais de 100 anos foi seu principal motor econômico, em um novo modelo de espaço de conhecimento urbano que fomenta a colaboração e sinergias entre universidades, governo e empresas, com o objetivo desenvolver a inovação e o empreendedorismo junto com a criação de uma boa qualidade de vida para seus cidadãos (PAREJA-EASTAWAY, PIQUÉ, 2014).

Poblenou ocupa praticamente o quadrante oriental do Eixample, projetado pelo urbanista Idelfons Cerdá para o ano de 1859. Durante a segunda metade do século XIX e a primeira do século XX, foram instaladas as primeiras ações nesta área industrial, chamada de a "Manchester catalã" no setor têxtil e depois diversificado em setores como a indústria mecânica, química e alimentar (PAREJA-EASTAWAY, PIQUÉ, 2011).

Na década de 1960, a decadência da área iniciou-se como consequência da nova dinâmica de localização industrial decorrente, por um lado, das necessidades de produção em larga escala e, por outro, melhorias nos sistemas de mobilidade.

Ambos favorecem a criação de espaços industriais especializados na área metropolitana junto com corredores de transporte e, portanto, a realocação da indústria tradicional do centro para fora da cidade. Esse processo se intensificou com as crises econômicas das décadas de 1970 e 1980 e levou à degradação física e econômica do distrito de Poblenou.

A transformação dos parques industriais de Poblenou não está isolada de outras intervenções ocorridas em Barcelona; não só os Jogos Olímpicos de 1992 – com a construção da vila olímpica e das circunvalações (circulares) de Barcelona, juntamente com a recuperação das praias da cidade mediterrânea –, mas também com a abertura da diagonal e a construção da estação de trem de alta velocidade em Sagrera.

Processo do 22@

O processo originou-se em 2000 com uma fase inicial de renovação urbana e fornecimento de infraestrutura de alta qualidade. Em 2004, o 22@Barcelona deu início a uma nova era de intensa renovação econômica e social: foram desenvolvidas várias estratégias com o objetivo de criar *clusters* de inovação urbana, focados em vários setores emergentes os quais Barcelona considerou que deveriam estar representados na economia da cidade (PAREJA-EASTAWAY; PIQUÉ, 2014). Os *clusters* escolhidos foram: mídia, tecnologias de informação e comunicação (TIC) e tecnologias da saúde e energia. Em alguns casos, esses setores estavam claramente enraizados no território, como a mídia ou as TIC em outros, houve uma aposta clara para atraí-los e promovê-los na cidade. Mais tarde, em 2009, o *design* foi adicionado aos quatro primeiros. O processo pretendia concentrar empresas, administrações públicas e centros de referência científica e tecnológica nestes setores estratégicos do território.

Com o objetivo de gerir a transformação do distrito, foi criada a empresa 22@ Barcelona (PAREJA-EASTAWAY; PIQUÉ, 2011), para desenvolver funções de planejamento, gestão urbana, implantação de infraestruturas e porta de entrada para investimento imobiliário. Posteriormente, irá incorporar para a revitalização do distrito, promoção econômica e projeção internacional, envolvendo empresas e universidades e outras entidades governamentais no desenvolvimento de *clusters*. Em fases posteriores, irá integrar a dimensão social orientada para a gestão do talento em suas dimensões de criação, desenvolvimento, atração e retenção.

Resultados do 22@

Desde 2000, aproximadamente 70% das áreas industriais de Poblenou foram reabilitadas por meio de 150 planos aprovados, 141 dos quais foram promovidos pelo setor privado. Os planos estabelecem a localização dos terrenos de uso privado cedidos pelo município para habitações, instalações e áreas verdes protegidas. Também define as características das novas edificações e os parâmetros urbanísticos que, após os correspondentes processos de gestão urbana, permitirão o desenvolvimento de edifícios, projetos e produtos imobiliários.

Os planos aprovados totalizam 3.029.106 m^2 de superfície. São mais de 140.000 m^2 de terreno para instalações e cerca de 1.600 casas com algum tipo de subsídio público. A regeneração do distrito levou ao estabelecimento de dez universidades com um total de mais de 25.000 alunos, 12 centros de pesquisa e desenvolvimento e transferência de tecnologia. O censo de empresas no 22@Barcelona mostra um crescimento contínuo, atingindo mais de 8.000 empresas e mais de 93.000 empregos são encontrados no distrito. O volume de negócios total das empresas do distrito ultrapassa os 10 bilhões de euros.

Um projeto holístico e integral

O 22@ é o resultado de um conjunto de ações nas dimensões urbana, econômica, social e de governança, sendo o resultado de uma abordagem holística e abrangente com a participação de universidades, governo, empresas e sociedade civil (PAREJA-EASTAWAY; PIQUÉ, 2011; NIKINA; PIQUÉ, 2016; PIQUÉ; MIRALLES, 2017).

Os *hard factors* do ecossistema

Os objetivos do plano 22@Barcelona eram renovar Poblenou tanto no quesito urbano quanto econômico, propondo um modelo de cidade compacto e diversificado que, ao invés de um modelo especializado em terrenos industriais, promova a coesão social e um desenvolvimento mais equilibrado e sustentável. Assim, novas atividades econômicas coexistem com investigação, formação e transferência de tecnologia, habitação, equipamento e comércio, num ambiente de qualidade, cuja densidade o torna compatível com uma distribuição equilibrada de espaços abertos e instalações.

O plano 22@Barcelona modifica as características do regulamento do parque industrial pelo código 22a de Poblenou, prevendo um novo código 22@ o qual regulamenta o uso e a intensidade da construção da nova subzona; define uma atual classificação da equipe chamada 7@; determina novos padrões para o setor de reabilitação abrangente; estabelece os direitos e deveres dos proprietários de terras e institui as formas e mecanismos de planejamento derivados para desenvolver a transformação.

Em 27 de outubro de 2000, o plano de infraestrutura especial de Poblenou (PEI, Plan Especial de Infraestructuras del Poblenou) foi aprovado, e nele está especificado o plano 22@Barcelona para diferentes redes de infraestrutura e serviços (PIQUÉ; MIRALLES; BERBEGAL-MIRABENT, 2019; PIQUÉ *et al.*, 2019; PIQUÉ; MIRALLES; BERBEGAL-MIRABENT, 2020).

Por meio de um sistema de incentivos imobiliário, aumentando os pisos dos edifícios de dois para três metros por metro quadrado, os processos de renovação da cidade contribuem para a remodelação de todas as ruas com a renovação das infraestruturas, a melhoria da qualidade e da capacidade dos serviços urbanos, e a nova organização da mobilidade urbana.

Da mesma forma, terras gratuitas são geradas para a comunidade – das terras 100% privadas iniciais, com a transformação 30% delas se tornarão públicas – para criar novas áreas verdes, equipamentos e habitações sociais. Por outro lado, é favorecida a presença das chamadas @atividades, que têm o talento como principal recurso produtivo. Essas são atividades predominantemente urbanas, uso intensivo do espaço e das tecnologias de informação e comunicação, e densas em empregos qualificados.

Assim, a transformação progressiva dos terrenos industriais soluciona os déficits históricos do setor e recupera o dinamismo social e empresarial que historicamente caracterizou Poblenou. Desde o início do projeto em 2000 até ao presente, o programa de renovação urbana implica na criação de um ambiente diverso e equilibrado, em que as empresas mais inovadoras coexistem com centros de investigação, formação e transferência de tecnologia, com lojas, casas e zonas verdes, promovendo o dinamismo social e empresarial.

Os *soft factors* do ecossistema

Em 2004, com o objetivo de promover e realçar a transformação física (urbana e infraestruturas) do 22@Barcelona, foram desenvolvidas políticas de promoção da atividade econômica centradas em setores emergentes para alcançar a competitividade internacional: mídia, tecnologias de informação e comunicação, tecnologias médicas e energia. Em 2008, uma nova linha de ação começou no quinto setor estratégico para Barcelona: o setor de *design* (PIQUÉ; MIRALLES; BERBEGAL-MIRABENT, 2019; PIQUÉ et al., 2019; PIQUÉ; MIRALLES; BERBEGAL-MIRABENT, 2020).

A promoção de *clusters* urbanos no território 22@ significou melhorar a capacidade inovadora das empresas por meio da criação de ambientes produtivos para centrar a presença de empresas, instituições, organismos públicos, universidades e referências de pesquisa e desenvolvimento em cada setor. Nestes, as cadeias de valor da inovação são promovidas em cada setor do projeto por meio da ciência-tecnologia-indústria-mercado.

As empresas localizadas no distrito se beneficiam de uma ecologia de inovação que lhes dá uma melhor capacidade de competir internacionalmente. Cada um dos cinco *clusters* do 22@ se encontra em um estágio de desenvolvimento diferente, dependendo de suas características e grau de maturidade. A metodologia seguida pela 22@Barcelona, em todos os casos, assentou no estabelecimento de uma relação estreita com um órgão de gestão que congrega o *cluster* da indústria e tem como missão promover a competitividade das empresas.

Desde o final de 2007 e início de 2008, havia planos estratégicos para TIC, mídia, energia e tecnologias médicas. Em 2008, foram desenvolvidos planos operacionais para implementar planos estratégicos e modelos de governança e gestão para cada *cluster*. No que diz respeito ao desenho do *cluster*, liderado em conjunto com o Barcelona Design Centre (BCD), em 2009 foi finalizado o plano estratégico. O 22@Barcelona promoveu a criação de centros setoriais de transferência de tecnologia como ferramentas de conexão entre a pesquisa (universidades) e as empresas. O projeto trabalhou na sua consolidação, como o Barcelona Media Foundation no setor audiovisual e Barcelona Digital Foundation no setor das TIC, posteriormente fundida na Eurecat. Em 2009, houve apoio da consolidação entre o Instituto Catalão de Investigação Energética (IREC – Institut de Recerca de l'Energia de Catalunya) e o b_TEC (Barcelona Tecnologia), que agora são *cluster* líder de energia.

Orientação para empresas ecossistêmicas

Em 2008, com o objetivo estratégico de reforçar o apoio para as empresas que pretendiam estabelecer-se no 22@, a iniciativa 22@PLUS foi promovida como um mecanismo de resposta às empresas que procuravam uma possível implementação do distrito por meio de um catálogo de serviços, fornecendo todos os elementos de valor do 22@: infraestruturas tecnológica e de conhecimento, redes de cooperação empresarial, *clusters* de estratégia, acessos aos financiamentos público e privado, aos talentos, aos mercados, a facilidades e espaços para empresas e empreendedores inovadores, plataformas de aterrissagem para negócios internacionais, etc. (PIQUÉ, 2015). Essa iniciativa é agora o serviço de janela única de negócios (OAE, Oficina de Atención a la Empresa) para empresas que pretendem se estabelecer no distrito.

A 22@Network e a 22@Business Association estão incorporadas no calendário de ações, cujo objetivo é facilitar a integração das empresas e instituições estabelecidas no distrito, bem como dos seus colaboradores, e aprofundar as relações entre elas, a Poblenou e suas associações. O 22@Update Breakfast (PAREJA-EASTAWAY; PIQUÉ, 2014) tem sido uma ferramenta muito eficaz, desenvolvida em conjunto com a 22@Network, tem o objetivo de partilhar (mensalmente) a atualidade, divulgar negócios e conectar empresas localizado no distrito 22@.

De forma a apoiar e melhorar a adaptação dos espaços de oferta às necessidades das empresas, as tarefas de *marketing* são coordenadas com os promotores e consultores imobiliários.

Gestão do talento do ecossistema

A economia do conhecimento tem o talento como matéria-prima. O desafio para os territórios é ter talento qualificado para que as empresas possam desenvolver e também ser a plataforma para o talento se aprimorar. O desenvolvimento de um ambiente inovador deve ser acompanhado por uma estratégia de gestão de talentos, tanto na criação e desenvolvimento de talentos locais, como na atração e retenção dos internacionais.

O 22@Barcelona geriu a implementação de centros universitários no distrito com o objetivo de localizar talentos e instalou uma massa crítica e novas gerações de dessas pessoas.

Tem promovido uma ação em escolas primárias e secundárias com o objetivo de influenciar as vocações científicas e tecnológicas, o empreendedorismo e a compreensão da cidadania global (PIQUÉ, 2015). Essas ações têm ligado escolas com *clusters* desenvolvidos no distrito (Programa *CreaTalent*).

O 22@Barcelona promoveu uma aproximação entre escolas e empresas, promovendo a orientação profissional (Porta 22), as práticas de trabalho (*Staying in Company*) e a empregabilidade (*Talent Marketplace 22@*).

Com o objetivo de desenvolver uma comunidade de profissionais no distrito, o 22@Barcelona tem promovido eventos como o *22@ Update Breakfast* (PAREJA-EASTAWAY; PIQUÉ, 2014), o qual serve para inter-relacionar perfis e gerar um sentimento de pertença.

Universidades e empresas têm atuado como um verdadeiro ímã para talentos internacionais. Nesse sentido, ações de desembarque têm sido promovidas para a comunidade internacional, garantindo um acolhimento abrangente. Publicações como *Hello Barcelona*, que descrevem escolas internacionais ou processos práticos da vida em Barcelona, facilitam a implementação e integração dos recém-chegados.

Paralelamente, 22@Barcelona desenvolve programas sociais para envolver a vizinhança. Programas como o *Digital District* incluíram avós e pais no processo do distrito por meio de programas de treinamento digital.

A articulação da governança ecossistêmica

O 22@Barcelona foi promovido a partir de iniciativa pública a longo prazo (20 anos). Para o seu desenvolvimento, foi necessário compartilhar a visão com investidores, empresas, universidades, sociedade civil e outros poderes públicos.

O compromisso dos agentes no processo tem sido um fator-chave ao longo do desenvolvimento. Diferentes estruturas híbridas (universidade, indústria, administração pública) têm sido promovidas para garantirem o alinhamento, a interação e o projeto coletivo.

Verticalmente, estruturas da tríplice hélice foram promovidas para assumir a responsabilidade por cada um dos *clusters*. Barcelona Media Foundation e Barcelona Digital Foundation são bons exemplos de governança (PIQUÉ; MIRALLES; BERBEGAL-MIRABENT, 2019; PIQUÉ *et al.*, 2019; PIQUÉ; MIRALLES; BERBEGAL-MIRABENT, 2020).

Horizontalmente, foi promovida a formação da 22@Network, a Associação de Empresas e Instituições de 22@Barcelona. Essa associação, por meio das comissões de inovação, talento, sustentabilidade e empreendedorismo, atua de forma transversal, unindo empresas e profissionais do distrito (PIQUÉ; MIRALLES; BERBEGAL-MIRABENT, 2019; PIQUÉ *et al.*, 2019; PIQUÉ; MIRALLES; BERBEGAL-MIRABENT, 2020).

As institucionalizações horizontal e vertical serviram para fortalecer o distrito além de seu impulso público inicial e criar uma matriz de governança. O acordo anual com a rede 22@ facilitou a alienação e o compromisso com o desenvolvimento do distrito.

Um pacto por um 22@ mais inclusivo e sustentável

Com base em uma análise de consenso dos pontos fortes e fracos do balanço por mais de 15 anos, em 2017, a câmara municipal de Barcelona decidiu dar um novo impulso à liderança do projeto e, ao mesmo tempo, responder às demandas, especialmente de bairro e de revisão das regras do jogo do 22@. O processo começou da seguinte forma: a segunda fase do distrito de inovação, que se inicia com a criação da comissão de coordenação 22@. Nesta comissão, participam todos os departamentos da câmara municipal envolvidos no desenvolvimento do 22@ e a sociedade civil de Barcelona, com o objetivo de reativar a transformação urbana desta zona e consolidar a cidade como a capital da inovação e do empreendedorismo. Os objetivos desta comissão são os seguintes:

- Atender de forma coordenada as necessidades dos cidadãos e das empresas, a partir de uma visão institucional coerente e unitária, para que se crie um debate com os envolvidos.
- Dinamizar a transformação urbana, com especial atenção às áreas que ficaram de fora da transformação, identificando ações estratégicas de interesse público.
- Zelar por uma implementação coordenada do projeto, com capacidade de produzir sinergias entre si, e identificar e priorizar os objetivos municipais, articulando o investimento público e privado.

Para abordar esses objetivos, a comissão de coordenação (MARTÍNEZ GARCÍA; PLANELLES OLIVA, 2019) estava organizada a partir de uma comissão executiva (composição municipal) encarregada de convocar e elevar a uma Comissão de Coordenação Ampliada 22@ e, a alguns grupos de trabalho, tudo o que estivesse relacionado com a análise, debate e acompanhamento de propostas, projetos e ações. Essa comissão ampliada era formada pela chamada quádrupla hélice, que inclui as pessoas que administram a cidade (setor público), sociedade (tecido de vizinhança), os que nela fazem negócios (tecido empresarial) e os que refletem sobre o assunto (universidades e pesquisas).

Concretamente, a Comissão Ampliada de Coordenação do 22@ e os grupos de trabalho eram constituídos por representantes da Federação das Associações de Vizinhos e Vizinhos de Barcelona, da Taula Eix Pere IV (Associação de Vizinhos e Vizinhos de Poblenou), da associação de empresas 22@Network, da associação do Distrito Urbano de Poblenou, da Universitat de Barcelona, da Universitat Politècnica de Catalunya, da Universitat Pompeu Fabra, da Fundació b_TEC Campus Diagonal Besòs, do Consórcio Besòs, do Plano Estratégico Metropolitano de Barcelona e do bairro Sant Martí. A Comissão Ampliada de Coordenação do 22@ aprovou, na sua sessão constitutiva de 1 de junho de 2017, a pedido do distrito de Sant Martí, a promoção do processo participativo "Vamos repensar o 22@", coordenado pelo distrito de Sant Martí e pela Direção de Democracia Ativa, e em sintonia com os grupos de trabalho coordenados. Esse processo tem o objetivo de desenvolver:

- Um diagnóstico cidadão dos desafios e das necessidades dos bairros de Poblenou e do distrito de Sant Martí na zona 22@ em escala social, econômica e urbana.
- Uma proposta cidadã estratégica composta por propostas de medidas e ações nas esferas social e cultural; da economia; do planejamento urbano e da mobilidade, especificamente vinculadas a:
  1. medidas de planejamento urbano para modificar o plano geral metropolitano, principalmente áreas 22@ não transformadas ou não reparceladas;
  2. medidas de promoção da atividade econômica consideradas estratégicas; e
  3. medidas de promoção de programas e serviços municipais para o desenvolvimento em espaços públicos.

Do ponto de vista metodológico, foram articulados dois níveis de discussão. Por um lado, um processo de trabalho dirigido a especialistas representantes da quádrupla hélice, organizado em torno de três grupos de trabalho, que abordaram cada uma das questões substanciais para o distrito de inovação: (1) planejamento urbano e habitação; (2) economia e inovação; e (3) aspectos culturais e sociais. A coordenação desses grupos esteve a cargo de representantes acadêmicos de três universidades públicas com presença no 22@, e contaram com a participação de antigos e novos dirigentes de entidades ligadas ao 22@.

Por outro lado, foi realizado um processo aberto ao cidadão, desdobrado por meio de múltiplas atividades e ações inovadoras, como mesas redondas, passeios exploratórios ou utilização de plataformas digitais, com o objetivo de atingir o número máximo de pessoas. A coordenação desta parte ficou a cargo das áreas da câmara municipal responsáveis pela participação, bem como do município de Sant Martí.

O pacto civil como roteiro consensual

O processo foi dividido em duas fases: uma de diagnóstico e outra de proposta. Na fase de diagnóstico, foram identificados os aspectos positivos e negativos do projeto 22@ e seu impacto em Poblenou, alcançando um equilíbrio compartilhado entre eles (MARTÍNEZ GARCÍA; PLANELLES OLIVA, 2019). Diante das diferenças sobre o que havia acontecido, questões substanciais que precisavam ser trabalhadas foram colocadas juntas. Durante a fase de proposta, os diferentes atores conseguiram traçar o menor denominador comum de cada questão substancial para enfrentar os próximos anos do projeto, resultando em um total de 19 ações que abrangem as dimensões urbana, de infraestrutura e ecológica, econômica, social, cultural e governança.

Em vez de fixar essas propostas em um plano diretor ou estratégico tradicional, os atores afirmavam fazê-lo por meio de um pacto civil, que refletisse o firme compromisso das diferentes partes em realizar um conjunto de iniciativas sob a liderança pública. Assim, em 19 de novembro de 2018, foi assinado o pacto civil como expressão final de um ano e meio de trabalho coletivo. Foi um documento solenemente assinado pelos mais altos representantes de onze organizações e instituições vinculadas a Poblenou e ao 22@. Sua implantação implicaria necessariamente em mudanças regulatórias.

Em maio de 2019, acordou-se em expor ao público um documento de critérios que estabelecesse as diretrizes para adequação do planejamento urbano de acordo com o diagnóstico e os pactos expressos no documento pactuado. O fato de já terem passado quase 20 anos desde a aprovação do MPGM 22@ permitiu recolher as experiências e os conhecimentos dos diferentes agentes envolvidos neste processo de transformação urbana. O objetivo do documento de critérios era avaliar o desenvolvimento do MPGM 22@ e propor técnicas urbanas futuras para a transformação.

O documento continha critérios gerais e linhas de trabalho que deveriam ser especificadas em diferentes instrumentos de planejamento, de acordo com os seguintes princípios:

- Definir critérios de gestão das áreas em fase de urbanização de acordo com as novas exigências urbanísticas e sociais, com o compromisso de intensificar a presença de habitações protegidas.
- Destacar os traços, tecidos e edifícios históricos.
- Atender as especificidades do tecido de identidade: tecidos residenciais pré-existentes e edifícios industriais consolidados.
- Vincular e valorizar os elementos da estrutura urbana em uma escala geral já proposta e em diferentes níveis de desenvolvimento.
- Incorporar atividades "@", de acordo com os novos eixos de promoção econômica, apoiando políticas de crescimento inclusivo que promovam a economia verde e circular, e respondam às necessidades da Indústria 4.0 e do movimento *maker*.
- Estudar áreas de transformação maiores que um quarteirão, para propor arranjos com lógica geral dentro da estrutura urbana geral com possibilidade de obtenção de peças de transferência de grande porte.
- Promover e reforçar, de acordo com os objetivos estratégicos do compromisso de cidadão com a sustentabilidade, os aspectos ambientais em todas as suas vertentes e para as diferentes fases da renovação urbana, bem como os aspectos relacionados com a configuração do espaço público e das infraestruturas.
- Atualizar e revisar o Plano Especial de Infraestrutura 22@ com critérios de sustentabilidade urbana e pacificação de estradas.

Desafios na nova etapa

Depois de 20 anos de desenvolvimento, a Câmara Municipal de Barcelona quis dar um impulso definitivo ao 22@, mantendo o dinamismo e potencial econômico do setor e atualizando-o para fazer de Poblenou um ambiente mais humano e sustentável: bairros para trabalhar, mas também para morar e vivê-los, onde as atividades são desenvolvidas do ponto de vista do cidadão, empresarial e inovador. Foram identificados cinco desafios formulados na forma de objetivos (MARTÍNEZ GARCÍA; PLANELLES OLIVA, 2019):

Melhorar a gestão e governança de 22@

Implementar um gabinete técnico de gestão pública que centralize toda a informação urbana, econômica e sociocultural com o objetivo de se tornar um ponto de referência e informação especializada nas áreas 22@. Consolidar uma nova governança da área 22@ liderada pela Câmara Municipal de Barcelona e que integre os membros da quádrupla hélice (setor público, tecido de bairro, tecido empresarial e universidades e pesquisa).

Ajustar os instrumentos urbanos para atender às demandas do Pacto por 22@

Promover ferramentas de gestão e novos planejamentos que continuem facilitando o desenvolvimento do potencial econômico dos bairros, ao mesmo tempo que aumentam a reserva de moradias, equipamentos e áreas verdes, e melhorem a sustentabilidade por meio da atualização da mobilidade e dos serviços distritais.

Desenvolver o potencial econômico, inovador e criativo do distrito

Desenvolver ações de acompanhamento de iniciativas inovadoras e empreendedoras, alinhadas com os setores estratégicos da economia de Barcelona, com o objetivo de fazer do 22@ um epicentro da recuperação econômica da cidade ligada a setores de elevado valor acrescentado e criação de empregos de qualidade.

Destacar a cultura e a herança de Poblenou

Aprofundar a valorização do patrimônio edificado e paisagístico dos bairros para garantir um desenvolvimento urbano compatível com a preservação da identidade e dos valores culturais do meio ambiente.

Impulsionar projetos diferenciados que consolidem iniciativas inovadoras e criativas

Desenvolver ferramentas urbanas e de gestão para promover projetos únicos de liderança pública que gerem sinergias com o desenvolvimento privado e as necessidades do bairro que existem na 22@.

Linhas de ação

A Câmara Municipal de Barcelona, em julho de 2020, apresentou uma medida do Governo Municipal, em que recolheu as propostas levantadas no "Pacto para um Poblenou com um 22@ mais inclusivo e sustentável", formulando 19 ações que foram desde a definição de um novo modelo urbano com mais presença da habitação para a promoção de um novo modelo de governação e gestão partilhada, por meio da atualização de elementos como a mobilidade, a economia da inovação, os elementos patrimoniais e culturais e a ecologia.

Linha 1   Governança e gestão

Ação 1.1   Criar o 22@ Office

Esta ação tem como objetivo a implantação de um órgão técnico de gestão pública responsável por coordenar os diversos projetos de desenvolvimento urbano, econômico e sociocultural e que também se torne um ponto de informações gerais sobre o projeto e especializado para as áreas 22@.

A implementação do 22@ Office estava associada à implantação de uma carta de serviço específica que cobre as seguintes tarefas:

- Serviço de janela única do 22@.
- Serviço de projetos 22@.
- Serviço de governança e coordenação.
- Serviço de promoção internacional e atração de investimentos.
- Serviço de comunicação, conhecimento e disseminação do 22@.

Dada a natureza básica das tarefas a desempenhar, o 22@ Office visava prestar um serviço adequado aos interessados no desenvolvimento do 22@; isto é, para aqueles cidadãos que desejam desenvolver um projeto ou compreender melhor o passado, o presente e o futuro do 22@ e seus arredores. O 22@ Office está localizado no Distrito de Inovação 22@ com dupla dependência da Direção de Urbanismo e da Direção de Promoção Econômica, gerando sinergias e articulação com o Instituto Municipal de Urbanismo e o Gabinete de Atendimento às Empresas, localizados no MediaTIC.

Ação 1.2   Consolidar uma nova governança de Poblenou e 22@ desde a liderança pública

Nesta nova etapa de promoção do 22@, era preciso manter vivo o espírito que motivou a criação da Comissão Ampliada 22@, mantendo um espaço de intercâmbio e articulação com os representantes dos diversos agentes presentes no distrito. Esse espaço de participação foi dirigido pela Câmara Municipal de Barcelona, gerida pelo 22@ Office e integrada por representantes de associações e entidades de bairro, associações e entidades empresariais, universidades e centros de investigação, bem como por diferentes organismos do setor público e administrações.

No âmbito municipal interno, a Comissão de Coordenação do 22@ promove as políticas e ações que a câmara municipal desenvolve no domínio do 22@, como as relacionadas com o desenvolvimento urbano (planejamento, gestão urbana e execução da urbanização), gestão da patrimônio municipal na área (derivado de 10% do uso urbano e outros recursos existentes), atenção às empresas e investimentos, promoção de setores econômicos estratégicos, implantação de programas de inovação ou liderança e gestão de projetos singulares de iniciativa pública.

Linha 2   Urbanismo

Ação 2.1   Escrever a modificação do Plano Geral Metropolitano no campo de 22@

Com o objetivo de elaborar a modificação do Plano Geral Metropolitano 22@ (MPGM), esta ação especificou a nova gestão de toda a área e os novos balanços de usos, formulando os seguintes princípios:

- Concluir o processo 22@ iniciado em 2000: facilitar a gestão urbana de áreas desempregadas, estimular e promover o desenvolvimento urbano e econômico.
- Responder às necessidades do contexto atual: acesso à habitação, promoção da atividade econômica pós-covid-19, inclusão de novas atividades "@" e melhoria da qualidade ambiental.
- Modificar o planejamento atual: preservar os tecidos e a paisagem urbana, aumentar a presença de moradias e o *mix* de usos, e aumentar a qualidade ambiental da estrutura urbana.

O plano dá um salto qualitativo no que diz respeito ao espaço reservado às atividades econômicas. No atual contexto pós-covid-19, a Câmara Municipal trabalha para que o 22@ continue a ser um dos motores econômicos da cidade. Com o MPGM, o Distrito de Inovação baseado na economia do conhecimento é definitivamente promovido.

O regulamento urbano aprovado em 2000 previa um potencial de cerca de 3 milhões de m^2 de cobertura para empresas e atividade econômica. O objetivo agora é agilizar os procedimentos para ativar os 980 mil m^2 que ainda estão por desenvolver. Para tanto, o Pacto propõe que sejam promovidos urbanisticamente nos quatro anos.

O Pacto também propõe a revitalização dos bairros 22@ por meio da manutenção da malha residencial existente e a incorporação de mais moradias nas áreas de transformação urbana. O balanço de utilizações previsto no MPGM 22@ 2000 colocava a habitação como secundária, visto que o resto do distrito de Sant Martí era um tecido predominantemente residencial. A proposta, refletindo a demanda do Pacto do MPGM, deverá incorporar um equilíbrio entre o teto da atividade econômica e residencial (que ativa a vida do bairro), reforçando o modelo urbano de uma cidade mista e compacta.

Outro eixo principal do MPGM centra-se no aumento da reserva habitacional nas áreas em desenvolvimento por meio da ampliação do teto residencial. O plano original para o ano 2000 previa um potencial de 5.200 novas moradias, das quais 3.200 foram construídas com planejamento urbano. Agora, ela está considerando quase dobrar a cifra de 20 anos atrás, adicionando mais 4.400 casas e chegando a 9.600.

Ao mesmo tempo, para proteger os tecidos urbanos de Poblenou, o número de moradias já presentes na área será aumentado. O plano atual mantém 3.300, e agora se propõe aumentar esse número com mais 1.200 moradias, para que chegue a 4.500. Desta forma, os edifícios históricos do 22@ serão destacados.

Essa Modificação do Plano Geral Metropolitano (MPGM) também incluirá os seguintes critérios:

- Preservar os tecidos tradicionais.
- Aumentar a habitação protegida.
- Definir áreas de planejamento por cooperação de iniciativa municipal.
- Atualizar a lista de atividades @.
- Modificar os regulamentos para espaços industriais não transformados (22@).
- Rever a definição das instalações 7@.

Ação 2.2 Elaborar e executar um novo Plano de Infraestrutura Especial

A elaboração de um novo PEI surge como a oportunidade de solucionar os problemas atuais detectados e incorporar avanços técnicos que irão melhorar a sustentabilidade do meio ambiente, como:

- Melhorar o desenho das estradas para garantir acessibilidade universal.
- Aumentar a presença de vegetação urbana.
- Ampliar o uso de solo drenante para melhorar o ciclo da água e aumentar a presença de vegetação urbana.
- Fortalecer e ampliar a rede de produção centralizada de calor e frio.
- Resolver a afetação do nível freático nas galerias de serviços.
- Incorporar critérios de produção de energia sustentável para facilitar o autoconsumo de energia.
- Introduzir sistemas de iluminação mais eficientes.

Ação 2.3 Impulsionar um programa de inovação em mobilidade sustentável

O carácter sistemático da malha Cerdà, junto com a possibilidade de executar boa parte das ruas do 22@, permitem que esta zona desenvolva um modelo inovador de mobilidade sustentável. Esse programa inclui os seguintes aspectos:

- Atualizar os esquemas gerais de mobilidade e rotas hierárquicas de acordo com as necessidades e os critérios mais atuais. São promovidos transportes alternativos (bicicletas, veículos elétricos e partilhados, eixos pedonais, etc.).
- Reduzir de forma geral o número de vagas de estacionamento, o que evitará problemas derivados da construção de subsolos, afetando o lençol freático e o despejo de água bombeada para a rede de esgoto.
- Introduzir mais elementos de transporte público, especialmente em áreas menos dotadas, como a área norte. A implantação de novas linhas de transporte público é fundamental para promover o desenvolvimento do seu entorno.
- Como complemento da implementação de novos elementos de transporte público, propõe-se o reforço da rede de estradas cívicas que podem ligar par'es significativas do território, como edifícios históricos, com estações e paragens de transportes públicos existentes.
- Desenvolver o potencial da zona norte que, pela falta de desenvolvimento, se torna um ambiente ideal para a promoção de programas de inovação nas várias áreas estratégicas da mobilidade.

Linha 3 Economia

Ação 3.1 Revisar as atividades produtivas do 22@

A revisão e atualização das atividades produtivas no 22@ será realizada por meio da elaboração de um novo plano de aproveitamento do bairro de Sant Martí, o qual incluirá um processo aberto de participação de bairros, de forma a promover um correto equilíbrio entre as diversas atividades econômicas e, especialmente, incentivar as atividades sociais e culturais, tanto na sua faceta produtiva como em eventos públicos em espaços urbanos.

Além de promover os *clusters* originais do 22@ (Bio-Tech, Media, ICT, Energia e *Design*) nas suas novas dimensões derivadas da evolução de cada setor, foram identificados outros setores do futuro, como a Indústria 4.0 ou as indústrias criativas; e os setores transversais, como a economia verde e circular ou a economia social e solidária, os quais podem ser o motor de atividades entre usos terciários e industriais. Propõe-se a atualização da regulamentação urbana para a criação de espaços que englobem essas atividades e incorporem as exigências de novos usos híbridos.

Ação 3.2 Facilitar a criação de espaços que incorporem um ecossistema comercial e de negócios equilibrado

O 22@ tem se mostrado um ecossistema atraente para empresas consolidadas dos setores de TIC, mídia, tecnologias médicas, energia e *design*, mas também quer equilibrar o ecossistema produtivo com *start-ups*, micro, pequenas e médias empresas que podem gerar sinergias com as empresas mais consolidadas e com um negócio local que garanta a vida ao bairro. A câmara municipal, por meio dos novos instrumentos de gestão 22@, poderá destinar parte do uso urbano da concessão para colocar à disposição para essas pequenas e médias empresas ou negócios, um teto de uso produtivo de dimensões adequadas às suas demandas e em um aluguel de preço acessível.

Pelos valores simbólicos que conseguiu irradiar, o distrito 22@ tornou-se uma área territorial especialmente densa em indústria criativa. No mesmo contexto territorial, a câmara municipal e a Generalitat de Catalunya localizaram equipamentos culturais de alcance nacional. Portanto, é um ambiente ideal para promover o *cluster* Barcelona Creativa, composto pelas principais associações representativas, empresas e personalidades do mundo do *design* e da indústria criativa, que terá o Disseny Hub Barcelona (DHUB) como ponto de referência. Para promover a consolidação deste *cluster*, irá trabalhar em conjunto com empresas do setor criativo para encontrar sinergias e oportunidades de forma a poder conciliar a disponibilidade de espaços com as necessidades do setor.

Além disso, serão aplicadas estratégias para promover a vitalidade social na rua e dinamizar os pisos térreos dos edifícios, em particular aqueles que têm uma grande dimensão e uma utilização principal de escritórios e que podem melhorar claramente o potencial de interação com os cidadãos ao nível da rua. A viabilização de espaços para pequenos negócios voltados para o dia a dia será uma prioridade e trará benefícios tanto para o ecossistema econômico quanto para a segurança na rua, uma vez que essas atividades têm horários complementares aos dos escritórios e proporcionam vigilância visual da rua.

Outros espaços que podem ser disponibilizados para criar um ambiente atraente para o empreendedorismo e a inovação são as instalações 7@. A câmara municipal dispõe de terrenos para iniciativas públicas, privadas ou público-privadas relacionadas com a atração de talentos, formação, pesquisa ou inovação, desde que cumpram os requisitos de planeamento urbano.

Ação 3.3 Promover a reciclagem de terrenos e espaços industriais não transformados

O 22@ Office irá promover e coordenar os diferentes programas relacionados com a ativação dos espaços desocupados que incentivem atividades econômicas, sociais e culturais, temporárias e permanentes, que estão sendo impulsionados por diferentes áreas da Câmara Municipal de Barcelona. A definição e a gestão dos diferentes projetos territoriais nas zonas 22@ de Poblenou devem prever na sua implementação, a promoção de programas municipais de ativação de parcelas não utilizadas, a transferência de espaços municipais ou os diferentes programas de promoção da economia cooperativa, social e solidariedade, entre outros. Esses espaços industriais não convertidos podem se tornar o centro de uma área dedicada à produção criativa, exibição e *marketing*.

Para prolongar a vida útil de determinados edifícios, os regulamentos terão que ser flexibilizados ou modificados para que os espaços industriais não transformados possam incorporar atividades não fabris em determinadas condições, tendo em conta os novos regulamentos e os programas municipais que são promovidos para esse efeito.

Ação 3.4 Transformar e gerenciar edifícios industriais consolidados

Edifícios industriais de grande porte apresentam uma casuística muito complexa, especialmente quando a propriedade é horizontal, as atividades e os usos díspares coincidem com necessidades, às vezes, muito diferentes. Por meio do 22@ Office, propõe-se a criação de uma linha específica para agilizar a transformação desses tipos de edifícios, tão característicos de Poblenou.

Será criado um censo consolidado de edifícios industriais e estudada sua estrutura acionária, bem como as atividades realizadas. Será analisado o seu grau de compatibilidade com a regulamentação urbana e serão definidas as estratégias de consolidação ou transformação a partir dos trabalhos realizados. Em coerência com o desdobramento da medida governamental de impulso das indústrias criativas, a participação do setor criativo na implantação das atividades em muitas dessas antigas fábricas (Can Illa, La Escocesa, Cal l'Alier, etc.) será promovida, o que pode tornar-se o eixo central de uma área dedicada à criação, produção, exposição e comercialização criativa.

Ação 3.5 Promover atividades e eventos de interesse especial

A câmara municipal retomará a iniciativa de promover atividades de impacto local, metropolitano e internacional no 22@ em colaboração com o ecossistema empreendedor e criativo do distrito. Essas atividades podem ser de promoção cultural, econômica ou atração de talentos internacionais, entre outras.

A par das modificações urbanas e do programa de reabilitação do patrimônio industrial, é necessário promover atividades de especial interesse (cultural, *maker*, cooperativa ou solidária) nas fábricas, nos armazéns e nos espaços públicos. As atividades culturais e determinados tipos de eventos que requeiram condições particulares devem poder ser promovidos e realizados em colaboração com as iniciativas das associações e dos grupos presentes no distrito.

Em particular, e com o objetivo de reforçar o *cluster* das indústrias criativas no distrito, será promovida a criação de um programa cultural específico para o distrito de Poblenou/22@ para aumentar o vínculo afetivo entre os cidadãos de Barcelona, as empresas e os residentes do distrito.

Por último, por meio do 22@ Office e com a colaboração da direção de promoção da cidade, serão promovidas no ações destinadas à promoção internacional de Poblenou e 22@ e à atração de talentos.

Linha 4 Cultura e patrimônio

Ação 4.1 Revisar a catalogação do patrimônio industrial de Poblenou

De forma a evidenciar o patrimônio industrial do distrito, deverá ser revisto o Plano Especial do Patrimônio Industrial de Poblenou, por meio de um processo aberto de participação do bairro e incorporando os últimos estudos elaborados. Essa revisão deve prever como critério a preservação do patrimônio histórico industrial na consideração do histórico e do paisagístico de Poblenou, além de um catálogo de peças isoladas. Do mesmo modo, essa revisão deve considerar a viabilidade das obras de reabilitação e as potencialidades de aproveitamento para evitar o abandono dos edifícios.

Ação 4.2 Promover a reabilitação do patrimônio industrial

Propõe-se a promoção de um programa de reabilitação que incentive o investimento privado no patrimônio industrial de Poblenou. A elaboração desse programa deve prever o estudo prévio do estado dos edifícios industriais para avaliar a sua situação. Serão analisadas diferentes linhas de financiamento, tanto públicas (programas europeus, estaduais, regionais e locais) quanto privadas, e definir estratégias que impliquem uma intervenção efetiva no patrimônio tombado para evitar sua degradação.

Ação 4.3 Continuar a recuperação da memória histórica de Poblenou

Para dar continuidade à filosofia inicial do Plano 22@ de recuperação do patrimônio cultural e social do distrito, propõe-se a promoção de um novo programa de memória histórica de Poblenou, o qual contribua para a difusão dos valores do patrimônio e da identidade do lugar. O programa deverá tornar visível e reconhecer socialmente a memória do bairro por meio de totens explicativos e dicionários geográficos, incorporando a perspectiva de gênero e o papel das mulheres de Poblenou. Se buscará encontrar um equilíbrio que permita o reconhecimento das toponímias originais sem abrir mão das novas, respeitando o nome do bairro por toda a região e identificando 22@ como a classificação urbana da antiga área industrial de Poblenou.

Ação 4.4 Preservar os valores da paisagem de Poblenou

Propõe-se o desenvolvimento de um guia de critérios de planejamento urbano e arquitetônico em Poblenou, a fim de estabelecer um conjunto de padrões de referência para novos empreendimentos que preservem o bom relacionamento entre os novos edifícios e os já existentes no local. Esses critérios garantirão que as novas edificações não desvirtuem a identidade do bairro e os valores paisagísticos do entorno, e que as edificações altas estejam integradas ao meio ambiente, não gerando impactos negativos.

Linha 5 Projetos singulares

Ação 5.1 Eixo Pere IV e a "milha criativa"

O eixo Pere IV é uma antiga estrada que foi construída antes da malha de Cerdà e tem potencial para se tornar um autêntico eixo cívico que fornece a espinha dorsal de Poblenou, da Carrer de la Marina à Rambla de Prim. Da mesma forma, este eixo tem uma alta concentração de elementos patrimoniais, especialmente em sua seção norte (de Can Ricart a Ca l'Illa). O eixo Pere IV se formula como eixo estruturante de

Poblenou, com grande potencial para desenvolver usos e atividades vinculadas ao patrimônio, à cultura e às indústrias criativas.

As ações de requalificação serão reforçadas com a recuperação e a reativação de elementos patrimoniais, como La Escocesa ou Can Ricart, que se somarão a outros já existentes (Oliva Artés, Ca l'Alier). A excepcional concentração do patrimônio industrial no trecho norte torna especialmente interessante a formulação conjunta de estratégias de intervenção urbana e promoção econômica em setores como as indústrias criativas.

Com o objetivo de promover um setor estratégico para a cidade como as indústrias criativas, a reconversão de espaços neste eixo será favorecida pela presença relevante e estável de oficinas, lojas e espaços de comércio criativo, com especial atenção aos produtos inovadores ou de origem e provenientes da produção industrial não seriada. O trecho norte, desde o Parque Central até Ca l'Illa ("a milha criativa"), pode se tornar um motor econômico e social para a transformação do chamado 22@ Norte.

O 22@ Office irá coordenar os diferentes agentes públicos e privados envolvidos, bem como as diferentes áreas municipais na definição do projeto e da estratégia para a sua implantação.

Ação 5.2 *Eixo Cristóbal de Moura*

Dados a sua largura excepcional dentro da rede de ruas dos bairros provençais e 22@, e o novo esquema de mobilidade do setor, a rua Cristóbal de Moura revelou-se ideal para configurar um eixo verde, já em construção, no setor 22@ Norte. A estrutura do imóvel, relativamente agregada, juntamente com o grande número de lotes vagos existentes, facilitam o desenho e a programação de um episódio de excelência urbana para avançar e mostrar de forma abrangente e conjunta um leque de soluções inovadoras nos seguintes domínios:

- Arquitetura: construir a área em torno do eixo com edifícios de excelência arquitetônica em termos de sustentabilidade e com tipologias inovadoras para oferecer soluções a desafios, como a crise climática ou que derivou da pandemia Covid-19.
- Mobilidade sustentável: melhorar a conectividade no transporte público e a mobilidade individual não motorizada. Critérios de eficiência também podem ser incorporados à micrologística (*e-commerce*).
- Ambiente e espaço público: propor um corredor ecológico com uma diversidade de espaços públicos para satisfazer as necessidades dos cidadãos de todas as idades.
- Energia: promover a produção e economia de energia renovável e eficiente em edifícios e espaços públicos, trabalhando com as sinergias de redes integradas (*smart grid*). Desenvolver a rede de produção centralizada de frio e calor.
- Tecnologia da informação: desenvolvimento de um ambiente urbano inovador em que sejam colocadas em prática tecnologias pioneiras, como a Internet of Things (IoT) ou 5G.

Propõe-se fazer do eixo de Cristóbal de Moura um exemplo urbano e tangível de muitos aspectos contidos na Agenda 2030, um polo de soluções integradas para a transição energética e resiliência contra as alterações climáticas e pandemias. Para tal, será necessário envolver os setores público e privado na sua construção, este último, tanto no domínio imobiliário como no domínio da inovação empresarial nas diferentes soluções. Esse projeto é também uma oportunidade para promover a implementação de empresas e serviços ligados à economia verde e circular, visando à criação de um *cluster* neste setor.

Ação 5.3   Palo Alto (incubadora de empresas criativas)

Nos últimos 25 anos, Palo Alto tem sido uma referência para o desenvolvimento da economia criativa da cidade. Desde a premiação a um grupo de empresários em 1993, os espaços do antigo complexo fabril da Pellaires foram convertidos em espaços destinado à residência de empresas da área criativa, foi construído um espaço emblemático de jardinagem e foram apresentados projetos culturais diversos.

Com o horizonte de um novo modelo de gestão público-privada, a Câmara Municipal quer manter a essência do projeto que se consolidou em Palo Alto, criando uma incubadora de novos talentos e projetos criativos, garantindo a formação de futuros criadores ampliando a capacidade do recinto para dinamizar o bairro culturalmente. Para a concretização desses objetivos, pretende-se dotar o projeto de uma governança que integre de forma adequada a dimensão pública dos espaços e uma gestão sociedade com real capacidade de expandir e consolidar o que foi feito até agora e, ao mesmo tempo, buscar novos objetivos de maior ambição social, cultural e econômica.

O programa para esta nova etapa será construído em torno de quatro eixos:

- Residência temporária para projetos de "tratores" e incubadora de empresas do setor de *design* e criação.
- Espaço de criação artística e cultural.
- Programa aberto de atividades no bairro.
- Preservação do patrimônio industrial e manutenção do seu ecossistema ecológico.

Ação 5.4   Can Ricart e o Parc del Centre del Poblenou

Foi proposto redefinir o Parc del Centre del Poblenou para que, juntamente com as ações de Can Ricart, se tornasse um ponto de referência central em Poblenou, e especificamente na área 22@. A ação deve incorporar tanto medidas para aumentar a permeabilidade desse espaço público entre Can Ricart, o parque e o eixo Pere IV, quanto medidas para torná-lo mais dinâmico.

O espaço público passa a ser um elemento de grande relevância para o bom funcionamento da cidade. Os espaços públicos presentes na área 22@ costumam ser residuais ou não têm boa relação com o meio ambiente, como é o caso do Parc del Centre del Poblenou. É difícil encontrar peças memoráveis que estruturem o escopo e deem a ele uma identidade poderosa. Nesse sentido, serão feitos trabalhos para reforçar a continuidade da Carrer de Pere IV ao passar pelo Parc del Centre.

Ação 5.5   La Escocesa

La Escocesa é um dos poucos recintos industriais constituído por um conjunto de peças articuladas em torno de espaços vazios, com grande potencial para valorizar o verde e o espaço público do ambiente. O ambiente é constituído por vários edifícios, com diferentes características e qualificações urbanísticas, podendo potencialmente incorporar um programa misto, com equipamentos, atividade econômica e habitação. A reabilitação do complexo fabril La Escocesa foi proposto para torná-lo o epicentro da transformação do novo eixo Pere IV em seu trecho norte, junto com Palo Alto e Can Ricart.

Uma parte de La Escocesa é hoje uma "fábrica de criação" dentro do programa promovido pelo Institut de Cultura de Barcelona (ICUB). São espaços inovadores e multidisciplinares que oferecem recursos, ferramentas e serviços para que criadores e artistas realizem as suas criações. Para além da sua utilização atual como fábrica de criação, são identificadas outras utilizações potenciais, como habitação para arrendamento público, atividade econômica (incubadora de *startups*), espaços compartilhados de economia solidária ou instalações para a economia e comércio local.

O 22@ Office trabalhará para identificar os investimentos necessários para fazer frente às ações em relação aos usos que serão implantados.

Conclusões sobre a evolução do Projeto 22@Barcelona

O 22@ Barcelona é um *case* que mostra a criação de uma ecologia de inovação em uma cidade baseada em políticas públicas. O projeto de estratificação em *hard factors, soft factors, company and talent*, vertical integrado pela governança, estabeleceu um modelo que pode ser exportado para outras cidades.

Na *hard factors*, a gestão urbana e o desenvolvimento de infraestruturas e edifícios como plataforma foram constituídos para criar uma combinação de utilizações econômicas e sociais. Em s*oft factors*, uma ecologia de inovação promove ciência-tecnologia--indústria-mercado com uma estratégia em *clusters* urbanos gerando externalidades em empresas e instituições instaladas. Uma ecologia em que a demanda está incluída e é uma plataforma de inovação aberta. Uma zona empresarial que reúne promoção internacional para a localização de empresas e novos empresários que nascem e crescem no bairro. Um distrito de talentos, onde novas gerações de talentos combinados com talentos internacionais são criadas e desenvolvidas.

O processo de comunicação tem sido um projeto fundamental. Desde a constituição da marca (22@) até as aparições nas mídias, é usada uma estratégia de comunicação para posicionar o programa de forma local e internacionalmente. Do ponto de vista internacional, o 22@ foi um projeto histórico visitado por centenas de delegações e é um modelo de inspiração. Mas o desafio de cada cidade é encontrar o seu próprio 22@, que maximize seu patrimônio e articule uma estratégia inteligente para gerar o melhor desenvolvimento econômico e social.

Universidades, empresas e sociedade civil de diversas áreas assinaram em 2018, com a Câmara Municipal de Barcelona, o documento que estabelece os critérios a seguir para continuar a desenvolver o 22@ numa nova perspectiva, com novas regras e com novos objetivos estratégicos. Essas entidades assinaram um roteiro para um 22@ mais integrado no bairro de Poblenou, mais inclusivo e sustentável.

O "Pacto para um Poblenou com um 22@ mais inclusivo e sustentável" é um acordo sobre como abordar o futuro do 22@Barcelona e, desta forma, culminar uma análise profunda e certificada da jornada desde o início do 22@, no que funcionou ao longo dessas quase duas décadas e o que não avançou, e assegurar tudo em relação à realidade atual, aos novos tempos e às novas necessidades.

Para coordenar todos esses campos de atuação, surge a necessidade da criação de uma nova entidade gestora pública e municipal, com um gabinete técnico situado precisamente num dos espaços que deverão tornar-se o centro nevrálgico e referência da inovação, o Barcelona: MediaTIC.

O governo municipal criou, em março de 2017, a Comissão de Coordenação 22@, órgão o qual participam todas as áreas municipais envolvidas no projeto. Derivada dessa comissão, em junho de 2017, foi constituída a Comissão Expandida 22@, cujo principal objetivo é trabalhar para o futuro do projeto 22@ e que ele se enquadre no bairro Poblenou. Esta comissão reflete uma quádrupla hélice: cidadãos (Federació d' Associacions Veïnals de Barcelona [Favb)], Pere IV Axis Table); o mundo dos negócios (22@ Network, Poblenou Urban District); as universidades (Universitat de Barcelona [UB], Universitat Politècnica de Catalunya [UPC] e Universitat Pompeu Fabra [UPF]) e a câmara municipal. Essa comissão, promovida pela câmara municipal, com o objetivo de recuperar a liderança pública do projeto, efetuou uma análise técnica e acadêmica da situação do 22@. Paralelamente ao funcionamento dessa comissão, entre setembro de 2017 e julho de 2018, foi realizado o processo participativo "Vamos repensar o 22@", liderado pela câmara municipal, contando com cerca de mil residentes participantes.

O documento firmado, constituindo um acordo formal, por meio da respectiva apresentação, votação e aprovação em plenário da Câmara Municipal de Barcelona, é o novo roteiro para o futuro desenvolvimento do 22@.

CASE II – Gran Pacto por La Innovación Medellín

Antecedentes históricos e contexto

Medellín é uma cidade colombiana que completa 343 anos em 2021. Uma fundação tardia se comparada aos principais centros urbanos da colonização espanhola em toda a América.[1] Sua área metropolitana tem uma população de cerca de 4 milhões de habitantes localizada em El Valle de Aburrá, a 1945 metros acima do nível do mar.

A cidade teve origens econômicas ligadas à exploração do ouro, principalmente à extração de veios na região a que pertence, e da qual é capital do estado da Antioquia. Isso forçou a implementação de novas tecnologias, o desenvolvimento de novas habilidades

FIGURA 3.2 Registros da visita ao edifício sede da Ruta N.
Fonte: Arquivo pessoal de Luís Villwock, Missão Medellín (dez. 2018).

---

[1] Bogotá, capital da Colômbia, completou 483 anos em 2021.

entre seus habitantes e até estimulou a imigração europeia de engenheiros para aquela região.

Esses e outros fatores levaram à subsequente criação da primeira faculdade de engenharia da Colômbia;[2] em Medellín, a primeira escola de artes e ofícios, e algumas décadas depois, a maior empresa do país, criada no século XVIII, La Mina el Zancudo, promovendo desde Medellín a entrada tardia da Colômbia na Revolução Industrial, antes do final daquele século.

No período federal do país, 1863 a 1886, o estado da Antioquia investiu significativamente em educação, em termos comparáveis com outros territórios, e até financiou o envio de alunos destacados para estudar em outros países. Essas atividades, somadas à cafeicultura, promoveram a criação de setores fortes voltados ao comércio, a atividade bancária, a atividade industrial e os serviços especializados, o que fez Medellín ter sua primeira época áurea do empreendedorismo entre 1890 e 1930.[3]

Nesse período, duas grandes e inovadoras obras de engenharia local permitiram um salto muito apreciável na região. Em 1895, por meio da Ponte Pênsil do Oeste, de grande extensão para aquela época no mundo, foram conectadas as duas metades de Antioquia separadas pelo segundo maior rio do país: o rio Cauca. Então, em 1927, o túnel La Quiebra deu a Medellín acesso ao rio Magdalena, o maior do país, pela primeira vez por meio de uma conexão ferroviária. Desta forma, Medellín, rodeado por altas montanhas, se conecta ao mundo pela foz deste rio no Oceano Atlântico.

Embora as cidades mais importantes do mundo tenham sido construídas de frente para o mar, isso não acontecia com a maioria das grandes cidades colombianas que estão muito longe dos portos e separadas deles por difíceis estradas de alta montanha. Eles estão em desvantagem, apesar de a Colômbia ter dois mares, o Atlântico e o Pacífico.

Possivelmente, a localização geográfica do país levou os primeiros colonizadores a buscarem localizar-se nas montanhas para evitar o terrível impacto das doenças tropicais típicas das terras baixas, com temperaturas e umidade excessivamente incômodas.

Em 1940, Medellín era a capital industrial da Colômbia, nas décadas seguintes se posicionou como uma referência para a indústria têxtil na América Latina, apesar de seu isolamento marítimo. A cidade vinha crescendo de forma acelerada[4] e muitas pessoas estavam integradas à economia de regiões rurais periféricas. A cidade oferecia melhorias significativas em sua qualidade de vida e novos cidadãos da cidade em crescimento.

A partir dos anos 1960 e 1970, começou a ficar evidente que a cidade não se atualizava, que se contentou com o sucesso do passado. O mundo se transformou dramaticamente e a cidade não estava preparada para essas mudanças. Os problemas sociais se acumularam rapidamente e os cinturões periféricos de miséria estavam evidentes nas montanhas do vale em que a cidade era localizada.

---

[2] Inicialmente foi a Escola de Engenheiros Militares fundada por El Sabio Caldas em Rionegro, Antioquia, em 1814. Em seguida, foi transferida para Medellín e posteriormente tornou-se a Universidade de Antioquia.

[3] Muitas grandes empresas ainda hoje vigoram e até mesmo multinacionais atuais foram criadas naquele período. Podemos citar outras: Fatelares, Postobon, Coltejer, Bancoquia, El Colombiano, Noel, Coltabaco, Fabricato, Café la Bastilla, Nacional de Chocolates (Nutresa), Cervecería Unión, Cine Colômbia.

[4] Em menos de 50 anos, Medellín passa de 50.000 a 400.000 habitantes. De uma pequena para uma grande cidade.

Nas três décadas seguintes, Medellín viveu seus momentos mais sombrios. No ano 2000, chegou-se a um consenso global de que a cidade era inviável e que as forças do terrorismo, do crime e do narcotráfico destruíram Medellín.

Buscando recuperar a capacidade de trabalho em conjunto, bem-sucedidos em tempos passados, e quase como um último esforço, os componentes públicos, privados e cívicos da cidade que ainda não a haviam abandonado, decidiram agregar e aplicar novos conceitos, criados por moradores dessas organizações, mecanismos originais para recuperar a cidade.

De forma impressionante, em 2010, a cidade estava totalmente diferente. Embora ainda persistam grandes problemas, a situação geral é outra e a sociedade compreendeu o valor de inovar, criar e implementar as soluções que ela mesma requer, aplicando-as para demonstrar o seu valor social, aumentando a qualidade de vida dos seus habitantes. O valor da união, de um pacto de vontades, é redescoberto pela sociedade e começa a ser instalada uma mudança cultural de dimensão apreciável, no sentido da inovação.

Talvez relembrando tempos passados, em 2003, a sociedade teve a educação como o pilar inicial da mudança. Em 2004, a transformação em curso da cidade gerou um exercício de repensar o modelo de crescimento socioeconômico que a sociedade necessita para as décadas subsequentes.

O Centro de Ciencia y Tecnología de Antioquia: CTA & Proantioquia[5] realizou junto com a Fundación ECSIM (Centro de Estudos en Economia Sistémica) (**Figura 3.3**), um estudo prospectivo apoiado pela prefeitura, governo do estado, câmara de comércio de Medellín e Departamento Administrativo de Ciencia, Tecnología e Innovación (Colciencias),[6] que mostrava que o melhor cenário seria uma abordagem da Ciência, Tecnologia e Inovação (CT+i).

No mesmo ano, foi criada uma instituição baseada na tripla hélice, que sobrevive até hoje, o Comité Universidad Empresa Estado (CUEE). Ele tem sido um elemento-chave na integração da sociedade em torno dessas questões.

Como um dos resultados do trabalho do CUEE foi criado, em 2007, por várias universidades públicas e privadas, o Tecnnova Corporation, com o objetivo de melhorar os processos de transferência de tecnologia entre empresas e universidades.

Em 2008, a administração pública complementa o foco inicial na educação e também lidera as questões do empreendedorismo. Na ocasião, a Câmara de Comércio promoveu outros aspectos associativos: os *clusters* que deram origem ao "Movimento dos *Clusters* da Cidade de Medellín" em 2009, colocando em prática as recomendações do Estudo Monitor de 1995.

Em 2010, iniciaram as atividades da **Corporación Ruta N**. "Pode-se empreender sem inovar, mas podemos inovar sem empreender." Desta forma, a inovação passa a ser o elemento-chave em que se centra a Ruta N. A quem cabe a responsabilidade de contribuir para a melhoria da qualidade de vida a partir do aumento da inovação no território.

Em 2011, a Ruta N convocou mais de 250 líderes municipais para concretizar, por meio da construção coletiva, o primeiro Plano de Inovação em Ciência e Tecnologia da

---

[5] *Think and action tank* da região.
[6] Hoje convertido em Ministério de Ciência, Tecnologia e Inovação da Colômbia.

FIGURA 3.3 Primeira aproximação de uma agenda de inovação e desenvolvimento científico e tecnológico para Medellín e Antioquia.

cidade de Medellín.[7] Em 2012, passou a ser política pública por meio do Convênio 024 daquele ano, na câmara de vereadores. O plano inclui os objetivos CT+i para Medellín até 2021, atribui à Ruta N a responsabilidade pela execução do plano e designa recursos a cada ano de transferências da empresa de serviços públicos da cidade (EPM, Empresas Públicas de Medellín) para financiar sua execução.

A inovação é um esporte de contato, um "vírus" que se transmite de pessoa para pessoa. As cidades podem ser mais inovadoras se os seus espaços, as suas infraestruturas urbanas, os seus sistemas de transporte de massa promovem ou não esses encontros. Ciente disso, a Ruta N, em 2012, lançou também uma estratégia de apropriação da inovação para o espaço físico e para o território, com o objetivo de promover o ecossistema da cidade. Seus projetos são baseados na experiência de Boston e especialmente na bem-sucedida iniciativa 22@ em Barcelona, que lhe permitiu aprender com o avanço dessa sociedade.

Em 2013, a equipe do Plano CT+i da Ruta N avaliou várias cidades referência em inovação no mundo, para saber se elas possuíam indicadores de inovação adequados para gerir a sua evolução. Acordos foram assinados e missões foram enviadas a vários locais para avaliar esses processos em detalhes.

---

[7]O primeiro de uma cidade na Colômbia e possivelmente um dos primeiros no continente.

Percebe-se que a grande maioria não utilizava indicadores e que os utilizados até então eram considerados inadequados: muitos são apenas associados à ciência e à tecnologia, e não eram criados para medir as atividades de inovação de forma concreta.

Além disso, a maioria deles era definida e avaliada para países e não para cidades,[8] sendo considerados indicadores adequados para o século XX, não para o século XXI.

Apesar de já haver um amplo consenso de que o futuro pertencia às cidades e não aos países, verificou-se que a maioria das cidades não avaliava de fato sua evolução concreta em inovação. Também foram descobertas experiências valiosas de vários territórios, elementos importantes para definir os indicadores e a forma adequada de medi-los no futuro em Medellín.

Então, ao ver alguns valores numéricos na análise desses indicadores, e na comparação entre as regiões e países que são referência, com relação aos que não conseguem avançar nesses assuntos, a gestão do Plano CT+i de Medellín da Ruta N concluiu (2013) que deveria ser criado e promovido um **Pacto pela Inovação em Medellín**.

Quem muda a inovação em um território?

É uma pergunta simples, que costuma ter uma resposta típica na Colômbia e em muitos países em geral: o responsável é o governo. É muito comum ouvir que o Estado é o responsável pelos maus resultados, pois não investe o suficiente. Essa pergunta e sua resposta são especialmente relevantes quando um território vai deixar de ter pouca capacidade de inovação da ciência e da tecnologia, para tornar a inovação a maior força transformadora de sua sociedade.

Na velocidade em que o mundo está mudando hoje, também não é possível parar e esperar que isso aconteça por uma cadeia de acontecimentos fortuitos, como pode ter acontecido em outros lugares do mundo.

A Ruta N foi criada justamente para fazer uma mudança significativa acontecer. A análise de todos os dados mostrou claramente que nas regiões avançadas no mundo, era o setor privado que liderava o investimento, e não o setor público. Esse padrão era totalmente contrário ao de Medellín, da Colômbia e da região em geral, o que indicava que talvez as políticas públicas estivessem erradas em seu ponto central nas últimas décadas.

A equipe da Ruta N então projetou uma nova rota exponencial[9] de impacto. A ideia era a criação de novos mecanismos para aumentar de forma diferente o investimento em ciência e tecnologia, em particular a partir das empresas; também, deve considerar se o investimento foi adequadamente gerido, permitindo um aumento na inovação no

---

[8] Alguns países estão altamente concentrados em suas capitais (alguns são muito pequenos), e seus indicadores de país funcionam muito bem como indicadores de cidades ou regiões. São espécies de cidades-estado que também podem criar estratégias de inovações do tipo cidade que impulsionam todo o país. Este não é o caso da Colômbia, onde existem 15 cidades bem acima de meio milhão de habitantes e cinco acima de 1 milhão de habitantes.

[9] O nome da corporação é Ruta N justamente para denotar que exponencialmente a inovação deveria se tornar o norte da sociedade, e que também teria resultados concretos no norte físico da cidade, para que pessoas em áreas mais marginalizadas pudessem ter maiores possibilidades econômicas. Também por isso, lá é a sede da corporação.

território. Se a inovação for corretamente focada, deverá contribuir substancialmente para o aumento da qualidade de vida dos habitantes da cidade.[10]

A Ruta N inicialmente se apoiou na estrutura de qualidade de vida da OCDE (Organização para a Cooperação e Desenvolvimento Econômico) como uma referência para esse objetivo. Embora a inovação seja transversal e possa melhorar suas 11 dimensões no índice para uma vida melhor,[11] a primeira etapa teve como foco priorizar o impacto direto em emprego, renda e educação.

Nos últimos anos, no âmbito da OCDE, a cidade integrou com a metodologia dos objetivos de desenvolvimento sustentável (ODS). Mais uma vez, buscou-se uma ação transversal para todos eles, conforme preconizado pelos próprios ODS, mas seu foco principal estaria nos ODS 8, 9, 10 e 11.[12]

Em que investir e como medir corretamente o investimento

Definido o caminho estratégico exponencial, ficou claro para a equipe da Ruta N que deveria haver indicadores, medidas numéricas[13] que avaliariam adequadamente três elementos para a cidade:

- Quanto investimento está gerando para encorajar mais inovação.
- Quanta inovação foi assim criada.
- Que aumento na qualidade de vida se produziu a partir das inovações geradas.

Foi definido pela Ruta N que as medidas deveriam ser feitas para a cidade[14] e que deveriam, na medida do possível, ser realizadas por entidades idôneas, externas à sociedade, para aumentar a viabilidade e credibilidade dos seus resultados.

Um aspecto ficou pendente: o que deve ser alterado em relação às medidas existentes e quais indicadores devem ser criados para melhor gerir o cumprimento dos objetivos pretendidos?

---

[10]O modelo selecionado não buscou se tornar um novo "Vale do Silício" ou demonstrar seus resultados com a criação de unicórnios, prêmios Nobel ou similares, pois isso não garante benefícios reais no aumento da qualidade de vida da população da cidade. Foi orientado para a obtenção de mais empregos e de melhor qualidade, aumentando os rendimentos dos cidadãos e produzindo novas soluções para os seus antigos e mais críticos problemas. No entanto, se o modelo proposto for mantido adequadamente por longos anos, certamente também produzirá esses outros tipos de resultados no futuro.

[11]Mais informações, consulte ORGANISATION FOR ECONOMIC CO-OPERATION AND DEVELOPMENT. Better life index. [c2022]. Disponível em: http://www.oecdbetterlifeindex.org/. Acesso em: 14 fev. 2022.

[12]Desde a sua criação, a Ruta N foi uma agência de inovação pública, voltada para a missão. Nos últimos anos, isso se tornou mais explícito e se concentrou em definir com a sociedade as missões (inovações transformadoras, diriam outras correntes mundiais), nas quais enfocaram o efeito das inovações produzidas pela sociedade de Medellín na década entre 1920 e 1930.

[13]Na América Latina temos sido geralmente muito bons em declarações e não em ações, podemos ainda ser muito expressivos, mas não muito hábeis em medir e gerir de forma concreta até alcançarmos os objetivos propostos.

[14]Uma agência de inovação deve ter indicadores de resultado e não de ação. Muitos deles continuam medindo o que fazem, quando a única coisa importante é o que fazem acontecer em sua sociedade.

Indicadores da cidade

Dada a divisão política da Colômbia, todas as medidas e indicadores oficiais são para estados e não para cidades. A Ruta N fez alianças com as apropriadas entidades para obter esses números oficiais para a cidade de Medellín. Por exemplo, com o Observatorio Colombiano de Ciencia y Tecnología (OCyT), que é a entidade independente que avalia os resultados dos investimentos em ciência e tecnologia, obteve números sobre o tamanho da economia em todas as regiões da Colômbia.

Historicamente, pensava-se que bastaria aumentar o investimento em pesquisa e desenvolvimento (P&D) sobre o tamanho da economia de forma que se igualasse ou aumentasse os valores aplicados em regiões líderes no mundo, mas a Ruta N considerou que, embora fosse necessário, não era suficiente.

Todos os territórios do mundo já estão imersos em uma era do conhecimento, em meio à quarta revolução industrial, que não só devem ser investidos recursos para gerar novos conhecimentos (P&D), mas também investir no desenvolvimento das atividades para que esse novo conhecimento seja aplicado de forma a gerar valor mensurável e, assim, transformá-lo em renda e bem-estar para a sociedade (transformá-lo em inovação).

É preciso investir na geração de novos conhecimentos em relação ao tamanho da economia, I&D/PIB (investigação e desenvolvimento/produto interno bruto),[15] e também é importante garantir que o conhecimento não fique morto, inativo e passe rapidamente a se transformar em serviços, produtos, mudanças na forma de solucionar problemas em todos os tipos de organizações, inclusive os da administração pública.

Isso só pode ser alcançado com investimento e também com atividades de educação, criação de talentos adequados, treinamento, *marketing*, vendas, proteção da propriedade intelectual e outros, como investimento em ciência e tecnologia e atividades de inovação no tamanho de sua economia: ACT/PIB (Actividades de Ciencia, Tecnología e Innovación/produto interno bruto).

Nos últimos anos, países, empresas, centros de pesquisa e universidades produziram novos conhecimentos no mundo. Hoje, o elemento-chave para países e empresas está em aplicar melhor e mais rapidamente todo o conhecimento disponível no mundo, independentemente de onde foi criado, e não tanto em focar na criação e/ou proteção de sua propriedade intelectual.[16]

A velocidade com que novos conhecimentos estão sendo criados e disseminados está tornando muito difícil, ou quase impossível de fazer cumprir a proteção à propriedade intelectual. É melhor criar conhecimento, aplicá-lo e tirar vantagem competitiva das inovações criadas.

---

[15] Nem toda inovação vem de novos conhecimentos gerados em ciência e tecnologia, mas a maior parte é gerada dessa forma. Portanto, investir nessas questões é a única forma estrutural de garantir que seu número e impacto em uma região aumentem com o tempo.

[16] A Ruta N considerou muito importante o trabalho de promoção da propriedade intelectual e implementou, em poucos anos, estratégias que melhoraram significativamente essa área na cidade, mas este não foi considerado um elemento-chave da estratégia de mudança CT+i, e sim um resultado/um sintoma disso.

É um erro medir apenas o investimento em P&D

Por essas razões, o indicador de investimento em P&D, talvez no passado, era suficiente para saber como a sociedade se preparava para o futuro. Hoje, talvez não seja mais. Esse indicador permanece muito importante, mas no presente momento é muito mais significativo medir também todas as atividades de CT+i (ACTI), uma vez que inclui não só a medida do valor investido em P&D, mas também adiciona componentes-chave do investimento que são necessários à sua aplicação (gerando valor comprovado), a partir dos novos conhecimentos já criados.

A Ruta N considerou imprescindível que o investimento em P&D crescesse de forma significativa em poucos anos, mas que um montante semelhante fosse investido em ações que permitissem a sua aplicação e que este novo conhecimento se transformasse em inovação. Dado que, tecnicamente, o investimento em P&D está incluído na mensuração do investimento do ACTI. A proporção escolhida como objetivo foi a seguinte: Investimento no ACTI = 2 vezes o investimento em P&D (se possível este último seria a metade). Metade do investimento seria para estimular a criação de novos conhecimentos e a outra metade, para conseguir sua transformação em inovação.

Em uma região ou cidade é preciso gerenciar ambos os indicadores e garantir que se tenha possibilidade tanto de crescer de modo contínuo, ano após ano, quanto de ter crescimento da economia considerando a comparação com o investimento regional, com o realizado no mundo e ainda com aqueles realizados pelos rivais em mercados globais.

Recursos de capital de risco

Outra decisão da Ruta N foi simultaneamente medir e impulsionar um aumento significativo do capital disponível na cidade. Nos tempos atuais, a tríplice hélice se expandiu e ganhou uma nova dimensão: o cidadão. Para os objetivos da cidade/região não basta hoje ter mudança nas organizações especializadas, nas universidades, na empresa e no governo. Na medida do possível, deve haver envolvimento e mudança significativa na atitude de cada cidadão para, assim, alcançar os objetivos desejados.

Quando se quer passar de uma economia tradicional para uma economia fundamentada no conhecimento, o empreendedorismo com base na inovação é tão ou mais estratégico do que a inovação que pode ser gerada em empresas estabelecidas e/ou nas universidades. Se não há aumentos significativos no número de empreendedores, a transformação nunca acontece e mesmo que as empresas tradicionais aumentem o seu nível de inovação, isso só adia a necessária transformação de toda a sociedade.

O indicador escolhido pela Ruta N para gerir este outro aspecto foi a medida de investimento em recursos de capital de risco inteligente, disponível para as pessoas na cidade.

Um pacto, a política pública necessária

A Ruta N já tinha uma cadeia estratégica definida mostrando que o objetivo principal deveria estar focado em aumentar o investimento para ativar toda a cadeia. Também havia sido definido como medir adequadamente essa mudança, com três novos indicadores e, assim, ser capaz de gerenciá-los por anos e décadas, até que os objetivos desejados fossem alcançados.

As metas a serem atingidas estariam harmonizadas em reduzir de maneira gradativa a distância com os valores médios desses indicadores em relação às principais regiões do mundo até 2021, e tentando superá-los até 2030.

Era certo que o setor público deveria aumentar seu investimento a cada ano, mas o ponto-chave não estava aí, mas sim em fazer o setor privado assumir a maior parte dessa mudança. Surge no interior da Gestão do Plano CT+i na Ruta N a proposta de criar um Pacto pela Inovação que velasse ao êxito a quádrupla hélice da cidade.

Como conseguir uma mudança na liderança

O problema da ciência, tecnologia e inovação não é um problema de recursos, é um problema de liderança. Não é um problema do Estado, é um problema da nação, da sociedade como um todo.

Esse problema não se soluciona gastando os recursos públicos disponíveis em CT+i para fazer novas "coisas", mas usando-o para articular que a rede pública empurre toda a sociedade para resolvê-lo e que ela mesma dê o exemplo em todos os níveis, por meio de uma liderança que deve partir do presidente do país ou do prefeito da cidade.

Por tudo isso, essa situação não se resolve criando um ministério ou de uma nova secretaria, como quase todos os prefeitos pensam. Mas se a estratégia adequada for aplicada, uma nova área pode ser muito efetiva nesse aspecto, se for decidida a orientar e articular essa mudança e não simplesmente realizar programas como qualquer outra instituição do ecossistema.

O maior efeito de um líder político não está focado nos recursos destinados a serem gastos em ciência, tecnologia e inovação, mas na capacidade de inspirar a sociedade para trazer mudanças significativas e que a inovação seja utilizada de forma transversal em toda a sociedade.

A análise da equipe Ruta N mostrou conclusivamente que as regiões que mais avançaram em ciência e tecnologia no passado não eram aquelas que tinham conseguido a maior parte do investimento em atividades de P&D, mas as que tinham investido em transformar o conhecimento adquirido em inovação. Tudo isso dando aos cidadãos ferramentas de capital de risco para empreender em empresas apoiadas em novas inovações criadas.

O papel de uma agência de segundo nível em um pacto

Quanto à Ruta N, se tinha claro que se desejava uma corporação pública sem fins lucrativos, mas também independente da administração pública local, embora sem dúvida com uma ação muito coordenada com ela.

Os ecossistemas de inovação são constituídos por várias instituições da chamada quádrupla hélice: a universidade (toda a estrutura educacional), a empresa (qualquer organização não pública), o estado (em qualquer nível) e o cidadão.

Se é desejável que o ecossistema alcance melhores resultados, é preciso estimular, motivar e articular esses atores para que assumam uma atitude diferente, se comprometam em alcançar, manter e aumentar esses resultados ao longo do tempo (criação de uma nova cultura de inovação na cidade). Não basta que alguém acredite que pode dar uma ordem.

É recorrente ver um ator público local ou nacional cometendo este duplo erro. De um lado, acreditando que ele deve resolver as deficiências sozinho, por outro lado, pensado que os recursos monetários que fornece lhe dão o direito de dar ordens aos outros atores do ecossistema.

O termo ecossistema é "emprestado" da biologia precisamente porque nele os atores têm outros tipos de relações e ninguém está no controle. Ninguém vai ordenar às formigas o que fazer em cada momento, e se são muitas ou estão muito repetidas, ninguém toma medidas para reduzi-las ou eliminá-las.[17]

Em qualquer atividade de inovação, a confiança é um requisito inicial fundamental entre todos os envolvidos. A Ruta N deixou claro que uma de suas obrigações era se tornar um ator altamente confiável. Sendo público (que pertence a todos), sem fins lucrativos (apenas olhando para o benefício geral), devia então trabalhar duro e de forma decisiva para ganhar essa confiança com resultados, e observar a partir de um "segundo andar" como estavam os quatro atores do "primeiro andar". Assim, é possível semear no primeiro andar novos elementos que vão estimular o ecossistema a corrigir as deficiências.

Desta forma, a Ruta N poderia determinar precisamente como motivá-los, articulá-los, catalisar suas ações e até mesmo introduzir elementos que faltam no ecossistema (em comparação com o funcionamento do ecossistema em outras geografias), essenciais para alcançar os objetivos definidos pela sociedade, e também obter o nível de maturidade necessário do ecossistema de Medellín.

Esse modelo, então, leva a um ator público especializado, como uma agência de inovação, que deve garantir que toda a rede pública entre no pacto, entenda muito bem que é apenas mais um ator, se comprometa com objetivos comuns e não tente assumir qualquer posição de superioridade. O ator público tradicional não deve ser juiz e parte.

Se a área de desenvolvimento econômico de uma administração municipal ou de um ministério tenta controlar tudo a partir de sua ação, seus resultados estão condenados ao fracasso, primeiro porque a confiança não se conquista emitindo uma ordem, ou "ordenando" aos atores os recursos que vão entregar, e segundo que esse procedimento raramente compromete os demais atores a realmente alcançarem os objetivos previstos. Esta forma de atuar é limitada, porque o maior orçamento público possível, sempre será muito pequeno se realmente se deseja uma mudança de toda a sociedade, que seja apreciável e sustentável, por anos e décadas.

Na teoria econômica está muito claro que investimentos bem administrados em ciência, tecnologia e inovação mudam para melhor o destino de muitas sociedades, porém, somente se os investimentos forem mantidos por muitos anos, por várias décadas. Esse processo é chamado de economia de aglomeração, que, ao manter-se o

---

[17] Alguém mencionou com razão que uma agência de inovação é como o pastor de um enorme "rebanho" de gatos. O pastor deve levá-los onde precisar, mas cada gato fará o que quiser a seu tempo.

investimento ao longo do tempo, pode-se conduzir uma região até o ponto em que ela se sustenta e continua a crescer exponencialmente.

Cabe destacar que um pacto pela inovação deve alcançar resultados duradouros por muitas gerações, enquanto o ator público tem apenas objetivos entre as eleições.

2014: o pacto pela inovação é lançado

Uma vez gerenciados todos os fatores anteriores, a Ruta N sabia que era sua responsabilidade liderar a mudança para aumentar as variáveis na cidade e assim alcançar os objetivos desejados. Tudo isso por meio de indicadores numéricos, geridos por entidades idôneas e terceiros, que precisavam garantir a imparcialidade das suas medidas.

É preciso reconhecer que propor um pacto não é exatamente a ideia mais criativa. Pactos foram lançados em todos os lugares, para quase tudo que se possa imaginar. Da mesma forma, quase todos eles falharam e foram rapidamente esquecidos. Assim, a primeira parte foi então convencer a própria corporação, todos os seus diretores e seu conselho de administração. A meta exata do pacto para 2015 teve que ser acertada[18] em seu primeiro ano e nos anos subsequentes até 2021.

A próxima tarefa para a Ruta N estava associada à obtenção de apoio dos líderes-chave da quádrupla hélice de Medellín para que tivessem a oportunidade de conhecer a estratégia do plano e, consequentemente, se comprometessem a promovê-lo de modo público e permanente, a partir do lançamento do pacto em si. Os diretores da Ruta N fizeram seu trabalho muito bem e o envolvimento da maioria das figuras-chave necessárias foi alcançado.

Compromissos na assinatura do pacto pela inovação

O desenho do pacto desenvolvido pela Ruta N foi feito de forma que o compromisso de assinatura fosse simples, fácil de entender por qualquer pessoa, mas que fosse tão potente que seu efeito combinado tivesse um grande impacto na geração de inovação em toda a sociedade.

Assim, quem assinou, uma pessoa[19] ou uma organização, basicamente deveria estar comprometida com o seguinte:

- Declarar a inovação como sua prioridade estratégica.
- Medir seu investimento anualmente em atividades de inovação.
- Comprometer-se em investir mais a cada ano do que no ano anterior.

---

[18]Há algo de peculiar na América Latina: em quase tudo, há indicadores a cumprir e, em geral, são cumpridos; mas se um novo indicador é proposto, quase todos entram em pânico; raramente é possível criar um indicador e este só é aceito se for muito fácil de cumprir. É um dos maiores problemas: a incapacidade de pensar grande. É melhor falhar tentando alcançar no que é certo (só o progresso já justifica o esforço), do que ter sucesso em algo que não terá nenhum efeito importante na mudança da sociedade.

[19]Sendo o cidadão um elemento-chave na mudança das cidades, o pacto foi aberto simbolicamente às pessoas, pois, ao assinarem, criaram um compromisso de mudança de atitude em relação à inovação, primeiro passo necessário para uma transformação cultural massiva na região.

O pacto é assinado pelos representantes legais das organizações, que, ao concordar com o ponto (a) devem certificar-se de que todos os seus grupos de interesse, e principalmente seus acionistas, estão de acordo com ele. O verdadeiro objetivo era conseguir uma ampla divulgação da importância da inovação para o futuro de cada organização, e estimular esse tipo de discussão seja do seu interesse; (b) sendo consequência do primeiro, não pode declarar algo vital para sua organização e não medir o investimento que se faz em cada período de tempo e seus resultados. Assim, cada empresa deveria criar mecanismos de medição e gestão de seus indicadores; e (c) cada organização deveria investir um valor que considerasse adequado, desde que se comprometesse a aumentar esse valor a cada ano. Claro que, se houver investimento, é preciso medir também os resultados obtidos e garantir que esses investimentos gerem novos benefícios para os seus acionistas; caso contrário, não será possível justificar o aumento desse investimento nos anos subsequentes.

De alguma maneira, estava claro no pacto de que o problema de uma organização para se deslocar de não inovadora a inovadora se centrava em alcançar suas primeiras inovações. É evidente que, quando uma organização faz bem para o primeiro momento e vivencia seus benefícios, é improvável que venha a fazê-lo continuamente no futuro.

Benefícios e obrigações na assinatura do pacto

Sem dúvida, nenhuma organização rejeita este tipo de incentivos e, com boas intenções, de quem os propõe e de quem os recebe, procura-se cumprir os objetivos do pacto e garantir que essas organizações estejam presentes no lançamento. No entanto, tal mecanismo seria, sem dúvida, a melhor maneira de garantir que o pacto fracassasse rapidamente. É por isso que Ruta N o evitou.

Nenhum benefício que poderia ser entregue é comparado com o nível de sustentabilidade que uma organização que se torna inovadora obtém. Oferecer compensação significa aceitar tacitamente que inovar não é tão poderoso, que você deve dar presentes a alguém que você convida para assinar um pacto para inovar. É a pior maneira de iniciar um pacto.

Em contraste, o Pacto pela Inovação de Medellín foi criado para dar uma mensagem forte: ou muda-se agora ou irá desaparecer. "Não estou aqui para lhe pedir um favor, estou aqui para ajudá-lo a compreender o que deve fazer. Não estou aqui para lhe pedir dinheiro, vim para lhe mostrar que deve ser você quem deve alocar mais investimento em relação ao tamanho das suas vendas para manter o seu negócio em dia. Venho com o pacto propor para nos unirmos para ajudá-los a superar as dificuldades de todo tipo que transitar pelo território e mostrar que juntos vamos nos acompanhar até chegarmos ao outro lado."

Da mesma forma, a Ruta N definiu não criar qualquer tipo de mecanismo coercitivo.[20] A resistência à entrada não é desejada pelo medo de tentar ou de ser posteriormente

---

[20]Por ser a Ruta N uma entidade pública, não dando qualquer tipo de incentivo, evitou também a criação de mecanismos para auditar se quem os recebeu cumpria os requisitos e também demonstrar que estavam a fazer a correta utilização dos recursos entregues às entidades internas e externas de controle.

colocado em evidência pública por não atingir os objetivos desejados. Se uma entidade diz que quer assinar o pacto e depois não cumpre seus compromissos de inovação, esse mesmo fato tem efeito bastante negativo para ela.

No início, não foi fácil dentro da Ruta N entender este esquema de trabalho, mas gradualmente a equipe viu seus resultados. Ao constatar que havia cada vez mais organizações signatárias, muitos entenderam que os "benefícios extras" não eram necessários para atrair as organizações, que um pacto deveria ser baseado em uma estratégia profunda e não em elementos cosméticos, ou apenas focado em estratégias de comunicação e mercado.

Ferramentas, equipamentos e programas de acordo

Para a Ruta N, era importante colocar à disposição dos signatários do pacto ferramentas úteis que facilitassem o alcance de seus objetivos individuais, o que, sem dúvida, resultaria no cumprimento e na superação do objetivo coletivo. O primeiro foi um sistema de autodiagnóstico (RUTA N, [2021?]), que permite que cada organização determine o nível de maturidade de suas capacidades de inovação e, portanto, atue rapidamente até mesmo melhorando suas áreas mais fracas. Em seguida, o programa chamado gestores de inovação permite aplicar uma metodologia rápida de inovação, adaptada pela Ruta N, para que as organizações sem experiência nestas questões pudessem colocar em prática o processo e desenvolver suas primeiras inovações em termos de meses em vez de anos.

Embora muitas dessas primeiras inovações não tivessem sido muito úteis, muitas organizações tiveram êxito com o programa para desmistificar os conceitos de inovação e em novas versões executadas sem a ajuda da Ruta N, com base apenas em seus próprios esforços, foram capazes de iniciar inovações geradoras que tiveram impacto sobre a importância dos resultados de seus negócios.

Programas também criados, tais como o plano de padrinhos, permitiram que as organizações mais avançadas na cidade, em questões de inovação, tivessem motivação a ensinar aos outros os benefícios que foram conseguidos em fazê-lo, e como implementar corretamente.

Esta última iniciativa foi muito útil para grandes corporações da cidade para que seus fornecedores tivessem gradualmente capacidades de inovação (o que sem dúvida também beneficiava a elas), e para implantações de mecanismos de compras inovadoras que a Ruta N vinha promovendo no local.

Todas as iniciativas do pacto foram, por sua vez, integradas a programas muito valiosos, como o Observatorio CT+i (Observatório Regional de Ciência, Tecnologia e Inovação),[21] e o uso da plataforma para a conexão entre a oferta e a demanda por inovação, chamada de SUNN.

---

[21] RUTA N. *Observatório Regional de Ciência, Tecnologia e Inovação*. [c2022]. Disponível em: https://www.rutanmedellin.org/es/recursos/observatorio. Acesso em: 14 fev. 2022.

Para garantir o cumprimento dos objetivos desejados, a Ruta N criou uma equipe e atribuiu um gerente[22] do Pacto que daria seguimento permanente às suas atividades e à gestão dos objetivos associados na cidade.

Esquema de governança

Por definição, o pacto deve ser um acordo, um compromisso de vontades sem nenhuma relação hierárquica envolvida. Ele também existe para aumentar a inovação em uma cidade ou região; ou seja, a transversalidade deve prevalecer e, portanto, buscar envolver de forma cooperativa o maior número de atores da sociedade.

Partindo do já exposto sobre como gerir um verdadeiro ecossistema de inovação, o trabalho da Ruta N centrou-se essencialmente em divulgar, promover, ligar e articular os indivíduos e as organizações necessárias para alcançar, ano após ano, os objetivos pretendidos. As tarefas de inspiração são o elemento-chave, aliadas a uma realimentação contínua a todos os atores envolvidos dos resultados obtidos.

Nesse sentido, a operação de "segundo andar" já descrita se adapta muito a esses objetivos e evita, aliás, que o setor público tente se apoderar do pacto e que seus resultados sejam tomados como uma bandeira política de alguma administração local, o qual atenta rapidamente contra sua existência e que possa estar atual e ativo por pelo menos 10 anos, o que sem dúvida permitirá uma mudança socioeconômica significativa na sociedade.

O pacto é da cidade e seus resultados são meros méritos dos atores da cidade e não da Ruta N, a qual só cumpre o papel que o público e a rede social lhe atribuíram.

Metas e resultados

O Pacto pela Inovação de Medellín foi lançado oficialmente em setembro de 2014.[23] Seus resultados iniciais foram muito bem-sucedidos e muito além das previsões mais otimistas, tendo 476 organizações signatárias.

A meta coletiva definida para o pacto correspondeu a atingir em 2015, 1% do investimento em ACTI/PIB. Isso significou passar de 0,79%, o valor oficial que existia na época para a região de Antioquia, a uma nova meta. Da mesma forma, aumentar o investimento em P&D para 0,5% do PIB, de um raro e crônico 0,26% típico do país nas décadas anteriores.

Em 2011, o PIB da cidade era próximo a 57 bilhões de pesos, o aumento proposto como meta de investimento de CT+i para 2015 era de 120 bilhões de pesos adicionais. Esse número mostra a dimensão do desafio enfrentado pelo pacto, em uma região que nunca teve uma tradição maciça de investimento nessas atividades.

---

[22] A gestão do pacto pela inovação em Medellín foi bem-sucedida; o lançamento e a primeira fase ficaram a cargo de David Sierra. Seus esforços para transplantar essas boas práticas para outras regiões do país e do mundo foram inestimáveis. Posteriormente, essa responsabilidade passou para Jorge Santos, que tem mantido o atual convênio, tem 5.000 organizações vinculadas, e também as inovações produzidas pelos integrantes do convênio foram de maior impacto (em vendas, geração de empregos e sofisticação tecnológica).

[23] MEDELLÍN se integra com o Gran Pacto por la Innovación. [S. l.: s. n.], 2014. 1 vídeo (2 min 35 seg). Publicado pelo canal Ruta N. Disponível em: https://youtu.be/ApYDZR6QtMg. Acesso em: 14 fev. 2022.

Resultados do pacto em 2020

O pacto superou as metas propostas já no primeiro ano. Além disso, deu às organizações e à Ruta N a confiança de que se tratava de uma política pública muito eficaz. Posteriormente, essa dinâmica foi mantida e Medellín rapidamente se tornou uma cidade sem tradição no assunto à cidade da Colômbia que mais investiu em CT+i. Hoje é uma das cidades emergentes que mais investe em relação ao tamanho de sua economia no mundo.

Em 2020, o Pacto de Medellín pela Inovação tem mais de 5.000 organizações vinculadas. A região metropolitana de Medellín tem cerca de 125 mil empresas. Vinte mil delas são responsáveis por 80% da economia. A Ruta N em 10 anos de atuação e o pacto com apenas cinco anos de atividades conseguiram mudar a cultura e colocar 25% delas em um caminho concreto de transformação da inovação.

Como esperado, ao manter esta estratégia durante cinco anos, apoiada no trabalho da Ruta N em anos anteriores (2009-2014), a inovação na cidade aumentou significativamente de acordo com o relatório anual do inquérito regional de inovação.

Em 2010, quase nenhuma organização investiu em inovação no nível de vendas. Atualmente, passados cinco anos do Pacto de Medellín pela Inovação, mais de 4% das vendas anuais[24] são dedicadas pelo tecido empresarial a esta tarefa. Por sua vez, isso gerou resultados socioeconômicos apreciáveis na cidade, conforme o esperado a partir da estratégia implementada. Tudo isso está resumido na **Figura 3.4**.

A cada ano, mais empreendedores relatam, de maneira independente, que estão executando um trabalho de inovação. Da mesma forma, quem já está inovando declarou aumentos significativos nas vendas e na geração de novos empregos a partir das inovações colocadas no mercado.

O setor privado foi responsável por 39% do investimento no ACTI em 2014. Com o Pacto pela Inovação e o trabalho da Ruta N, passou a ser responsável por mais de 60% nesta área.

O pacto contribuiu significativamente para garantir que a cidade tivesse 1,26% do investimento em P&D/PIB em 2019. Isso coloca a região entre os países que dependem ativamente da CT+i para seu desenvolvimento socioeconômico, e em valores distantes da média latino-americana, abrindo a possibilidade real de que antes de 2025 a cidade possa ultrapassar 3% nesse indicador.

Impacto nos empregos

As medições foram homogêneas e consistentes nos cinco anos de pacto. Nesse período ficou demonstrado que os empreendedores inovadores foram responsáveis pela criação de cerca de um em cada três a cinco novos empregos formais na cidade nesse período.

Deve-se lembrar que os empregos de inovação geram, em média, cinco empregos adicionais[25] na economia tradicional (enquanto os empregos manufatureiros produzem apenas 1,3 emprego adicional).

---

[24]Pesquisa ANDI (Asociación Nacional de Empresarios de Colombia).
[25]Estudo estatístico realizado por Enrico Moretti (University of California) em 300 cidades do mundo nos últimos 50 anos.

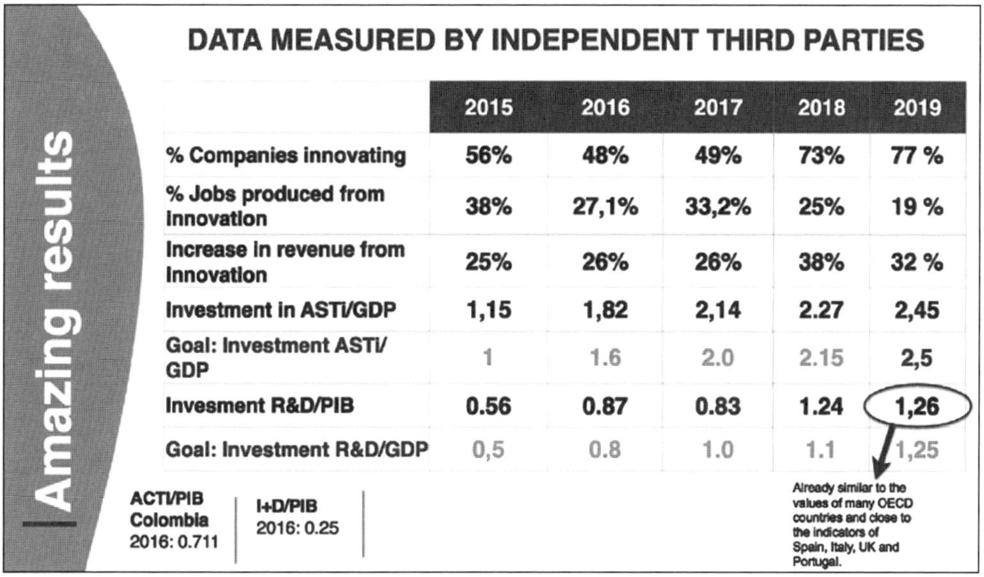

DATA MEASURED BY INDEPENDENT THIRD PARTIES

Amazing results

	2015	2016	2017	2018	2019
% Companies innovating	56%	48%	49%	73%	77 %
% Jobs produced from Innovation	38%	27,1%	33,2%	25%	19 %
Increase in revenue from Innovation	25%	26%	26%	38%	32 %
Investment in ASTI/GDP	1,15	1,82	2,14	2.27	2,45
Goal: Investment ASTI/GDP	1	1.6	2.0	2.15	2,5
Invesment R&D/PIB	0.56	0.87	0.83	1.24	1,26
Goal: Investment R&D/GDP	0,5	0.8	1.0	1.1	1,25

ACTI/PIB Colombia 2016: 0.711 | I+D/PIB 2016: 0.25

1,26: Already similar to the values of many OECD countries and close to the indicators of Spain, Italy, UK and Portugal.

FIGURA 3.4 Resultados econômicos aplicados na cidade.
Fonte: Asociación Nacional de Empresarios de Colombia.

Impacto na receita

Nos últimos 10 anos, os dados mostraram que Medellín não é apenas a cidade da Colômbia com maior crescimento econômico (**Figura 3.5**), mas também a que mais cresce na América Latina. É uma das que mais gerou novos empregos formais,[26] segundo informações de múltiplas fontes externas.

Receita pública derivada da inovação

Ao aumentar significativamente as vendas da inovação reportadas pelas empresas, a Ruta N consegue estabelecer em detalhes o tamanho dessas novas receitas em impostos locais, que a parte pública da cidade havia recebido por este conceito.

Esse valor, medido em cada ano, foi superior ao valor dos recursos entregues à Ruta N para a gestão do Plano CT+i da cidade e a todas as atividades normais de sua operação, incluindo a manutenção de todo o apoio ao Pacto pela Inovação de Medellín. Sem contar os benefícios sociais e econômicos, apenas a receita do imposto da indústria e do comércio[27] superou os gastos públicos de Medellín em CT+i.

---

[26] Um estudo do US Brookings Institute, com 300 cidades no mundo, mostrou que Medellín foi uma das cidades que proporcionalmente mais cresceu sua economia no mundo nos últimos anos, foi a primeira da América Latina nessa lista e estava localizada na posição 46 no conjunto de cidades avaliadas.

[27] Em termos fiscais, o maior benefício gerado com o aumento do faturamento produzido pelas inovações no município é o imposto de renda arrecadado. A Colômbia é um país centralizado e essas coletas não são feitas pela cidade de Medellín.

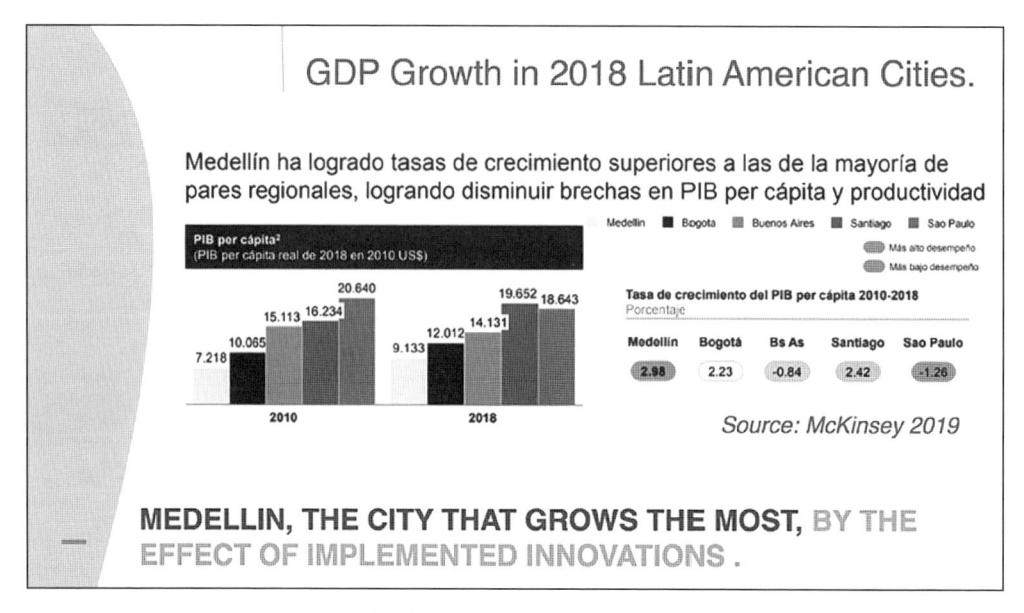

FIGURA 3.5 Crescimento das cidades da América Latina.
Fonte: Asociación Nacional de Empresarios de Colombia.

Impacto no futuro

É difícil encontrar políticas públicas que tenham um impacto tão positivo, em tão pouco tempo, e que isso possa ser demonstrado a partir de cifras objetivas, como a melhoria da qualidade de vida a partir do crescimento do emprego formal qualificado e da economia. Além disso, têm a vantagem de serem melhorias inclusivas e não apenas aspectos novos, desfrutados apenas por grupos muito pequenos de empresários ou investidores.

O pacto pela inovação deve gerar grande satisfação na cidade de Medellín, pois foi ela quem se comprometeu e obteve esses resultados até o momento.

O setor público desempenhou o papel necessário como parte da quádrupla hélice. A ação da Ruta N conseguiu, além de muitos outros benefícios, que a inovação tivesse mais receitas via impostos, do que as consumidas por toda essa operação de liderança de seu órgão público de inovação.

Tudo isso é, no entanto, menos, se comparado ao efeito de mudar a cultura de uma sociedade e prepará-la para transformar sua economia de uma era industrial em uma era de conhecimento, gerando as competências adequadas em suas organizações e cidadãos, de tal forma que impede a cidade de repetir o erro que cometeu nos anos 1950.

CASE III – Pacto de Inovação de Santa Catarina

Santa Catarina, de maneira geral, já apresentava entidades que desenvolviam ações inovadoras. Gomes (2019) considera que praticamente todas as cidades do estado de Santa

Catarina possuem, em suas pautas de interesse, o tema da inovação. Em mapeamento realizado pelo grupo VIA Estação Conhecimento,[28] vinculado ao Departamento de Engenharia do Conhecimento da Universidade Federal de Santa Catarina, observa-se a presença de promotores da inovação – os chamados hábitats de inovação, em diversas regiões do estado (**Figura 3.6**).

Autores como Conceição Neto *et al.* (2018) citam a presença de importantes atores, com maior densidade na capital, Florianópolis, onde há concentração dos atores de governo, de conhecimento e de hábitats de inovação.

O estado apresenta 261 instituições de ensino superior e, por sua vez, ocupa o 3º lugar no Índice de Desenvolvimento Humano Municipal (IDHM), registrando o maior crescimento entre os estados do Sul, no período 2000 a 2017 (ATLAS DO DESENVOLVIMENTO HUMANO NO BRASIL, 2020) (**Figura 3.7**).

Estes dados podem ser reflexo do número de cursos de pós-graduação disponibilizados, que chegam a 253. Além disso, citam-se os cursos de graduação no estado que formam talentos em diversas áreas de conhecimento. Um número significativo de grupos de pesquisa também pode ser encontrado. Apenas na área da inovação e empreendedorismo são encontrados cerca de 200.

Especialmente em Florianópolis, o histórico da cidade mostra que as ações conjuntas da tríplice hélice levaram o município a se tornar uma das referências brasileiras (AZEVEDO; TEIXEIRA, 2017). Entretanto, o movimento data de uma longa história, quando houve a criação da Universidade Federal de Santa Catarina (UFSC), em 1960.

A Secretaria de Desenvolvimento Econômico Sustentável, responsável pela política pública de ciência, tecnologia e inovação de Santa Catarina, considera que as necessidades de investimento para transformá-lo em um estado altamente inovador superam em muito a capacidade atual de financiamento dos governos estadual e municipal. Ainda

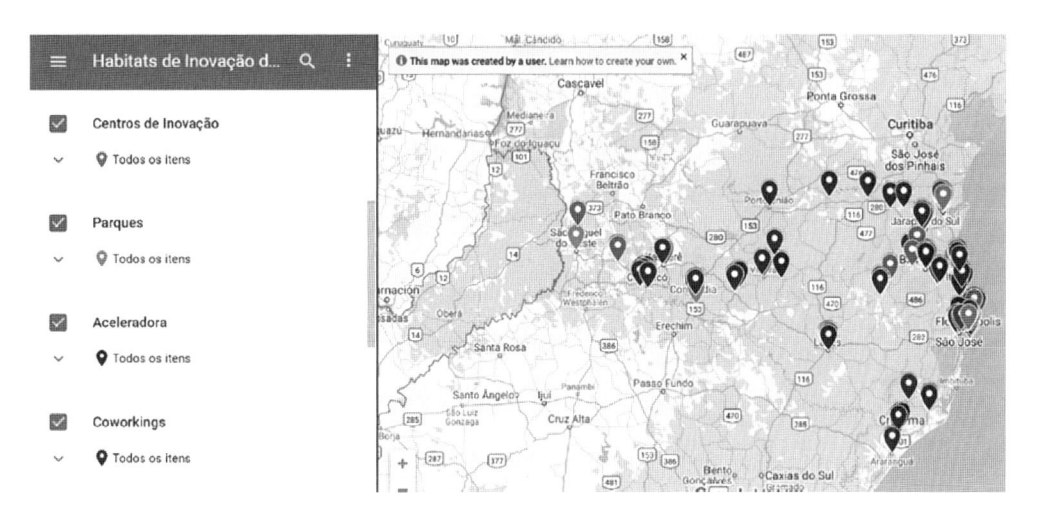

FIGURA 3.6 Hábitats de inovação do Estado de Santa Catarina.
Fonte: VIA Estação Conhecimento ([c2022], documento *on-line*).

---

[28]VIA ESTAÇÃO CONHECIMENTO. [c2022]. Disponível em www.via.ufsc.br. Acesso em: 14 fev. 2022.

Territorialidades	Posição IDHM	IDHM	Posição IDHM Renda	IDHM Renda	Posição IDHM Educação	IDHM Educação	Posição IDHM Longevidade	IDHM Longevidade
Distrito Federal	1º	0.824	1º	0.873	1º	0.742	1º	0.863
São Paulo	2º	0.783	3º	0.845	2º	0.719	2º	0.789
Santa Catarina	3º	0.774	2º	0.860	3º	0.697	4º	0.773
Rio de Janeiro	4º	0.761	6º	0.835	4º	0.675	3º	0.782
Paraná	5º	0.749	8º	0.830	5º	0.668	6º	0.757
Rio Grande do Sul	6º	0.746	4º	0.840	8º	0.642	5º	0.769
Espírito Santo	7º	0.740	6º	0.835	6º	0.653	7º	0.743
Goiás	8º	0.735	9º	0.827	7º	0.646	8º	0.742
Minas Gerais	9º	0.731	5º	0.838	9º	0.638	11º	0.730
Mato Grosso do Sul	10º	0.729	7º	0.833	11º	0.629	9º	0.740

FIGURA 3.7 Posicionamento do estado de Santa Catarina considerando o IDHM (Índice de Desenvolvimento Humano Municipal).
Fonte: Atlas do Desenvolvimento Humano no Brasil (2020, documento *on-line*).

pior, em um tempo de recessão econômica e de luta diária para manutenção do equilíbrio das contas públicas, levantar a bandeira dos altos investimentos necessários à inovação soa quase desconexo da realidade (SANTA CATARINA, 2017).

Diante das disparidades encontradas em muitas regiões e da falta de recursos que cubra as necessidades do estado, a Política Catarinense de Ciência, Tecnologia e Inovação, aprovada em 2010 e em vigor até hoje, tem enfoque na descentralização que busca superar os desequilíbrios regionais, o atraso de vários municípios e regiões e a injustiça social.

A Política Catarinense consiste no direcionamento estratégico de governo, de instituições de ensino, pesquisa e extensão e de agentes econômicos e sociais para o avanço do conhecimento, do desenvolvimento de novas tecnologias, da concepção, do desenvolvimento e a incorporação de inovações que contribuam para a melhoria da qualidade de vida de todos os habitantes de Santa Catarina de forma sustentável (SANTA CATARINA, 2010). Mais recentemente, em 2014, Santa Catarina lança seu Programa Catarinense de Inovação em quatro eixos: sendo: i) expansão da infraestrutura para inovação, ii) conhecimento e talentos, iii) atração de investimentos e capital e, iv) redes de colaboração. A partir disso, os movimentos regionais se iniciam para constituir importantes estratégias com vistas à inovação e ao empreendedorismo.

Mesmo com movimentos regionais, com vistas principalmente à implantação de Centros de Inovação e à realização de ações que impactassem a cultura para a inovação e empreendedorismo, no estado ainda eram observadas pouca conexão e convergência entre os diversos atores.

A partir de estudos que apontam a necessidade de ecossistemas fortes e de uma atuação em rede (JUCEVICIUS *et al.*, 2016; SURIE, 2017) e das práticas internacionais que demonstram a importância de um trabalho colaborativo (TSUJIMOTO *et al.*, 2018), o estado de Santa Catarina inicia uma preocupação de trazer, em um único movimento, seus atores para que tenham um alinhamento estratégico de ações.

Assim, em 2017, surge o chamado **pacto pela inovação**, programa a ser construído de forma colaborativa com os agentes do ecossistema de inovação catarinense (SANTA CATARINA, 2017). O movimento acompanha o conceito de Oppenheimer (2014), que considera que o custo de não se investir em ciência, tecnologia, inovação e empreendedorismo é muito alto e dificilmente será recuperado, já que as distâncias entre as economias baseadas em conhecimento e as demais vão se alargar exponencialmente nos anos adiante.

Desta forma, para colocar em marcha esta visão de futuro ainda mais empreendedora e altamente inovadora, o governo do estado, ao lado das diversas entidades de alcance estadual, fez a proposta de um alinhamento de propósito e uma aliança entre as instituições e as pessoas que desejam transformar Santa Catarina no estado mais inovador da América Latina até 2030 (SANTA CATARINA, 2017).

Dessa forma, o pacto pela inovação se constituiu como um conjunto de ações estratégicas definidas de forma alinhada entre as entidades do ecossistema, cada uma delas focando em seu próprio público-alvo, mas contribuindo para o fortalecimento e solução das principais defasagens do ecossistema de empreendedorismo e inovação.

Na visão do governo, representa também uma estratégia mais coerente com a nova realidade, em que o papel do Estado deixa de ser o de mero financiador – muitas vezes de projetos pouco planejados e pouco convergentes – para ser, antes de tudo, o de orquestrador da visão de futuro almejada (SANTA CATARINA, 2017).

O ano de 2017 foi marcado pelas articulações junto às diferentes entidades de abrangência e representatividade estadual. Desta forma, em outubro de 2017 foi realizado o evento de lançamento do Pacto pela Inovação de Santa Catarina (**Figura 3.8**), em que 25 entidades assinaram seu compromisso em realizar ações em prol da inovação, empreendedorismo e educação no estado.

Os guias condutores do Pacto pela Inovação de Santa Catarina

O movimento é formado por políticas e ações com as quais as entidades participantes se comprometem voluntariamente (O PACTO..., 2019b). A direção dessas políticas e ações é o fortalecimento do ecossistema estadual de inovação (O PACTO..., 2019b). Na verdade, a indicativa é que cada setor e entidade defina onde e como pode contribuir com o programa, de acordo com suas possibilidades e especialidades.

O pacto pela inovação está se estabelecendo com um movimento organizado multi-institucional e de múltiplos agentes da inovação (empresa, academia, governo e outros) com objetivos e ações focadas no desenvolvimento da inovação em terras catarinenses de forma colaborativa (O MOVIMENTO..., 2019). Além disso, considerou-se que, de um lado, existe recursos limitados e, de outro, várias entidades e empresas trabalhando em iniciativas isoladas. Colocar todos os atores para conversar e alinhar uma estratégica coletiva fez sentido para Santa Catarina poder potencializar os recursos e esforços e ter mais eficiência e gerar mais resultados (**Figura 3.9**).

A proposta do Pacto de Inovação por Santa Catarina apresenta a missão, visão e princípios estão ilustrados no **Quadro 3.1**.

Os participantes do movimento acreditam que o empreendedorismo e a inovação são o caminho para o novo desenvolvimento e que o caminho para a construção de um estado inovador é o desenvolvimento de um ecossistema forte e hiperconectado (O PACTO..., 2019b).

Assim, a missão e visão do movimento têm forte vertente para as questões de empreendedorismo e inovação.

FIGURA 3.8 Lançamento do Pacto pela Inovação de Santa Catarina.
Fonte: Santa Catarina (2017, p. x).

Capítulo 3 ▪ *Cases* mundiais de transformação a partir de um movimento colaborativo 111

PACTO PELA INOVAÇÃO

Um estado. Muitas forças. Um objetivo:

Transformar Santa Catarina no Estado da Inovação

O Pacto é um movimento de entidades que promovem ciência, tecnologia, inovação, empreendedorismo e educação no estado e que querem fazer de Santa Catarina o estado do conhecimento e da inovação.

A estratégia central do movimento é unir forças e direcionar recursos (financeiros e não-financeiros) para acelerar o desenvolvimento do **ecossistema de inovação e da nova economia em Santa Catarina**.

Motivação: Integrar os atores do ecossistema e convergir esforços em uma única direção. Como ator que se relaciona com muitas entidades e empresas e que recebe muitas demandas, o Governo vê com clareza a necessidade de que os atores do ecossistema e seus recursos confluam para um objetivo comum. Trata-se de substituir disputa por colaboração, soma de esforços por ações duplicadas e desconectadas. Resultados mais efetivos e mais baratos em vez de ações unilaterais. Especialmente em um cenário de escassez de recursos públicos (e privados) para investimento, o uso inteligente dos recursos e a colaboração são prioridades.

DE UM LADO: RECURSOS LIMITADOS CRISE!

E SE... COLOCÁSSEMOS TODOS OS ATORES PARA CONVERSAR E ALINHAR UMA ESTRATÉGIA COLETIVA?

DE OUTRO: VÁRIAS ENTIDADES E EMPRESAS TRABALHANDO EM INICIATIVAS ISOLADAS.

ISSO PODE POTENCIALIZAR RECURSOS E ESFORÇOS SER + EFICIENTE GERAR + RESULTADOS.

UM PACTO PELA INOVAÇÃO!

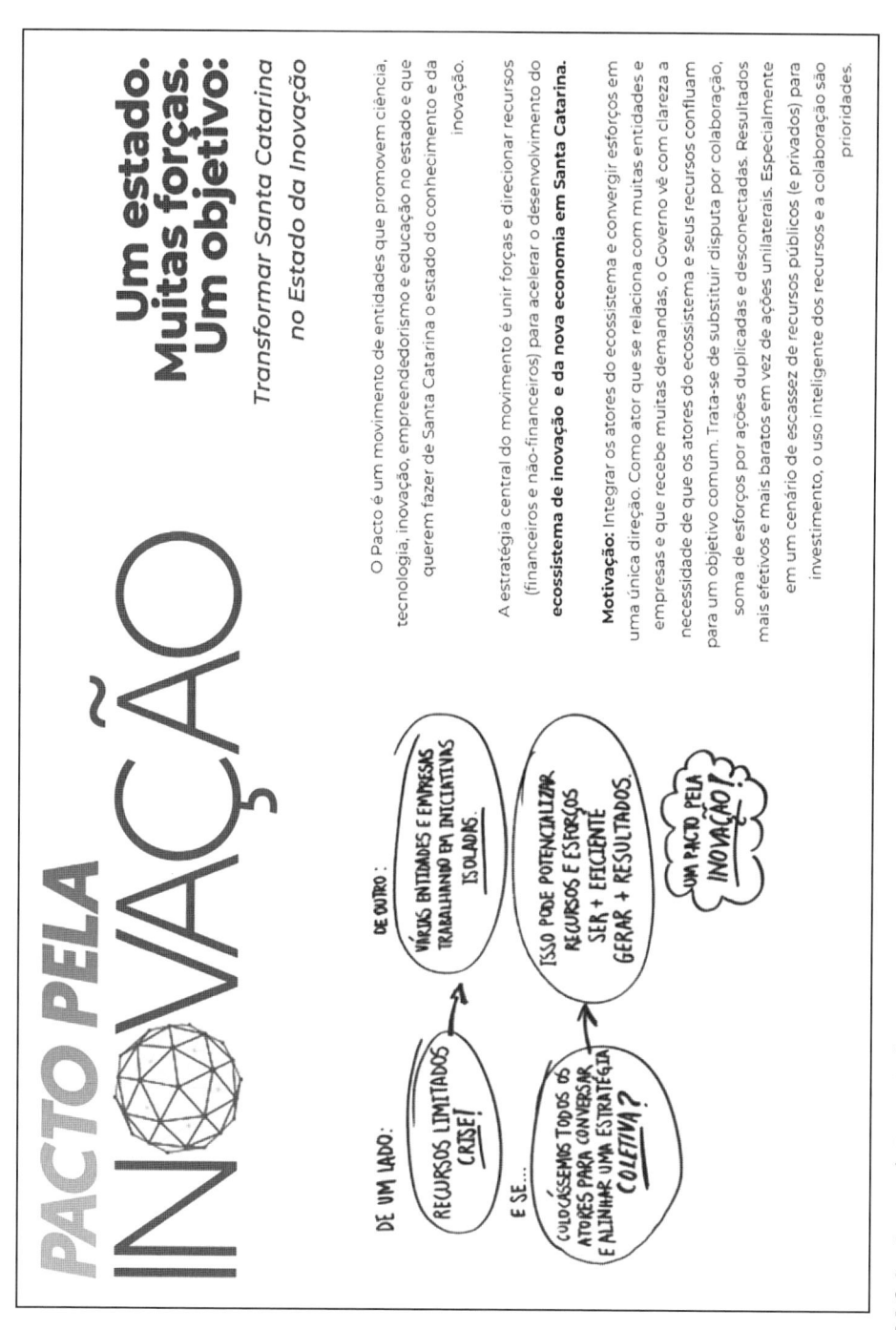

FIGURA 3.9 Pacto pela Inovação de Santa Catarina: um estado, muitas forças e um objetivo: tornar Santa Catarina no Estado de Inovação.
Fonte: Centros de Inovação de Santa Catarina ([c2022], documento *on-line*).

Como objetivos estratégicos (SANTA CATARINA, 2017), o Pacto pela Inovação de Santa Catarina apresenta as seguintes propostas:

- Desenvolver uma forte cultura de inovação e empreendedorismo.
- Construir um ecossistema altamente conectado trabalhando em rede, colaborando e compartilhando ativos.
- Multiplicar a abertura de novos negócios inovadores e de alto potencial de crescimento.
- Intensificar a inserção de CT&I nas empresas catarinenses de pequeno, médio e grande porte.
- Agregar conhecimento e valor aos nossos produtos e serviços básicos e tradicionais.
- Equilibrar diferenças regionais.
- Vender conhecimento e criatividade, mais do que matéria-prima.
- Aumentar o percentual de investimento em pesquisa, desenvolvimento e inovação (PD&I) público e privado.

Como finalidade, o regimento interno do movimento – Art. 3, traz as seguintes informações.

I. Ajudar a transformar Santa Catarina em um dos estados mais inovadores do mundo;
II. Ser um fórum de referência para a discussão, estudo, proposição e realização de ações no campo da ciência, tecnologia, inovação, empreendedorismo e educação no estado de Santa Catarina;
III. Conectar os agentes do ecossistema de inovação e ajudar a integrar políticas e ações complementares a fim de aumentar seu impacto e relevância;
IV. Construir um ecossistema altamente conectado começando pelo trabalho em rede, colaboração e compartilhamento de ativos entre as pactuadas;
V. Contribuir para a transformação das entidades pactuadas por meio da inovação;
VI. Contribuir para a ampliação da cultura de inovação e empreendedorismo em toda Santa Catarina;
VII. Contribuir para a maior inserção de CT&I nas empresas catarinenses de pequeno, médio e grande porte e para a multiplicação de novos negócios inovadores com alto potencial de crescimento;

QUADRO 3.1 Missão, visão e princípios do Pacto de Inovação de Santa Catarina

Missão	Unir Governo, empresas, universidades, instituições de apoio, canais de comunicação e cidadãos em um pacto para consolidar Santa Catarina na economia do conhecimento e da inovação.
Visão	Posicionar Santa Catarina como estado mais inovador e empreendedor da América Latina até 2030.
Princípios	**Confiança:** empenhar-se em criar um ambiente de confiança para que as relações fluam melhor e acelerem a inovação. **Colaboração:** colaborar sempre que possível. Colaborar é uma nova forma de trabalhar. **Compartilhamento:** prezar mais pelo acesso do que pela posse das coisas. É mais eficiente e mais sustentável. É preciso otimizar as estruturas que já estão disponíveis. **Eficiência:** agir rápido, errar rápido, retomar rápido. Fazer mais com menos. **Transparência:** o mundo está cada vez mais aberto, é melhor que sejamos o que dizemos que somos. **Propósito coletivo:** trabalhar para que nossas ações sempre possam beneficiar o maior número de pessoas possível. Se o ecossistema for vibrante e próspero, todos serão beneficiados.

Fonte: Santa Catarina (2017).

VIII. Contribuir para a maior agregação de conhecimento e valor em nossas cadeias produtivas tradicionais;
IX. Ajudar a equilibrar diferenças regionais levando ações de inovação para todas as regiões do estado;
X. Incentivar o aumento do percentual de investimento público e privado em pesquisa, desenvolvimento e inovação (PD&I).

A estrutura do Pacto pela Inovação de Santa Catarina

A estrutura do Pacto pela Inovação foi definida em seu regimento interno (Art. 13) tendo três instâncias decisórias e de trabalho:

I. Assembleia geral;
II. Grupo gestor e coordenação geral;
III. Grupos de trabalho.

O **Quadro 3.2** ilustra as competências de cada instância.

A assembleia geral é formada pelo líder máximo da pactuada em pleno gozo de seus direitos estatutários. O grupo gestor, por sua vez, é constituído pelos representantes de nível executivo das entidades pactuadas indicados pelo líder máximo da instituição por meio de documento oficial. O grupo gestor tem reuniões, ordinariamente, uma vez por mês, para tratar de assuntos diversos do pacto e, extraordinariamente, mediante convocação do coordenador geral, cujas decisões são tomadas por maioria de votos ou consenso.

A coordenação geral é constituída por um coordenador geral, um vice-coordenador geral, um secretário e os coordenadores dos GTs permanentes. O coordenador geral é escolhido por meio de votação direta e tem mandato de um ano prorrogável por mais um ano. Já os GTs são constituídos por membros de nível técnico-gerencial indicados pelo líder máximo da pactuada por meio de documento oficial. São quatro grupos permanentes, sendo:

- GT-1 Conhecimento e Talentos.
- GT-2 Capital e Atração de Investimentos.
- GT-3 Infraestrutura.
- GT-4 Redes e Colaboração.

O Pacto pela Inovação de Santa Catarina, segundo a visão de Jean Vogel (O PACTO..., 2019b), constitui um grande mapeamento do ecossistema interno, em que as instituições passam a se conhecer. Isso cria um círculo de confiança e, a partir da confiança, se tem colaboração e compartilhamento. Estas indicações vão ao encontro dos próprios princípios elencados pelo pacto de inovação em conformidade com a Secretaria de Estado do Desenvolvimento Social (SANTA CATARINA, 2017).

Muitas frentes de trabalho são necessárias para a concretização de um projeto que busca potencializar e expandir todo o ecossistema de inovação com o propósito de que as pessoas e as empresas que inovam tomem um lugar cada vez mais destacado na economia estadual. Desta forma, em Santa Catarina, o pacto foi dividido em quatro eixos de ação, que traduzem os GTs, de modo que as frentes de trabalho e as áreas de intervenção prioritária fiquem claras (**Figura 3.10**).

QUADRO 3.2 Competências de cada instância inovadora

Instâncias	Competências
Assembleia Geral	I – Cumprir e fazer cumprir este Regimento Interno; II – Eleger e dar posse aos membros do Grupo Gestor; III – Destituir os membros do Grupo Gestor; IV – Eleger os substitutos do Grupo Gestor e Grupos de Trabalho em caso de vacância definitiva; V – Decidir sobre outros assuntos de interesse do Pacto; VI – Decidir sobre a dissolução do Pacto.
Grupo Gestor	I – Cumprir e fazer cumprir o Regimento Interno, II – Deliberar sobre a admissão e exclusão de pactuadas; III – Elaborar e executar o programa anual de atividades; IV – Elaborar e apresentar, à Assembleia Geral, o relatório anual de indicadores; V – Entrosar-se com instituições públicas e privadas para mútua colaboração em atividades de interesse comum; VI – Convocar a Assembleia Geral; VII – Constituir e destituir Grupos de Trabalho temporários; VIII – Dar posse aos membros de GTs, com exceção de seus Coordenadores e Vice-Coordenadores.
Coordenador Geral	I – Representar o Pacto, ativa e passivamente, extrajudicialmente; II – Cumprir e fazer cumprir este Regimento Interno; III – Convocar e presidir a Assembleia Geral; IV – Convocar e presidir as reuniões da Grupo Gestor; V – Cientificar o membro que eventualmente for destituído de cargo na Coordenação Geral, nos termos do Art. 10, § 2º, deste Regimento.
Vice-Coordenador Geral	I – Substituir o Coordenador Geral em suas eventuais ausências e impedimentos; II – Assumir a função de Coordenador Geral, em caso de vacância, até o término do mandato; III – Atender e desempenhar funções especiais que lhe forem atribuídas pelo Grupo Gestor e/ou pela AG.
Secretário	I – Dirigir e organizar os serviços de Secretaria e de administração de pessoal; II – Secretariar e lavrar as atas de reuniões do Grupo Gestor e da Assembleia Geral; III – Elaborar as chamadas e as pautas das reuniões da Grupo Gestor e da Assembleia Geral; IV – Organizar e manter os arquivos de documentos do Pacto.
Coordenador do Grupo de Trabalho	I – Responder pelo GT que presidir perante o Grupo Gestor; II – Convocar e presidir as reuniões do GT; III – Elaborar as chamadas e as pautas das reuniões do GT; IV – Cientificar o integrante que eventualmente for destituído do GT, nos termos do Art. 10, § 2º, deste Regimento; V – Envidar esforços para ter significativo conhecimento acerca da matéria abordada pelo GT, notadamente no que concerne ao atual panorama da respectiva matéria no estado de Santa Catarina; VI – Monitorar o andamento das ações do GT, ou que tenham conexão com ele, bem como trabalhar em prol da divulgação de tais ações e dos resultados e indicadores delas advindos.
Vice-Coordenador do Grupo de Trabalho	I – Substituir o Coordenador de GT em suas funções havendo eventuais ausências e impedimentos; II – Assumir a função de Coordenador de GT, em caso de vacância, até o término do mandato.

AG, Assembleia Geral; GT, Grupo de Trabalho.
Fonte: elaborado a partir do regimento interno do Pacto pela Inovação de Santa Catarina.

Considerando o eixo **conhecimento e talentos** pode-se dizer que ele se refere às ações que buscam multiplicar a produção e aplicação do conhecimento necessário à inovação e as pessoas capacitadas que vão atuar no ecossistema como empreendedores, talentos técnicos, talentos criativos, professores, pesquisadores, inventores (SANTA CATARINA, 2017).

O eixo **capital e atração de investimentos** tem como foco ampliar a disponibilidade e o acesso aos recursos para financiar e alavancar o empreendedorismo inovador e ampliar a atração de investimentos estratégicos para o estado (SANTA CATARINA, 2017). O grupo de trabalho capital e atração de investimentos tem o propósito de apoiar a divulgação de fontes de investimentos em inovação, mapeadas pelos parceiros, e possibilitar a disseminação dessas informações em eventos das instituições integrantes do Pacto, de modo a ampliar as oportunidades, e consequentemente, a abrangência da

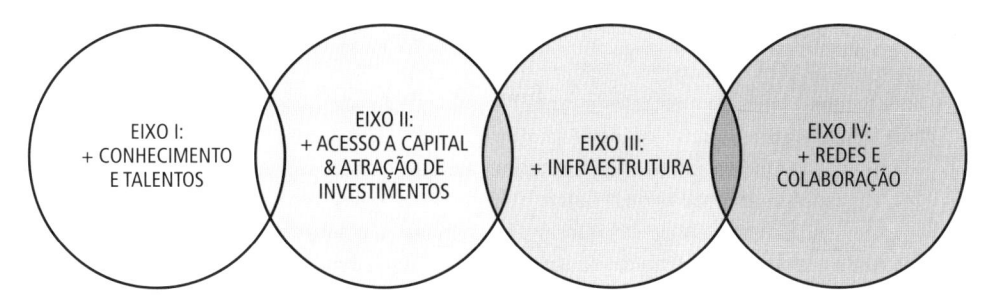

FIGURA 3.10 Eixos do Pacto pela Inovação de Santa Catarina.
Fonte: Santa Catarina (2017, p. x).

captação de capital e investimentos pelas empresas inovadoras, potencializando um crescimento do volume de projetos enviados (O PACTO..., 2019b).

O eixo **infraestrutura** visa garantir as condições estruturais que o ecossistema precisa para se desenvolver, o que inclui desde a infraestrutura legal, ambiente regulatório, passando pela desburocratização dos processos até o desenvolvimento de instituições de apoio ao empreendedorismo, ambientes de inovação, etc. (SANTA CATARINA, 2017). O GT de infraestrutura tem como propósito auxiliar a geração de condições substanciais para viabilizar a interação entre os atores do ecossistema de inovação, possibilitando o compartilhamento e a gestão destes ativos para alavancar e apoiar a inovação no Estado de Santa Catarina (O PACTO..., 2019b).

O eixo **redes e colaboração** tem como objetivo principal estimular a conexão dos diferentes elementos do ecossistema, assumindo que as conexões são os catalisadores centrais da inovação (SANTA CATARINA, 2017). Juliano Pacheco (O PACTO..., 2019b) indica que, a partir das conexões, o GT visa gerar mais colaboração fortalecendo o ecossistema e aumentando sua eficiência. O propósito deste grupo de trabalho é "[...] apoiar a formação de redes setoriais visando integrar todo ecossistema estadual de inovação potencializando suas capacidades" (O PACTO..., 2019b, p. 21).

Tendo em vista a grande quantidade de instituições, ações e pessoas envolvidas no movimento e a necessidade de ser eficaz na intervenção de algumas áreas, foram criados os GTs (O PACTO..., 2019b) a partir dos eixos estratégicos definidos.

> Os GTs são agrupamentos temáticos formados por representantes de entidades pactuadas criados dentro do Pacto pela Inovação. Eles foram criados com base nos quatro eixos em que se dividem as ações pactuadas. Esses eixos correspondem a alguns dos elementos-base de um ecossistema de inovação bem estruturado. Nesse caso, referem-se, especificamente, às principais áreas em que o ecossistema de empreendedorismo e inovação de Santa Catarina precisa de mais atenção e intervenção neste momento. (O PACTO..., 2019b, p. 17).

Periodicamente, os GTs, que são constituídos por membros de nível técnico-gerencial, indicados pelo líder máximo da pactuada por meio de documento oficial, se reúnem com os demais membros para tratarem de pautas específicas consideradas com o andamento das atividades de cada entidade. A **Figura 3.11** ilustra um dos encontros do Pacto.

Natalino Uggioni (O PACTO..., 2019b) indica o trabalho dos grupos com esforços para, após o mapeamento, realizar análise de todas as ações pactuadas, verificando quais têm aderência com o foco do GT e quais têm correlação com os eixos dos outros GTs, bem como aquelas que precisam ter uma melhor redação para facilitar o entendimento. Também foi realizada a proposição da criação de indicadores comuns para acompanhamento, medição, análise e gerenciamento da evolução das ações pactuadas.

Assim, até o início de 2020 foram identificadas em operação no Estado 239 ações, envolvendo a participação de 42 instituições. O **Quadro 3.3** ilustra o número de ações em cada eixo.

A maior concentração de ações, 179 no total, está no eixo de Conhecimento e Talentos. Essas ações refletem oportunidades em muitas regiões do Estado. Na **Figura 3.12** é possível observar que nem todas as cidades catarinenses apresentam propostas de ações. Pelo menos, não no âmbito das instituições que atuam com abrangência estadual.

Cabe uma investigação acerca do que cada município está realizando em termos de ciência, tecnologia e inovação. Assim, esse conhecimento pode ser considerado um dos desafios de Santa Catarina. Nesse contexto, Günther Lother Pertschy (O PACTO..., 2019a) já sinaliza para as características de realizar atividades de forma individual em diversas cidades catarinenses. O intuito agora é fazer um alinhamento destas iniciativas, sem perder as características regionais para construir um novo futuro (O PACTO..., 2019a).

Alinhado a isso, Marcos Lichtblau (O PACTO..., 2019a) indica a intenção de transformar todas as regiões de Santa Catarina em um dos estados mais empreendedores e inovadores do mundo, sendo esse o propósito que está unindo as entidades que firmaram o pacto.

FIGURA 3.11 Grupos de Trabalho (GTs) do Pacto pela Inovação de Santa Catarina.

QUADRO 3.3 Ações por eixos do Pacto pela Inovação de Santa Catarina

GT 1 – Conhecimento e Talento	179
1.1 Ativação do ecossistema estadual de inovação	139
1.2 Especialização inteligente das regiões	7
1.3 Geração de empresas inovadoras com alto potencial de crescimento	4
1.4 Inovação e Fortalecimento Empresarial	12
1.5 Expansão da Produção Científica e Tecnológica	7
1.6 Transferência Tecnológica e Propriedade Intelectual	10
GT2 – Capital e Atração de Investimentos	**14**
2.1 Atração de Investimentos e Fundos de Capital de Risco	13
2.2 Acesso a Fontes de Financiamento	1
GT3 – Infraestrutura	**29**
3.1 Projeto: Implantação de 13 Centros de Inovação e apoio a outros hábitats de inovação	15
3.2 Projeto: Espaço Maker	1
3.3 Projeto: Catarina *Smart Cities*	5
3.4 Projeto: Leis para Inovação	4
3.5 Projeto: Gestão da Qualidade	4
GT4 – Redes e Colaboração	**17**
4.1 Projeto: Formação da Rede de Centros de Inovação	1
4.2 Projeto: Fortalecimento da Rede Estadual de Incubadoras	5
4.3 Projeto: Fortalecimento da Rede Estadual de NITs	1
4.4 Projeto: Implementação da Rede Estadual de Parques Tecnológicos	3
4.5 Projeto: Organização do Sistema Catarinense de Habitats de Inovação	3
4.6 Projeto: Plataforma de Compartilhamento de Ativos de Pesquisa e Desenvolvimento	3
4.7 Projeto: Implementação de Clusters nas áreas de especialização inteligente das regiões	1
Total	**239**

Fonte: O PACTO... (2019, p. 24).

Em termos de conhecimento e talentos, como desafio, cita-se o fortalecimento da relação entre os centros de conhecimento e as empresas. Segundo Natalino Uggioni (O PACTO..., 2019b, p. 18),

> Por mais que tenhamos avançado nesse sentido, ainda estamos longe do ideal e o número de empresas com as quais os centros de conhecimento se relacionam é muito pequeno e pouco expressivo no somatório geral. As iniciativas precisam acontecer de ambos os lados, tanto os centros de conhecimento precisam promover ações que os aproximem das empresas para buscar demandas reais para serem solucionadas, quanto as empresas fazerem o mesmo, apresentando para os centros de conhecimento, suas necessidades e demandas latentes.

Além disso, Uggioni (O PACTO..., 2019b, p. 18) considera que

> [...] o desafio mais relevante é a continuidade e perenidade do movimento, independente das possíveis trocas que venham a ocorrer em alguns representantes das entidades pactuadas,

FIGURA 3.12 Local de execução das ações do Pacto pela Inovação de Santa Catarina.
Fonte: O PACTO... (2019b, p. 25).

pois o movimento precisa ser mantido vivo e fortemente ativo para que produza os resultados esperados por todos os representantes e entidades que iniciaram as ações.

Já no eixo **capital e atração de investimentos**, segundo Mariana Grapeggia (O PACTO..., 2019b, p. 19),

> O desafio [...] é a ampliação do número de empresas que se beneficiem de recursos que podem fazer a diferença, seja para agregar mais valor aos produtos e serviços ofertados, seja para atender as necessidades de clientes, para mudar/melhorar processos produtivos, ou ainda para possibilitar posicionamento de mercado. Neste sentido o maior foco do GT é a disseminação de informações.

No eixo **infraestrutura**, o desafio está, segundo Elaine Zeni Vieira (O PACTO..., 2019b, p. 20), em "conseguir aumentar as condições para que nossos talentos continuem no estado e tragam mais investimento, mas possibilidades para empreender, é um grande desafio para a inovação catarinense". Além disso, acrescenta, a garantia de apoio do governo, por meio de políticas públicas que consigam, desde a educação básica, criar este estímulo empreendedor, com estratégias e ações concretas que permitam criar perspectiva de futuro é outro grande desafio do Estado (O PACTO..., 2019b).

Os desafios do eixo **redes e colaboração** não estão relacionados aos recursos físicos, econômicos ou financeiros, referem-se a manter viva a chama da inovação nas ações das pactuadas e manter harmoniosa a relação entre as entidades que participam da inovação no estado (O PACTO, 2019b). Segundo Juliano Pacheco (O PACTO..., 2019b, p. 22), "Estamos falando de engajamento de instituições, ou de forma mais assertiva, do engajamento das pessoas que promovem o Pacto pela Inovação, esse é o maior desafio".

> [...] o movimento está propiciando que as instituições pactuadas se conheçam, pois, as entidades não tinham o completo entendimento – ainda não tem, já que isso é um processo em construção – do papel da capilaridade, das ações e dos potenciais que algumas das outras entidades têm. (O PACTO..., 2019b, p. 16).
>
> Para acompanhar essa movimentação positiva em que todas as entidades estão alinhadas em um propósito único, é necessário entender que uma ação não tem um "dono", que não é do governo, tampouco de nenhuma entidade, se trata de uma mobilização que reúne entidades e pessoas com os melhores propósitos para consolidar SC como o estado mais inovador do Brasil e para continuar evoluindo em CT&I, a continuidade das ações do Pacto é fator determinante. (O PACTO..., 2019b, p. 18).

Para Marcos Lichtblau (O FUTURO..., 2019, p. 37),

> O pacto é uma união de esforços, uma otimização de recursos humanos, financeiros e de tempo, então nós queremos induzir ações que não sejam simplesmente das pactuadas que são colocadas numa agenda comum, mas induzir que as pactuadas juntas façam e desenvolvam ações de inovação que fortaleçam o ecossistema de inovação catarinense e que contribuam no atingimento dos objetivos do pacto.

Os números do Pacto pela Inovação de Santa Catarina em 2020

Com a implantação da rede de Centros de Inovação,[29] cada vez mais o Pacto está focado em:

- Consolidar o estado na economia do conhecimento.
- Preparar Santa Catarina para os novos desafios da competitividade global baseado em nossas vocações e vantagens comparativas.
- Transformar o perfil econômico catarinense: passando de uma economia de bases tradicionais para uma economia intensiva em conhecimento e inovação.

Até 2020 foram 41 entidades de abrangência estadual pactuadas, com 239 ações firmadas, 138 ações concluídas ou em operação e mais de R$ 139 milhões investidos.[30] A estratégia central do movimento é unir forças e direcionar recursos (financeiros e não financeiros) para acelerar o desenvolvimento do ecossistema de inovação e da nova economia em Santa Catarina (CENTROS DE INOVAÇÃO DE SANTA CATARINA, [202-]).

---

[29]CENTROS DE INOVAÇÃO DE SANTA CATARINA. [c2022]. Disponível em: http://centrosdeinovacao.sc.gov.br/#saiba-mais-ecossistema. Acesso em: 14 fev. 2022.
[30]Dados do governo do estado de Santa Catarina. Disponível em: http://centrosdeinovacao.sc.gov.br/#saiba-mais-ecossistema.

CASE IV – Pacto Alegre – Porto Alegre – Rio Grande do Sul

A crise econômica e as condições não muito favoráveis para o desenvolvimento de carreiras e projetos de vidatêm levado a uma crescente evasão de talentos e cérebros do país, especialmente entre as gerações mais jovens da população. Fala-se, também, do crescimento de desalentados, ou seja, pessoas que não mais procuram trabalho e nem formas de melhorar sua capacitação por carência de perspectivas e de políticas de promoção de emprego, renda e geração de novos negócios.

Além disso, percebe-se uma deterioração da qualidade vida, representada por níveis maiores de insegurança pública, aumento de congestionamentos e má distribuição da mobilidade urbana, uma deterioração das economias locais, fruto de uma acirrada competição internacional por produtos e serviços mais acessíveis e inovadores. Percebe-se um mundo de grande volatilidade, incertezas sobre o futuro, alta complexidade e ambiguidades, o que pode ser sintetizado por meio do surgimento de uma pandemia viral, em escala global, e do qual tanto a ciência, quanto a política não encontraram respostas eficazes para retorno de uma certa normalidade das relações humanas, nas suas mais diferentes perspectivas.

Este movimento de resgate à cidadania, autoestima e qualidade de vida passa pela organização de redes de cooperação entre todas as forças da sociedade, incluindo: governo, academia, organizações empresariais e indivíduos, todos atentos e comprometidos em inserir a cidade em um novo patamar de desenvolvimento sustentável e duradouro a todos seus cidadãos. Ou seja, esse contexto complexo e multifacetado, representado na **Figura 3.13**, exige uma atitude coletiva objetiva e eficaz, capaz de superar desafios cada dia mais urgentes e de alto impacto para a sociedade e seu entorno.

Muitas regiões do planeta deparam-se com os mesmos desafios e vêm reagindo de forma melhor ou pior, dependendo do foco estratégico que se orientam. Também depende da capacidade de envolver e de engajar as forças vivas de seu território, no intuito de enfrentarem os inúmeros problemas (sociais, econômicos, culturais e ambientais),

*Acrônimo em inglês para volatilidade, incerteza, complexidade e ambiguidade.

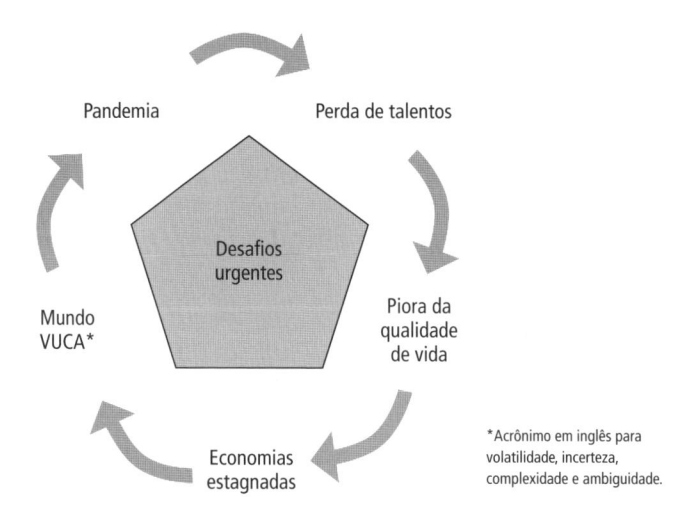

FIGURA 3.13 Síntese dos desafios urgentes que um território apresenta, frente ao contexto presente.

em prol de um bem-estar comum, abarcando todos os atores que fazem parte do local, sobretudo, convidando a uma ampla participação e inclusão daqueles indivíduos historicamente marginalizados.

Percebe-se esse movimento em diversos locais, doravante denominados ecossistemas de inovação, consolidados e emergentes, destacando-se alguns na **Figura 3.14**.

Relevante destacar que cada território (ecossistema) apresenta uma estratégia particular, fruto de seu contexto histórico, político e cultural característico, mas alguns pontos em comum emergem com mais frequência entre eles ao considerar a busca de prosperidade e sustentabilidade de médio e longo prazos, como é possível observar na **Figura 3.15**.

Conforme exposto, um determinado território deve conter basicamente alguns ativos (*assets*) fundamentais para potencializar sua transformação em um ecossistema dinâmico e inovador.

Em primeiro lugar, talentos, tanto gerados e formados no local, quanto atraídos de fora, para aumentar a diversidade cultural e interdisciplinar. Após, ele precisa ter estruturas que promovam o desenvolvimento e a manutenção de conhecimento, que possibilite os atores agregarem continuamente mais valor aos produtos e serviços ali gerados.

Além da infraestrutura, torna-se conveniente a existência de outros atores (*stakeholders*) interessados no desenvolvimento de projetos inovadores e com alto potencial de gerar riqueza. Para isto, esses atores servem como promotores, financiadores e chanceladores de projetos com um grande potencial empreendedor inovador.

Todos esses fatores são fundamentais neste processo, mas tudo começa na formação, retenção e atração de talentos. Talentos são nada mais do que pessoas, de todos os matizes, e que possuem características diferenciadoras, como colaboração, comunicação, ambição, senso ético, responsabilidade social, sentido de propósito e repertório, ou seja, ativos humanos que Putnam (2004) denomina capital social.

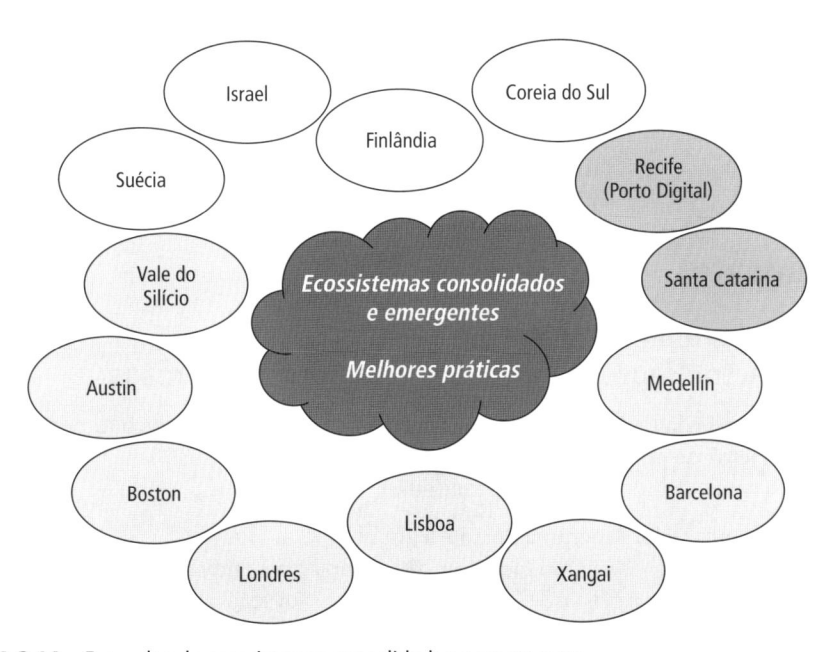

FIGURA 3.14 Exemplos de ecossistemas consolidados e emergentes.

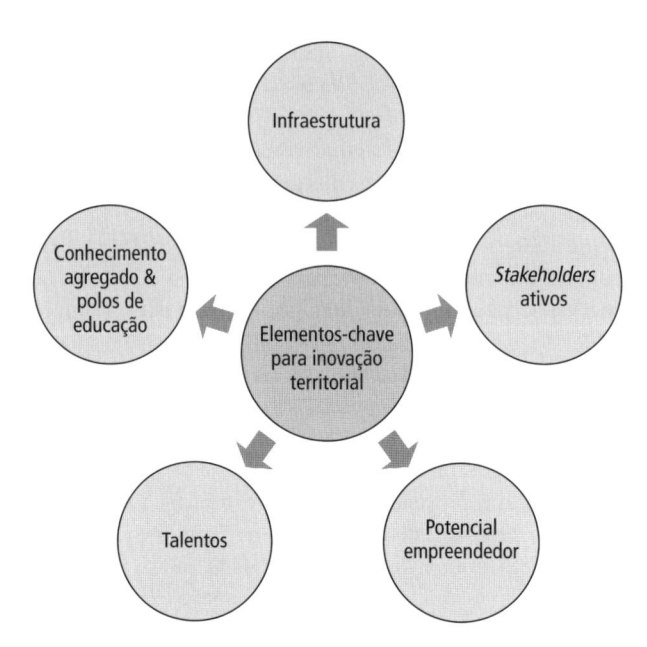

FIGURA 3.15 Elementos-chave para inovação territorial.

    Todavia, esse capital social só potencializa seus projetos, por meio de processos colaborativos, utilizando-se de métodos adequados e bem estruturados, normalmente impulsionados por desafios complexos e de alto impacto positivo, percebido pela sociedade de seu entorno, mas também, de alta influência nacional e/ou internacional.

    E tudo isto acontece, de preferência, em um ambiente capaz de estimular todas as conexões previstas neste verdadeiro *Flow* de Inovação (**Figura 3.16**), pegando carona na tese de Csikszentmihalyi (2008). Ou seja, tais ambientes devem contemplar recursos que estimulem fácil processo comunicativo, documentação, farto acesso a materiais, muita amplitude e flexibilidade, que sejam divertidos, leves, confortáveis e convidativos e, ao mesmo tempo, provocativos.

Antecedentes

Do Programa Porto Alegre Tecnópole ao Pacto Alegre: a inovação feita por muitas mãos

Desde a década de 1990, Porto Alegre vem experimentando quatro importantes ciclos de projetos de amplo envolvimento da sociedade para transformar a cidade em um ecossistema de inovação de classe mundial.

- Primeiro ciclo: Programa Porto Alegre Tecnópole (PAT)
- Segundo ciclo: comunidade, inovação, tecnologia e empreendedorismo (CITE)
- Terceiro ciclo: Agência de Desenvolvimento e Inovação para Porto Alegre (Inovapoa)
- Quarto ciclo: Pacto Alegre

Flow da Inovação

Para desenvolver um **TERRITÓRIO INOVADOR**, você precisa de formar, reter e captar ➡ **TALENTOS**
- ✓ Inteligentes
- ✓ Com repertório
- ✓ Criativas e curiosas
- ✓ Empreendedoras e ambiciosas
- ✓ Comunicativas
- ✓ Éticas
- ✓ Colaborativas
- ✓ Diferentes formações (interdisciplinares)
- ✓ Diferentes origens (interculturais)

PESSOAS ⬅ **CAPITAL SOCIAL**

Com este ativo, você precisa estruturar **PROCESSOS** de trabalho colaborativo
- ✓ Problemas complexos
- ✓ Desafios interessantes
- ✓ Métodos adequados
- ✓ Roteiros estruturados
- ✓ Propósito claro e coerente
- ✓ Causa nobre e de grande impacto

Tudo isto acontece, de preferência, em um **AMBIENTE**
- ✓ Provocativo
- ✓ Divertido
- ✓ Flexível
- ✓ Amplo
- ✓ Fácil registro e documentação
- ✓ Estimule conexões
- ✓ Rico em materiais e ferramentas
- ✓ Trabalho coletivo
- ✓ Prototipações
- ✓ Validações
- ✓ Exposições

FIGURA 3.16 *Flow* de inovação.

Esses movimentos geraram um caldo cultural convergente e dinâmico entre pessoas, ideias e projetos na área de inovação. Ao longo dos quatro ciclos, diversos governos de diferentes partidos atuaram neste sentido (PT, MDB, PDT e PSDB), em sintonia e engajamento com segmentos acadêmicos e empresariais.

Primeiro ciclo

A década de 1990 foi um marco para os ambientes de inovação do Rio Grande do Sul. Em 1995, a Prefeitura de Porto Alegre articulou uma ação que envolveu nove entidades da tripla hélice (Federação da Indústrias do Estado Rio Grande do Sul [Fiergs], Federação de entidades Empresariais do Rio Grande do Sul [Federasul], Serviço Brasileiro de Apoio às Micro e Pequenas empresas [Sebrae], Central Única do Trabalhadores [CUT], Pontifícia Universidade Católica do Rio Grande do Sul [PUCRS], Universidade do Vale do Rio dos Sinos [Unisinos], Universidade Federal do Rio Grande do Sul [UFRGS], Prefeitura Municipal de Porto Alegre [PMPA] e Estado do Rio Grande do Sul) no âmbito da região metropolitana de Porto Alegre, que culminou no PAT. O projeto envolveu um convênio com a França e teve como inspiração as tecnópoles do país. Foi liderado por Tarso Genro, prefeito de Porto Alegre na época, e coordenado por Ghissia Heuser.

O início da década de 2000 foi marcado pelo surgimento do Polo de Informática de São Leopoldo, precursor dos ambientes de inovação do Estado. Em seguida, no ano de 2003, surgiu o Parque Científico e Tecnológico da PUCRS (Tecnopuc), em Porto Alegre, e em 2009, o Parque Tecnológico de São Leopoldo, junto à Unisinos (Tecnosinos). Ambos se tornaram referência nacional na área e foram premiados cinco vezes nos últimos anos como melhores parques Tecnológicos do Brasil, pela Associação Nacional de Entidades Promotoras de Empreendimento Inovadores (Anprotec), pelo Sebrae e pelo Ministério de Ciência, Tecnologia e Inovação (MCTI).

Na sequência, foram inaugurados o Parque Tecnológico da Federação de Estabelecimentos de Ensino Superior em Novo Hamburgo (Feevale Techpark), em Campo Bom, na região metropolitana; e o Zenit, Parque Científico e Tecnológico da UFRGS, em Porto Alegre. Ao longo deste período, as incubadoras e os espaços de *coworking* se proliferaram na capital, tanto nas universidades (Centro de Empreendimento em Informática [CEI], Incubadora Tecnológica Hestia, Incubadora Empresarial do Centro Biotecnologia do Rio Grande do Sul [IECBiot] e demais incubadoras da Rede de Incubadoras da UFRGS, Raiar na PUCRS, Escola Superior de Propaganda e Marketing [ESPM], etc.), como nas iniciativas do governo municipal (Incubadora Empresarial Tecnológica de Porto Alegre [IETEC] e poa.hub) e nos empreendimentos privados (Nós, Flowork, UFO, Área 51, etc.).

Segundo ciclo

Na década de 2010 surgiu um novo movimento com amplitude semelhante ao PAT, mas com foco na cidade e liderado por empresários, o Comunidade, Inovação, Tecnologia e Empreendedorismo (CITE). O grupo era formado por empreendedores de tecnologia e profissionais de referência nas áreas empresarial e acadêmica, liderados pelos empresários José Cesar Martins e Alfredo Fedrizzi, inspirados no Vale do Silício, nos Estados Unidos. Eles tinham um propósito comum: modernizar o processo de desenvolvimento de Porto Alegre e, consequentemente, reposicionar a capital no cenário internacional de investimentos em inovação.

Terceiro ciclo

Reforçando o posicionamento de Porto Alegre na área de inovação, implantou-se uma estrutura capaz de impulsionar o tema na prefeitura municipal. Assim, foi concebida a Inovapoa, agência estruturada nos moldes de experiências internacionais de sucesso e implantada como parte do gabinete da prefeitura. Ao longo dos anos, esta ação foi protagonizada pelo poder público nos governos de José Fogaça e José Fortunati, tendo as gestões de César Busatto, Newton Braga Rosa e Deborah Villela.

Quarto ciclo

Mais recentemente, no ano de 2018, por iniciativa das universidades UFRGS, Unisinos e PUCRS, foi criada a Aliança para Inovação. Em 2019, emerge o Pacto Alegre, reunindo os componentes da quádrupla hélice, impulsionados pela Aliança, em conjunto com a Prefeitura Municipal, e sob a liderança dos Reitores Rui Oppermann (UFRGS), Pe. Marcelo Aquino (Unisinos) e Ir. Evilázio Teixeira (PUCRS), juntamente com o Prefeito Nelson Marchezan Jr., com a participação ativa dos empresários Aod Cunha, Marciano Testa e Nelson Sirotsky, tendo como referência o modelo de Barcelona. Tudo indicava a sociedade estava pronta para vislumbrar uma Porto Alegre melhor para se viver.

Por que o Pacto de Inovação em Porto Alegre?

Porto Alegre, capital do estado do Rio Grande do Sul, portanto, uma metrópole inserida neste contexto atual, não foge à regra, inclusive perdendo talentos para cidades próximas, em outras regiões do Brasil. O que fazer para reverter tal comportamento?

Uma cidade de um tamanho expressivo, apresentando uma população de 1,47 milhão de habitantes e considerada a 11ª maior cidade brasileira. Destaca-se como um grande *cluster* de tecnologia de saúde, apresentando três escolas de saúde e medicina de destaque no cenário nacional.

Além disso, Porto Alegre é capital do estado onde nasceu o cooperativismo no Brasil; foi destaque no desenvolvimento de ações públicas participativas, definindo estratégias de investimento em conjunto com as comunidades locais; já sediou grandes eventos globais como o Fórum Social Mundial (FSM) e o Fórum Internacional Software Livre (FISL); possui uma rede de universidades públicas e privadas de destaque internacional e até em termos esportivos, mantém atuantes dois clubes campeões mundiais de futebol, paixão global e privilégio de apenas mais seis cidades no mundo (Madri, Milão, Buenos Aires, Montevideo e São Paulo).

A cidade de Porto Alegre apresenta uma posição competitiva em relação às demais cidades do país.

Dentre as maiores cidades do Brasil, com mais de 500 mil habitantes, Porto Alegre figura entre as 15 mais bem posicionadas, de acordo com o *ranking* Connected Smart Cities, estudo desenvolvido pela Urban Systems,[31] idealizado por esta organização, em conjunto com a Necta, realizado anualmente, desde 2015, no intuito de apontar o estágio das cidades brasileiras para o seu desenvolvimento inteligente, sustentável e humano e, desta forma, orientar políticas e estratégias de evolução permanente.

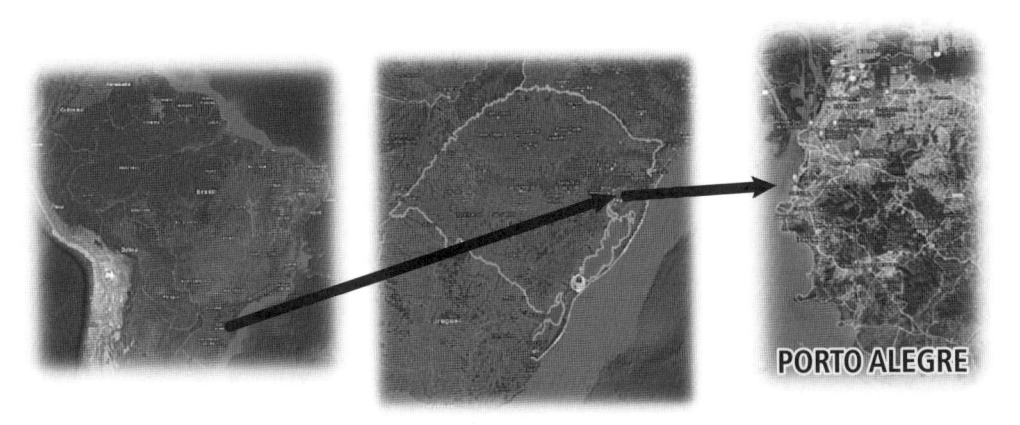

FIGURA 3.17 Localização geográfica da cidade de Porto Alegre.
Fonte: Google Maps ([c2022]).

---

[31]URBAN SYSTEMS. *Ranking connected smart cities*. c2022. Disponível em: https://www.urbansystems.com.br/rankingconnectedsmartcities. Acesso em 23 fev. 2022.

O *ranking* é composto por 11 eixos temáticos e 75 indicadores que se conectam entre si, a saber: mobilidade e acessibilidade, urbanismo, saúde, educação, energia, economia, meio ambiente, tecnologia e inovação, segurança, empreendedorismo e governança. Tal metodologia está alinhada com as normas ISO 37122 – *Sustainable cities and communities – Indicators for smart cities*, também conhecida como ISO das cidades inteligentes, contribuindo para universalizar o conceito de *smart city*.

Além disso, é sede de três grandes universidades que, juntas, atendem cerca de 100 mil estudantes de graduação e pós-graduação. PUCRS, UFRGS e Unisinos se situam entre as melhores universidades do Brasil e da América Latina, concentrando cerca de 62,9% de professores/pesquisadores do Rio Grande do Sul e que juntos (capital acadêmico) são responsáveis por 9% de toda a produção científica (*papers*) do país e com reflexos na geração de conhecimento para o mercado, sendo detentoras de cerca de 600 patentes (**Figura 3.18**).

Conhecimento, desenvolvimento tecnológico e geração de inovações de produtos e serviços são ingrediente fundamentais para o desenvolvimento de uma região, mas todo este esforço coletivo não é suficiente para alcançar prosperidade e sustentabilidade em um determinado espaço territorial. Por esta razão, as três universidades apresentam três Parques Científicos e Tecnológicos, todos membros da Associação Internacional de Parques Científicos e Áreas de Inovação (IASP, do inglês International Association of

Três das melhores universidades brasileiras

100 mil estudantes, 600 patentes, 300 empresas e 12.000 pessoas localizadas nos 3 STPs

PUCRS — TECNOPUC / IASP
- Fundado em 1948
- 25 mil alunos
- Entre as três melhores universidades privadas do Brasil
- 159 patentes
- Parque Tecnopuc de Ciência e Tecnologia
- Três vezes o melhor STP do Brasil
- 151 organizações, 6.500 pessoas

UFRGS — ZENIT PARQUE UFRGS / IASP
- Fundado em 1934
- 43 mil alunos
- Melhor Universidade Federal do Brasil (MEC)
- 449 patentes
- Parque Zenit de Ciência e Tecnologia
- Rede interna de incubadoras (41 empresas iniciantes)

UNISINOS — TECNOSINOS Parque Tecnológico São Leopoldo / IASP
- Fundado em 1969
- 30 mil alunos
- Entre as três melhores universidades privadas do Brasil
- 18 patentes
- Parque Tecnológico Tecnosinos
- Duas vezes o melhor parque tecnológico do Brasil
- 108 organizações, 5.500 pessoas

FIGURA 3.18 Dados sobre as universidades situadas em Porto Alegre.
MEC, Ministério da Educação.
Fonte: Acervo do Comitê Técnico do Pacto Alegre.

Science Parks and Areas of Innovation) e que permitem a geração de projetos, negócios e empregos a cerca de 12 mil pessoas.

Juntos, Tecnopuc, Tecnosinos e Zenit abrigam cerca de 300 empresas, incluindo departamentos de P&D de grandes multinacionais até jovens *startups*, na sua maioria, estimuladas desde a formação do seu corpo discente. Cabe destacar que dois deles foram reconhecidos, mais de uma vez, como os melhores *techparks* do Brasil.

O conceito de inovação vem se ampliando, desde que foi formalizado pela teoria evolucionista de Joseph Schumpeter (2010), nos anos 1940 do século passado, e agrega agora a necessidade de inclusão social e atenção especial ao meio ambiente, onde esta sociedade se estabelece e cria as suas relações de convívio e bem-estar geral. Assim, não basta empresas inovadoras, universidades ativas e centros de pesquisa pujantes se o entorno se beneficia pouco de suas externalidades.

Acreditava-se que esse fenômeno evolutivo seria natural, no qual, pouco a pouco, as populações circunvizinhas se beneficiariam pelo simples contato com suas fronteiras limítrofes. Além disso, percebe-se que o paradigma dominante dos processos de inovação foi sendo atualizados, superando os muros das organizações e convidando outros atores (*outsiders*) para comporem times de projetos mais dinâmicos, abrangentes e fluídos, assim preconizado pelas ideias seminais de Chesbrough (2006) ao conceber o conceito de *Open Innovation*.

Percebe-se, portanto, que há a necessidade de se induzir um encontro desses diferentes espaços de atuação, permitindo, por meio do reconhecimento de suas vicissitudes e anseios, a busca de um lugar comum, em que as condições de vida sejam justas, perenes, transparentes, sustentáveis e evoluídas. Desta consciência, emerge o conceito de tríplice hélice, cunhado por Etzkowitz e Zhou (2017), na década de 1990, o qual governo, academia e empresas seriam as molas mestras para a promoção de uma sociedade inovadora.

Atualmente, passadas mais de duas décadas, fala-se na transfiguração de uma quíntupla hélice, conforme sugeriram Carayannis e Campbell (2019), em que a sociedade civil e o meio ambiente precisam fazer parte desta engrenagem complexa e vibrante, tornando-se motores necessários à conquista de um estado de prosperidade integral. Parece consenso que este estágio de evolução socioambiental se manifesta, na sua plenitude, por meio de algum esforço estratégico coletivo e extremamente participativo, inerente ao seio da sociedade em questão.

Todavia, há um forte questionamento sobre como se dispara este processo de transformação socioambiental de forma consistente e que leve em consideração as vicissitudes de uma determinada região, avaliando-se seu contexto histórico, principais atividades econômicas, nível de educação, saúde, mobilidade, segurança pública, justiça, representação política, grau de liberdade, autonomia e, fundamentalmente, qualidade de vida e bem-estar social.

Esse processo emerge da tomada de consciência de que não se trata de um movimento natural, espontâneo e inercial. Percebe-se, por meio do acompanhamento de inúmeras iniciativas públicas e de forte engajamento cidadão, que alguém precisa induzir uma mudança de comportamento coletivo, envolvendo diversos atores representativos da sociedade, em um movimento de inquietação e resgate da cidadania, muitas vezes adormecida face o enfraquecimento do tecido sociocultural decadente.

Tal catálise pode originar-se de uma liderança pública, de um acadêmico inquieto, de um empreendedor ambicioso ou, até mesmo, de um líder comunitário insatisfeito com o *status quo* presente.

De fato, muitas vezes, verifica-se o somatório de todos esses condicionantes, inerentes a um determinado aglomerado social e que almeja mudanças significativa em sua comunidade local, regional ou até mesmo nacional, garantindo aos envolvidos (*stakeholders*) crescimento e desenvolvimento sustentável para sua comunidade.

Esse movimento exige alinhamento de percepções, diagnóstico rápido dos principais indicadores de qualidade vida e bem-estar social, levantamento de carências e necessidade de transformação da realidade, senso de urgência e vontade de transformação social. Surge assim, o clamor de um verdadeiro contrato de vontades e visão de futuro, gerando ações e compromissos explícito de entrega de resultados tangíveis e contundentes (entregáveis), que promovam impacto junto aos cidadãos de toda região abarcada. Um verdadeiro Pacto pela Inovação, no seu sentido mais amplo e universal, centrado na agregação de valor percebido e mensurado, assim como pela recuperação da autoestima, pelo resgate da identidade pública, pelo respeito ao outro e ao meio em que se convive, em harmonia e prosperidade.

O **Pacto de Inovação de Porto Alegre** foi estruturado a partir da criação de uma Aliança para a Inovação da Cidade de Porto Alegre. A aliança foi constituída pelas três principais universidades: UFRGS, PUCRS e Unisinos. Essa aliança foi proposta por um grupo de empresários e representantes das universidades e membros do Conselho de Inovação da cidade de Porto Alegre.

Conforme já foi referido, o pacto foi um modelo concebido visando gerar condições de continuidade do processo nos momentos de transição política da cidade. No histórico da região, as iniciativas anteriores, desde a década de 1990 (Porto Alegre Tecnópole), passando pela década de 2000 (CITE) e anos 2010 (Agência de Inovação), tiveram seu término sempre vinculado ao final de ciclos de gestão pública, em função de novos prefeitos ou linha políticas eleitas para administrar a cidade.

A criação da Aliança para a Inovação de Porto Alegre teve por objetivo criar as condições de maior continuidade no processo de transformação, de tal forma a não estar vinculado a um prefeito ou partido político específico. Neste sentido, os reitores das três universidades assumiram a iniciativa de organizar o processo, alocar pessoal qualificado e reunir as condições, inclusive financeiras, para viabilizar o pacto de inovação.

Os marcos principais neste processo estão representados na **Figura 3.19**. Em abril de 2018 foi assinado o Protocolo de Intenções entre a UFRGS, a PUCRS e a Unisinos, criando dessa forma, a Aliança para a Inovação de Porto Alegre no Salão Nobre da Reitoria da UFRGS.

Colaborar para transformar conhecimento em desenvolvimento

O ato de assinatura reuniu os reitores das três Instituições e de outras universidades da cidade, o prefeito e diversos secretários municipais, os presidentes da Câmara de Vereadores e da Assembleia Legislativa do Estado do Rio Grande do Sul, Presidente do Tribunal de Justiça (TJ), empresários e diversas autoridades acadêmicas, dos poderes executivo, legislativo e judicial, bem como representantes de empresas, entidades profissionais e representantes da sociedade civil. A **Figura 3.20** ilustra o protocolo de intenções para a formação da Aliança para a Inovação.

Capítulo 3 ▪ *Cases* mundiais de transformação a partir de um movimento colaborativo

FIGURA 3.19 Assinatura do protocolo de intenções que firma a Aliança pela Inovação.
Fonte: Acervo do Comitê Técnico do Pacto Alegre.

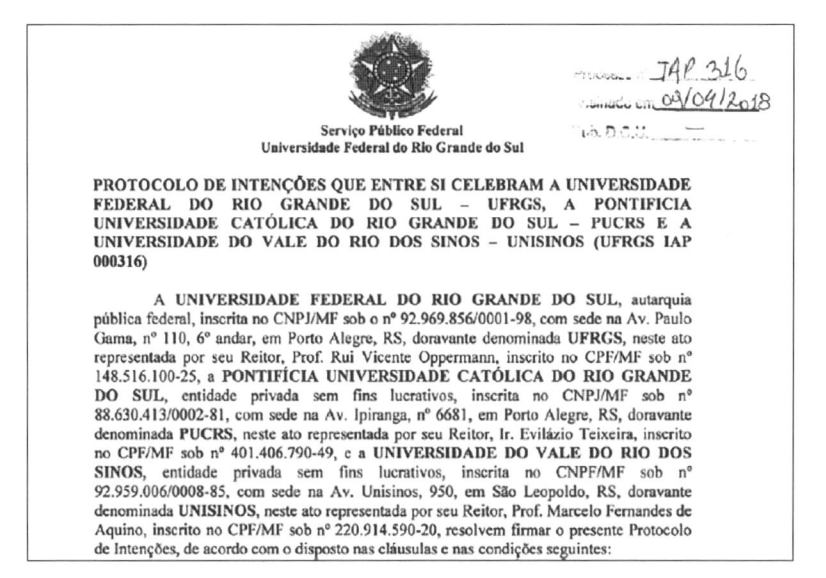

FIGURA 3.20 Protocolo de intenções para formação da Aliança para a Inovação.
Fonte: Acervo do Comitê Técnico do Pacto Alegre.

Logo após a assinatura do Protocolo de em Intenções, dia 10 de abril de 2018, representantes das três universidades e técnicos da Prefeitura Municipal da cidade se reuniram com um consultor internacional contratado para auxiliar no início do processo de ativação do projeto, culminando em um *roadmap* daquilo que se esperaria para avançar concretamente os trabalhos (**Figura 3.21**).

Em julho de 2018 foi organizado um evento de mobilização da sociedade, reunindo mais de 850 pessoas no Teatro da Unisinos, com a presença do professor Josep Piqué,

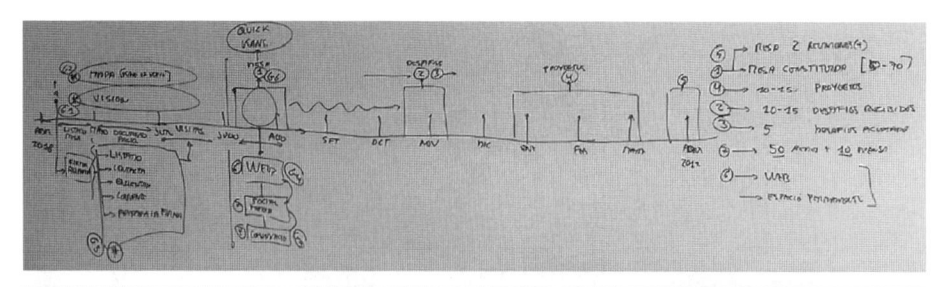

FIGURA 3.21 *Day One* do projeto: apresentação da metodologia proposta pelo consultor Josep Piqué.
Fonte: Acervo do Comitê Técnico do Pacto Alegre.

de Barcelona, e representantes dos Pactos de Inovação de Medellín e Santa Catarina (**Figura 3.22**).

Em novembro de 2018 foi assinado o Projeto de Elaboração do Pacto Alegre (**Figura 3.23**), no Centro Cultural da UFRGS, bem como a contratação do consultor internacional do Projeto do Pacto Alegre (Josep Piqué) e a confirmação dos três patrocinadores do Pacto, Sistema de Crédito Cooperativo (Sicredi), Agibank e Badesul Desenvolvimento – Agência de Fomento do RS, bem como a *media partner* (Grupo RBS).

FIGURA 3.22 Reunião de sensibilização (Teatro da Unisinos).
Fonte: Acervo do Comitê Técnico do Pacto Alegre.

Capítulo 3 ▪ *Cases* mundiais de transformação a partir de um movimento colaborativo

FIGURA 3.23 Reunião de assinatura do projeto de elaboração do Pacto Alegre realizado no Palácio do Comércio, da Associação Comercial de Porto Alegre.
Fonte: Acervo do Comitê Técnico do Pacto Alegre.

O modelo de aporte propiciou condições de financiamento próprio para a contratação do consultor, missões de trabalho e demais despesas de organização e de apoio necessários à condução do processo, conforme metodologia adotada pelo mentor internacional do projeto.

Entre dezembro de 2018 e fevereiro de 2019, sob responsabilidade do grupo técnico, foram desenvolvidas diversas dinâmicas com diferentes segmentos da sociedade porto alegrense visando definir os desafios do pacto (**Figura 3.24**).

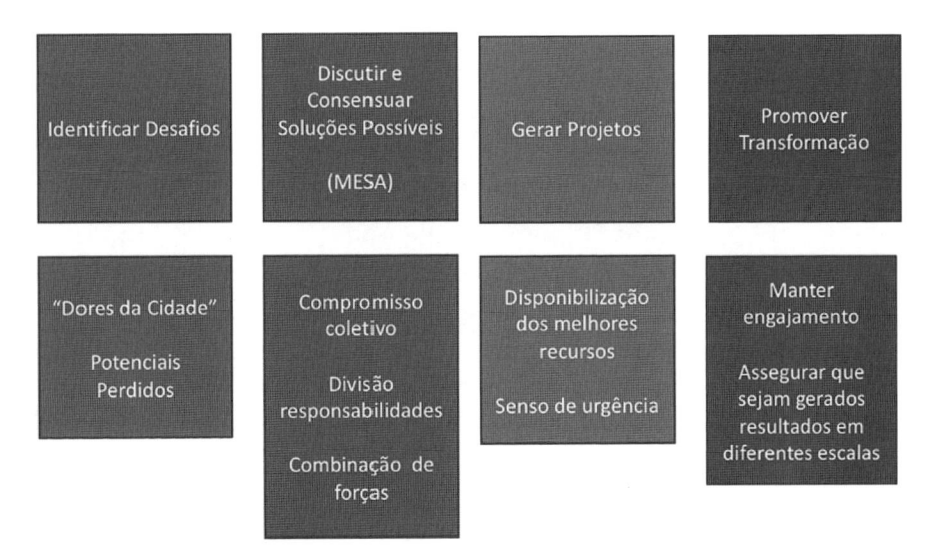

Identificar Desafios	Discutir e Consensuar Soluções Possíveis (MESA)	Gerar Projetos	Promover Transformação
"Dores da Cidade" Potenciais Perdidos	Compromisso coletivo Divisão responsabilidades Combinação de forças	Disponibilização dos melhores recursos Senso de urgência	Manter engajamento Assegurar que sejam gerados resultados em diferentes escalas

FIGURA 3.24 Alguns desafios preliminares para a elaboração do Pacto Alegre.
Fonte: Acervo do Comitê Técnico do Pacto Alegre.

Também foi constituído e formalizado o Comitê Estratégico do Pacto Alegre com quatro representantes dos reitores da Aliança. Também foi criado o Conselho Consultivo, composto por empresários e representantes da sociedade, que tiveram intensa participação na modelagem do processo que culminou na criação da Aliança e do Pacto da Inovação. A **Figura 3.25** ilustra alguns dos *workshops* realizados para mapear as dores da cidade.

Finalmente em março de 2019, no dia do aniversário da cidade de Porto Alegre (247 anos, em 26 de março de 2019) foi reunida pela primeira vez a Mesa do Pacto, com 85 membros, representando entidades da sociedade civil, governo, empresas e universidades. Nessa reunião foram aprovados os seis Macrodesafios da cidade (**Figura 3.26**)

FIGURA 3.25 *Workshops* temáticos com especialistas e lideranças para mapear as dores da cidade.
Fonte: Acervo do Comitê Técnico do Pacto Alegre.

FIGURA 3.26 Registro da primeira reunião da mesa do Pacto Alegre (Salão Nobre do Palácio do Comércio).
Fonte: Acervo do Comitê Técnico do Pacto Alegre.

fruto dos trabalhos coordenados pelo grupo técnico do pacto, entre os meses de novembro e fevereiro de 2019. Na oportunidade, também se apresentou a identidade visual do pacto (logo), em uma ação cooperada e voluntária de vários *designers* participantes do projeto (**Figura 3.27**).

No âmbito dos trabalhos, no momento da assinatura do Pacto Alegre e adesão dos patrocinadores e *media partner*, foi lançado o Manifesto do Pacto Alegre, documento fundamental do pacto da inovação da cidade, construído em processo participativo ao longo do segundo semestre de 2018 (**Figura 3.28**).

FIGURA 3.27 Identidade visual: criação do logo do Pacto Alegre.
Fonte: Acervo do Comitê Técnico do Pacto Alegre.

FIGURA 3.28 Manifesto do Pacto Alegre.
Fonte: Acervo do Comitê Técnico do Pacto Alegre.

Após dois meses, em maio de 2019, foi realizada a segunda reunião da mesa do pacto e foram aprovados os 24 projetos do pacto, todos relacionados com os seis desafios da cidade, incluindo mais três projetos estratégicos para a cidade (**Figura 3.29**).

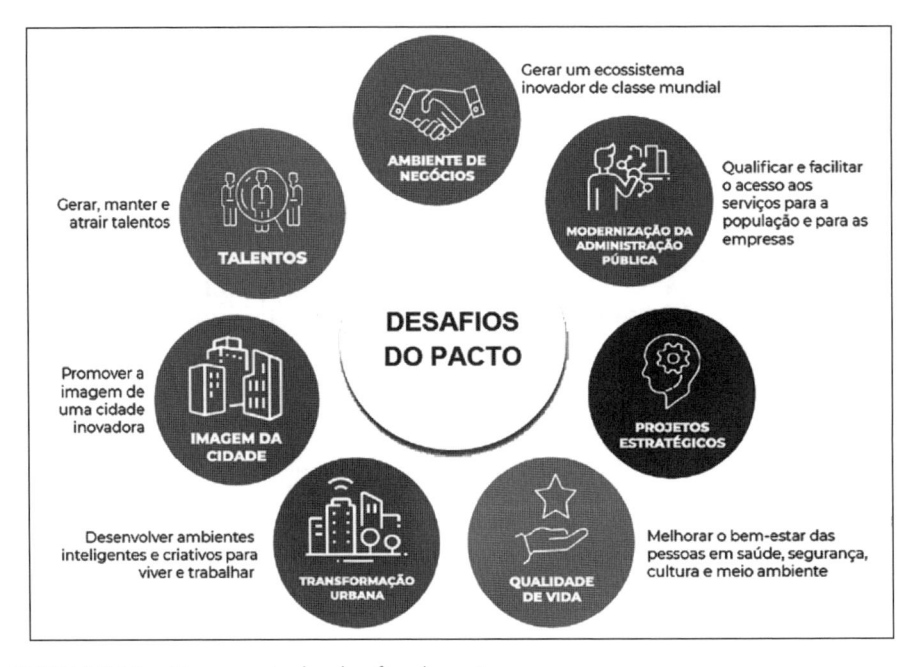

Em respostas aos desafios, foi realizada ideação coletiva da agenda inicial de projetos (**Figura 3.30**).

A **Figura 3.31** ilustra os projetos definidos para a imagem da cidade; a **Figura 3.32** ilustra os projetos definidos para a dimensão: modernização da administração pública; a **Figura 3.33** mostra a dimensão: educação e talentos; a **Figura 3.34** apresenta os projetos da dimensão: ambiente de negócios; a **Figura 3.35** demonstra os projetos ligados a dimensão: transformação urbana e; a **Figura 3.36** ilustra os projetos da dimensão: qualidade de vida. Já, a **Figura 3.37** exemplifica projetos definidos pela coletividade, a partir da dimensão propostas estratégicas.

Face o surgimento da pandemia pelo covid-19, os projetos executivos selecionados e chancelados pela Mesa do Pacto Alegre, e que atualmente conta com o apoio de mais de 100 membros participantes, sofreram adaptações naturais a uma situação singular a que o mundo está enfrentando. Desta forma, os quadros a seguir demonstram as adaptações e priorizações impostas pelo contexto sanitário. Graças ao acúmulo de experiência das Equipes Técnicas e da cultura de colaboração comunitária, está sendo possível dar andamento a diversos projetos, evidentemente levado em consideração as restrições exigidas. Os projetos adaptados podem ser identificados na **Figura 3.38**.

FIGURA 3.29 Mapeamento dos desafios do pacto.
Fonte: Acervo do Comitê Técnico do Pacto Alegre.

Capítulo 3 ▪ *Cases* mundiais de transformação a partir de um movimento colaborativo

FIGURA 3.30 Definição do projetos, de forma participativa, a partir dos seis desafios do Pacto Alegre.
Fonte: Acervo do Comitê Técnico do Pacto Alegre.

FIGURA 3.31 Dimensão: imagem da cidade.
Fonte: Acervo do Comitê Técnico do Pacto Alegre.

FIGURA 3.32 Dimensão: modernização da administração pública.
Fonte Acervo do Comitê Técnico do Pacto Alegre.

FIGURA 3.33 Dimensão: educação e talentos.
Fonte: Acervo do Comitê Técnico do Pacto Alegre.

FIGURA 3.34 Dimensão: ambiente de negócios.
Fonte: Acervo do Comitê Técnico do Pacto Alegre.

Outros efeitos relevantes incentivados e/ou inspirados pelo Pacto Alegre surgiram em decorrência do novo contexto. O primeiro foi a adaptação do Festival POA2020, proposto pelo movimento coletivo *POA_Inquieta*, que passou a ser organizado 100% digital e *on-line*. Uma série de ajustes são inerentes deste processo estão sendo executados e transformados em uma expectativa mais ampla.

O segundo movimento consistiu no surgimento do coletivo *Brothers in Arms,* criado em 20 de março de 2020, cujo propósito reside na reunião de esforços coletivos para reunir materiais destinados aos centros de saúde carentes. Esse movimento, graças à cultura de colaboração citada anteriormente, arregimentou cerca de 1.000 colaboradores voluntários, entre eles: profissionais liberais, empresários, acadêmicos, pesquisadores e profissionais da saúde, em torno de um propósito comum, ajudar a salvar vidas por meio da confecção, conserto, aquisição e doação de mais 100 mil EPIs (equipamentos de proteção individual) e equipamentos de UTIs (unidades de tratamento intensivo), como ventiladores, monitores e filtros de oxigenação. Inicialmente o movimento atendeu as demandas do município, mas, por meio das redes sociais, chegou a todo o

FIGURA 3.35 Dimensão: transformação urbana.
Fonte: Acervo do Comitê Técnico do Pacto Alegre.

FIGURA 3.36 Dimensão: qualidade de vida.
Fonte: Acervo do Comitê Técnico do Pacto Alegre.

FIGURA 3.37 Dimensão: propostas estratégicas.
Fonte: Acervo do Comitê Técnico do Pacto Alegre.

estado do Rio Grande do Sul, coletando demandas de mais de 380 centros de saúde, incluindo 133 hospitais e 105 unidades básicas de saúde.

Do ponto de vista do modelo de governança, o Pacto Alegre está estruturado conforme a **Figura 3.39**.

O atual modelo de governança do Pacto Alegre se estrutura em três níveis:

- Estratégico
- Executivo
- Operacional

A seguir, serão descritas as instâncias que compõem cada um desses níveis.

a. Nível estratégico

No nível estratégico, temos atualmente quatro instâncias, sendo que duas agregam a liderança das forças indutoras do pacto (Aliança pela Inovação e PMPA), enquanto as

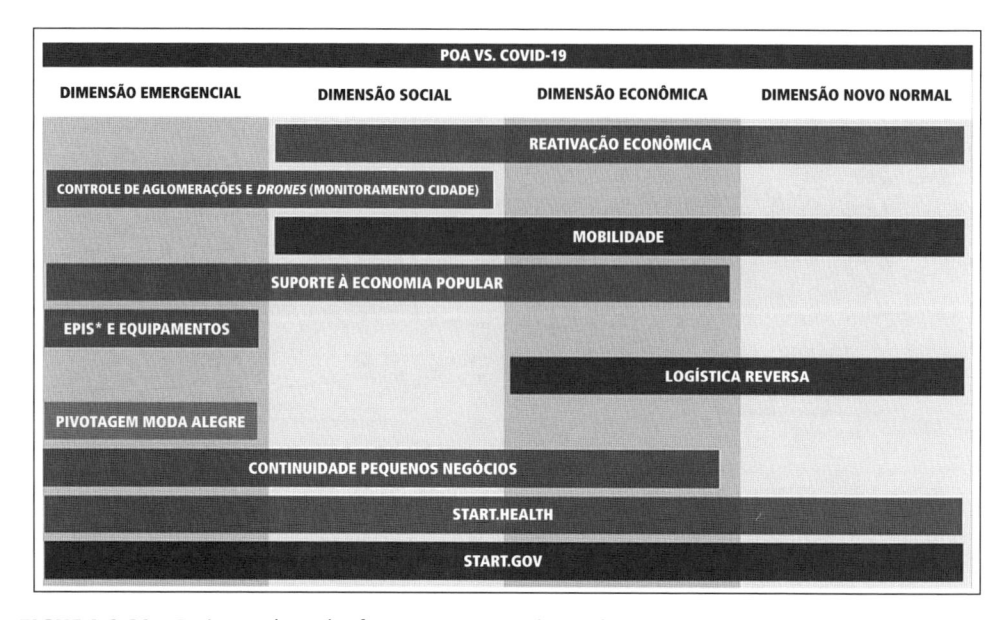

FIGURA 3.38 Projetos adaptados face o surgimento da pandemia pelo covid-19.
*EPIs, equipamentos de proteção individual.
Fonte: Acervo do Comitê Técnico do Pacto Alegre.

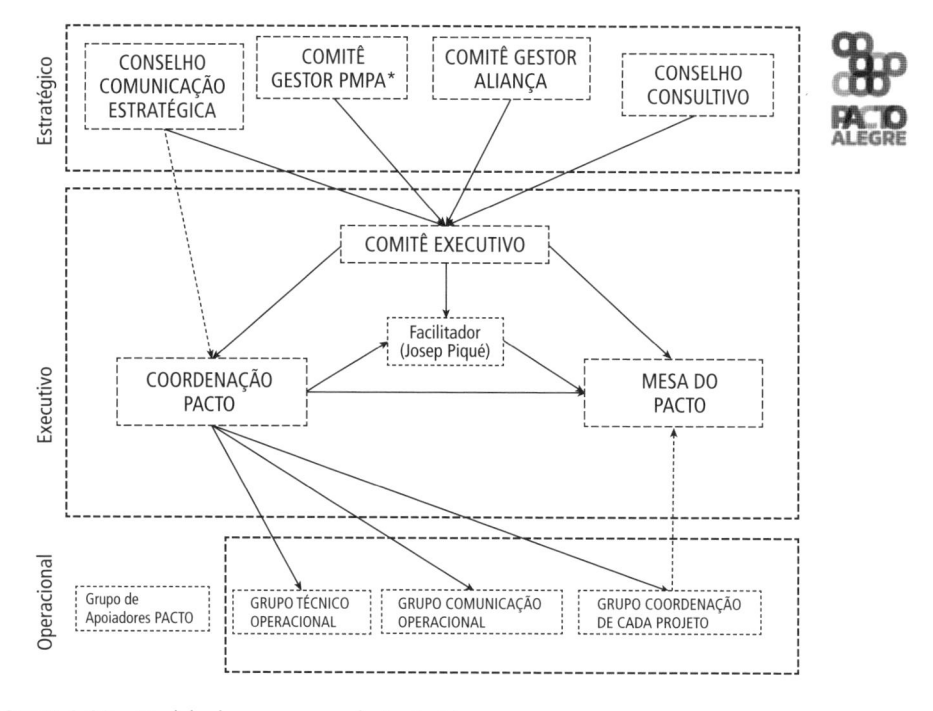

FIGURA 3.39 Modelo de governança do Pacto Alegre.
*PMPA, Prefeitura Municipal de Porto Alegre.
Fonte: Acervo do Comitê Técnico do Pacto Alegre.

outras duas incorporam lideranças empresariais, da área de comunicação e/ou da área de inovação, atuando como órgãos consultivos. Todas as instâncias estratégicas, em suas esferas de influência, têm o compromisso de acompanhar o andamento do movimento, opinar sobre sua orientação e estruturação, definir estratégias e direcionamentos que orientem a atuação do comitê executivo, mobilizar apoios e contribuir para a boa condução e para a adequada *accountability* das ações. A composição e o papel de cada uma dessas instâncias será resumido a seguir:

Comitê Gestor Aliança (CG-Aliança) – Composto pelos três reitores das universidades que compõem a Aliança pela Inovação, pelos seus assessores e por lideranças da área de inovação da universidade (diretores do parques científico-tecnológicos, pró-reitores de pesquisa ou diretores de unidade de áreas estratégicas, capazes de alavancar a transformação da cidade pela inovação, escolhidos pelos reitores). O CG-Aliança tem por objetivo assegurar que a alta direção da Aliança pela Inovação seja mantida a par do andamento do movimento e participe na tomada de decisões estratégicas sobre sua condução.

Comitê Gestor PMPA (CG-PMPA) – Formado pelo prefeito, seus assessores diretos e por cinco secretários de áreas estratégicas da administração pública (mais envolvidas ou impactadas pela inovação). O CG-PMPA tem por objetivo assegurar que a alta direção da Prefeitura Municipal seja mantida atualizada do andamento do movimento e participe na tomada de decisões estratégicas sobre sua condução.

Conselho Consultivo – Constituído por lideranças amplamente reconhecidas e respeitadas na cidade de Porto Alegre, com visão e experiência empresarial. O conselho tem a missão de opinar sobre a condução do movimento, sua estruturação, participar da concepção e elaboração das estratégias de desenvolvimento, orientar sobre a efetividade e auxiliar na relação diplomática com o meio privado e a sociedade em geral.

Conselho de Comunicação Estratégica – Instituído por especialistas convidados da área de comunicação, *design*, publicidade e/ou mídia. Tem a missão de opinar sobre a condução da comunicação do movimento, participar da concepção e elaboração dos elementos de identificação e divulgação do projeto, e orientar na relação com a mídia e a população em geral.

b. Nível executivo

No nível executivo, há três instâncias que têm a responsabilidade de impulsionar as ações do pacto, implementando a visão estratégica, formulando uma estratégia de trabalho. As instâncias executivas fazem a coordenação e condução das ações do Pacto, interagem com as instâncias estratégicas e orientam e coordenam o trabalho das instâncias operacionais. Um breve resumo da composição e papel de cada uma delas será apresentado a seguir.

Comitê Executivo – Composto por quatro especialistas reconhecidos na área de inovação. São designados pelas três universidades da Aliança pela Inovação para fazer a condução e estruturação do movimento, em conjunto com representantes da Diretoria de Inovação da PMPA. É a principal instância de articulação de entidades e pessoas atuantes no Pacto Alegre, funcionando como esfera diplomática para organizar e efetivar o contato e o engajamento de instituições e indivíduo.

Coordenação Pacto – Designada entre os membros do Comitê Executivo para atuar como ponto focal e organizador das atividades, exercendo a função de porta-voz e facilitador do Pacto, articulador da Mesa e supervisor/indutor das atividades do nível operacional.

Mesa do Pacto – Instância de articulação das entidades convocadas a dar sustentação primária ao Pacto, se comprometendo com o desenvolvimento de sua agenda de projetos. Reúne cerca de 80 entidades dos principais *clusters* e setores econômicos e sociais da cidade. É a primeira camada de expressão do pensamento coletivo. Adaptada da metodologia usada pelo professor Piqué em processos similares de alavancagem de outros ecossistemas de inovação, tem vital importância simbólica e de comprometimento. Atua como instância de validação e acompanhamento da agenda de projetos do Pacto.

c. Nível operacional

O nível operacional apresenta três instâncias que agregam especialistas alocados pelos proponentes do Pacto e voluntários de outras entidades. Tem a responsabilidade de apoiar o nível executivo e contribuir com a governança e gestão do movimento por meio de uma atuação técnica qualificada e ágil, envolvendo a produção de levantamentos e estudos; a organização e a condução de dinâmicas de cocriação; geração e produção de material gráfico; a organização e suporte de eventos; a condução da estratégia de comunicação; a criação, gestão e operação do *site*, e outras atividades de suporte vitais para o controle do processo. A seguir, será explicado, de forma resumida, a composição e o papel de cada uma dessas instâncias:

Grupo Técnico Operacional – Composto por especialistas disponibilizados pelas três universidades da Aliança pela Inovação e pela PMPA, além de voluntários selecionados, para apoiar a condução e estruturação do movimento, em articulação com a coordenação do pacto. Funciona como instância de operacionalização, controle e indução das iniciativas do Pacto, assim como de monitoramento do andamento dos seus projetos e ações.

Grupo de Comunicação Operacional – Composto por especialistas disponibilizados pelas três universidades da Aliança pela Inovação e pela PMPA, além de voluntários selecionados, para apoiar a condução e estruturação da comunicação do movimento, em articulação com a coordenação do pacto e seguindo as diretrizes estabelecidas no nível estratégico e executivo.

Grupo de Coordenação de Projeto – Instância de articulação e governança de cada projeto, estabelecida a partir da articulação dos indutores e voluntários que se comprometem com a condução e operacionalização de cada projeto aprovado pela mesa. Em articulação com a coordenação do pacto e com suporte do Grupo Técnico Operacional, se responsabiliza pela montagem e realização dos planos de trabalho de cada projeto, e da organização do *feedback* para a mesa a cada ciclo de projeto (cerca de seis meses).

Além das instâncias estruturadas, o movimento conta com uma equipe de relacionamento denominada **grupo de apoiadores**, suporte não formal que reúne digitalmente indivíduos e governanças que se voluntariaram para apoiar o movimento e auxiliar na condução e/ou divulgação das iniciativas do movimento.

CAPÍTULO **4**

Lições aprendidas

As vantagens comparativas (e competitivas) de cidades e países dependem atualmente de novas formas de produção baseadas no conhecimento e no talento. No lugar de posicionamentos associados a custos mais baixos, os países, e particularmente as cidades, visam desenvolver talentos por meio da educação, atraindo pessoas altamente qualificadas de todo o mundo. Cidades que estimulam e rejuvenescem diversas formas de conhecimento servem como centros de conhecimento (KNIGHT, 1995) e atraem uma força de trabalho altamente qualificada e criativa (FLORIDA, 2008).

A dicotomia entre empresas (economia) e pessoas (sociedade) surge como chave na nova economia. Ao contrário do que acontecia no passado, não só as empresas, mas também as pessoas (talentos) são elementos-chave para aumentar o desenvolvimento econômico. Para tanto, inovação e criatividade tornam-se essenciais para o novo cenário de competição urbana. Como resultado, não só os fatores *hard* (infraestrutura, transporte e conectividade, entre outros) geralmente envolvidos na atração de empresas, mas também os fatores *soft* (ambiente de negócios, lazer e tolerância, etc.) são fundamentais para atrair pessoas e converter cidades tradicionais em nós da economia e da sociedade do conhecimento (PIQUÉ; MIRALLES, 2017).

Mas até que ponto essas pessoas criativas e talentosas estão envolvidas na produção de novos produtos e processos inovadores? Como as cidades e os ambientes urbanos podem promover o compromisso e o apego de pessoas talentosas ao fomento da economia do conhecimento? Torna-se essencial fornecer mecanismos e ferramentas para orquestrar e desenvolver uma densa rede de relacionamentos que não só estimule o talento, mas também o transforme em criação de valor.

A atividade econômica está necessariamente associada a uma determinada área geográfica: é essencial localizar a inovação. Porém, uma área geográfica é mais que um local de negócios: é um espaço de interação e residência, gerando sinergias entre pessoas, instituições e políticas.

Nos últimos anos, foi identificado um interesse crescente em saber quais mecanismos estão disponíveis para gerar inovação nos territórios (PORTER, 1995; ETZKOWITZ; SOLÉ; PIQUÉ, 2007; SARIMIN; YIGITCANLAR, 2012; AUDY; PIQUÉ, 2016; ENGEL; BERBEGAL-MIRABENT; PIQUÉ, 2018; PIQUÉ *et al.*, 2019). As abordagens são variadas, desde a academia até agentes locais que desejam aprimorar sua capacidade de gerar alto valor agregado.

Neste quadro, a Associação Internacional de Parques Científicos e Áreas de Inovação (IASP, do inglês International Association of Sciences Park and Áreas of Innovation) define "áreas de inovação" como locais concebidos e selecionados para atrair pessoas com mentalidade empreendedora, talento qualificado, negócios e investimentos intensivos em conhecimento, por meio do desenvolvimento e combinação de conjunto de infraestrutura, ativos institucionais, científicos, tecnológicos, educacionais e sociais, juntamente com um serviço de valor agregado, potencializando o desenvolvimento econômico sustentável e a prosperidade com e para a comunidade.

O talento como base do desenvolvimento de territórios

Entre outras, o agrupamento de empresas e tecnologias tem sido apontado como uma das estratégias mais eficazes para agrupar sinergias e aumentar o dinamismo na criação de valor econômico. No entanto, essas estratégias não funcionam bem quando se trata de talento.

"O *pool* de talentos, especialmente o talento empreendedor e os trabalhadores do conhecimento, são diferentes. O talento se move porque pode se mover e se agrupar porque faz sentido, principalmente se as vantagens da conectividade entrarem em ação" (CANNON, 2008, p. 40, tradução nossa).

A valorização de uma área específica com o objetivo de gerar inovação exige a identificação de um contexto local, com potencial para enfrentar desafios e capacidade de gerar uma nova forma de se conectar com o resto da cidade. Conscientizar-se do poder das novas ferramentas de conectividade é vital para entender como o talento também pode ser atraído e retido. O que o agrupamento de atividades de conhecimento em uma cidade traz para talentos de todo o mundo?

A capacidade de transformar o ambiente existente para atrair empresas e talentos é um desafio político: as cidades elaboram estratégias de desenvolvimento e roteiros para a inovação em determinados bairros à luz de outras experiências. No entanto, as principais linhas estratégicas de ação exigem um processo de adaptação e validação para cada contexto e situação específica. A transferência de modelos não garante a transferência de resultados. Porém, as cidades atualmente buscam reunir talentos de todo o mundo, beneficiando-se da interação de diferentes pessoas, de diferentes origens e com diferentes habilidades em um único projeto ou empreendimento. O papel da cidade é crucial no desenvolvimento de uma imagem particular que atraia e envolva os trabalhadores do conhecimento.

> Na verdade, há uma correlação direta entre a capacidade de uma cidade de reunir pessoas altamente qualificadas e o potencial de inovação e crescimento econômico da região. A geração de ideias e seu processamento como ferramentas inovadoras aplicadas aos negócios não depende mais dos elementos clássicos de localização de negócios: a própria personalidade da cidade torna-se crucial para criar um apelo para certos grupos que fornecem novas capacidades e potenciais de crescimento para a região. (PAREJA-EASTAWAY; PIQUÉ, 2010, p. 185, tradução nossa).

Os parques científicos e tecnológicos têm um papel importante a desempenhar na economia do conhecimento. Já assistimos à evolução dos modelos tradicionais para os novos, as áreas de inovação. Esse modelo foi analisado por Luiz Sanz em 2001 como *Learning Village* (SANZ, 2001). Foram descritos três elementos principais: (a) negócios, (b) centros educacionais e (c) áreas residenciais. Todos os três elementos permanecem no centro do estudo, uma vez que incluem o conceito-chave por trás das áreas de inovação: um lugar para trabalhar e viver na economia e na sociedade baseadas no conhecimento.

Os cidadãos como quarto pilar (quádrupla hélice)

A definição e função do conceito de tríplice hélice combina indústria, governo e universidades em um mesmo ambiente, argumentando sua capacidade de fornecer um arcabouço para a ação da economia baseada no conhecimento (ETZKOWITZ; LEYDESDORFF, 1995).

Este modelo vai além da política de inovação baseada em sistemas lineares de demanda (atração de mercado) ou políticas de oferta (impulso tecnológico); sugere o fortalecimento das sinergias que surgem entre os agentes em uma perspectiva *bottom-up* para iniciativas de inovação fortalecidas em nível nacional ou regional, de cima para baixo (ETZKOWITZ; LEYDESDORFF, 2000).

Mercado pode ser incluído como um quarto elemento deste modelo. Nesse sentido, a demanda passa a ser um fator-chave para o desenvolvimento da inovação. Os atores podem atuar isoladamente ou coordenar ações por meio do desenvolvimento de novos conhecimentos, novos setores econômicos ou regiões, promovendo ecologias de inovação, assumindo papéis de outros e criando estruturas híbridas que permitem iniciativas conjuntas permanentes.

Por outro lado, a importância de ter instalações educacionais adequadas é fundamental para garantir a produção de talentos no país. A presença de escolas públicas e privadas de alta qualidade, como as universidades, garante a disponibilidade de mão de obra altamente qualificada e atrai empresas para esses locais.

Conforme mencionado, o aumento da concorrência global e fontes mais baratas de soluções de tecnologia de alta qualidade significam que as empresas não podem mais contar com a manutenção de uma vantagem competitiva baseada em fatores "tradicionais" de preço e qualidade. Eles devem buscar fontes alternativas de vantagem competitiva.

Hoje, as empresas estão passando por grandes transformações em seus processos de inovação e modelos de negócios para levar produtos e serviços mais valiosos ao mercado. Modelos de negócios abertos, um maior enfoque na compreensão das necessidades latentes dos consumidores e um envolvimento mais direto do usuário nas várias etapas do processo de inovação são, entre outros, os principais motores dessas novas estratégias.

"Acredita-se que a abordagem de inovação dirigida ao usuário promove o desenvolvimento de novos serviços públicos mais baratos e formas de operá-los" (WISE; HØGENHAVEN, 2008).

Vários autores reconheceram a necessidade de desenvolver um novo modelo (ou modelos) que inclua a perspectiva do usuário no desenvolvimento da inovação. Todos concordam que a inovação orientada pelo usuário é um fator essencial de sucesso tanto para empresas privadas quanto para organizações do setor público.

Hoje, o conceito de "inovação do *driver* do usuário" mudou de uma perspectiva em que o consumidor simplesmente agrega valor aos produtos existentes desenvolvidos por empresas com a participação dos consumidores, para produzir inovação em todo o processo de concepção, desenvolvimento e introdução ao mercado do produto, entre outros (WISE; HØGENHAVEN, 2008).

Além da participação direta do consumidor na criação de externalidades positivas de inovação na empresa ou ao longo da cadeia de valor, existem outros efeitos secundários relacionados ao usuário como elemento inextricável do lado da demanda do mercado. A criação de uma "procura sofisticada" traz benefícios claros em pelo menos quatro áreas diferentes: a própria cidade, bem como os seus cidadãos, o seu tecido empresarial e o seu ambiente científico e tecnológico. Melhores produtos e serviços forçam as empresas a incluir o núcleo da inovação em novos serviços e produtos em ambientes cada vez mais competitivos (PIQUÉ; MAJÓ, 2012).

Cidades: a plataforma da ecologia da inovação

As cidades são a plataforma para a ecologia da inovação porque são as plataformas para o talento, a base da nova economia e da nova sociedade. As cidades devem oferecer um bom lugar para trabalhar e viver se quiserem atrair, reter e criar talentos (NIKINA; PIQUÉ, 2016). Por outro lado, as cidades também são objeto de inovação. Por esse motivo, podem ser um local para experimentar inovações. Legisladores, universidades, indústria e cidadãos podem usar a cidade como um laboratório para aprender localmente e escalar globalmente.

O modelo da quádrupla hélice combina poder público, academia, indústria e sociedade civil para a construção de ecossistemas inovadores (CARAYANNIS; CAMPBELL, 2009). Os cidadãos são os beneficiários da inovação, mas também podem desempenhar um papel fundamental no processo de inovação (PIQUÉ; MAJÓ, 2012). As cidades que desejam desenvolver ecossistemas de inovação precisarão desenvolver fatores duros e suaves para a transformação urbana, econômica e social.

Os desenvolvimentos *greenfield* e *brownfield* devem criar uma ecologia de inovação que inclua todos os atores do ecossistema (universidades, indústrias, governo e sociedade). O ponto de partida pode ser diferente, mas a visão deve ser a mesma na direção da economia e da sociedade baseadas no conhecimento. As cidades devem entender os desafios para atingir essa visão e desenvolver ações para enfrentar os desafios urbanos, econômicos e sociais, aproveitando as capacidades dos agentes ecossistêmicos (PIQUÉ; MIRALLES, 2017).

A revitalização da cidade necessita de uma transformação urbana, econômica e social

A revitalização das cidades requer uma abordagem holística e abrangente que inclua: (a) a dimensão da infraestrutura e urbana, (b) a dimensão empresarial e econômica, (c) a dimensão social e de talento, e (d) a dimensão da governança (PIQUÉ, *et al.*, 2019).

- *A transformação urbana* implica o desenvolvimento de um plano urbano, um plano de infraestruturas e um quadro legal que permita a utilização do terreno para atividades baseadas no conhecimento e na atração de investidores imobiliários para a remodelação de edifícios antigos e a criação de novos escritórios e espaços públicos. Como exemplo, cita-se o 22@Barcelona que tem leis especiais de planejamento urbano e um plano de infraestrutura.
- *A transformação econômica* implica uma especialização inteligente do território. Isso implica selecionar quais setores (*clusters*) serão desenvolvidos e qual agenda tecnológica é necessária para as cadeias de valor da inovação. Como exemplo, cita-se a União Europeia que tem promovido estratégias de especialização inteligente baseadas na investigação e inovação nos territórios (RIS3, Regional Innovation Strategies for Smart Specialisation [Estratégias de Inovação Regionais para a Especialização Inteligente]).
- *A transformação social* assenta na valorização do talento dos territórios como ativo fundamental da economia e da sociedade com base no conhecimento. Para tanto, devem ser desenvolvidas estratégias de criação, desenvolvimento, atração e retenção de talentos e espaços de convivência e trabalho, como a verificada no caso de Medellín.
- Essas transformações precisam de uma *governança* que envolva e articule os agentes da quádrupla hélice na transformação das cidades, criando plataformas híbridas público-privadas para cocriar a visão, compartilhar desafios e promover ações de transformação urbana, econômica e social, como no caso de Santa Catarina.

Os agentes da quádrupla hélice desenvolvem diferentes funções na construção de um ecossistema de inovação

Os ecossistemas de inovação precisam de uma transformação urbana, econômica e social. O papel de cada agente da quádrupla hélice (governo, universidades, indústria e sociedade) é diferente de acordo com a dimensão da transformação (PIQUÉ; MIRALLES; BERBEGAL-MIRABENT, 2019; PIQUÉ et al., 2019):

- O *governo*, nos níveis local, regional (estadual) e nacional (federal), desempenha um papel fundamental na transformação. Na dimensão urbana, define os usos do solo, o plano de infraestrutura, os espaços verdes e o incentivo aos incorporadores imobiliários. Na dimensão econômica, investe em pesquisa e tecnologia, promove a atração de empresas e a criação de novas *start-ups*, promove *clusters* e cria condições para projetos-pilotos. Na dimensão social, cria condições de vida e trabalho, incluindo habitação e escola.
- A *universidade* é fonte de talento e tecnologia. A universidade é uma ferramenta fundamental com impacto em todas as dimensões. Na dimensão urbana, desenvolve terrenos e edificações como instituições âncoras (de pesquisa, ensino, incubação e residências). Na dimensão econômica, contribui com ciência, tecnologia, laboratórios e empreendedores para o ecossistema. Na dimensão social, traz novos talentos para o ecossistema de inovação e uma equipe experiente que também estará morando na cidade.

- A *indústria* representa todas as empresas – de diferentes portes em setores – do território. Na dimensão urbana, por um lado, por meio do setor imobiliário, desenvolve e constrói novos edifícios e condiciona os antigos a novas propostas; empresas de serviços públicos fornecem infraestrutura essencial; os usuários finais usam os edifícios e fornecem o retorno sobre o investimento. Na dimensão da transformação econômica, grandes corporações, micro, pequenas e médias empresas e novas empresas se agrupam com universidades e instituições, gerando empregos e faturando. Por fim, na dimensão social, a indústria disponibiliza o profissional como cidadão, e permite que o talento se envolva nas empresas com estágios para estudantes e criam empregos.
- A *sociedade civil* é a força motriz da inovação. É a demanda por necessidades e, por sua vez, é a expressão do mercado. Governos, indústrias e universidades devem colocar no centro de suas ações a solução dos desafios colocados pela sociedade. Por sua vez, os cidadãos podem ser identificadores de novas necessidades, fonte de ideias para encontrar soluções e validadores de propostas. A sociedade civil organizada bem incorporada garante que os ecossistemas de inovação respondam a problemas reais e locais e, por sua vez, seja uma fonte de inspiração para validação local e escala internacional.

O pacto de inovação como mecanismo de orquestração do ecossistema territorial

Um processo de coevolução se desenvolve, em que governo, universidades, indústria e sociedade interagem. Todos os atores precisam de outros para evoluir, e plataformas para coordenar expectativas e ações são necessárias (PIQUÉ; MIRALLES; BERBEGAL-MIRABENT, 2019, 2020). Assim, uma das propostas é o desenvolvimento de Pactos pela Inovação nos diferentes territórios. Portanto, todos os atores devem completar todas as fases para que haja uma orquestração do ecossistema, sendo estas assim definidas como: concepção, lançamento, crescimento e maturidade.

- *Concepção*: é necessária uma liderança clara do ecossistema de inovação. O envolvimento de universidades, governo e empresas são fatores fundamentais para gerar uma visão compartilhada e confiança em um Pacto pela Inovação. É preciso conhecer e reconhecer os ativos instalados no território, diagnosticar capacidades e oportunidades.
- *Lançamento*: é o momento da apresentação pública da visão do Pacto e do envolvimento do máximo de agentes da quádrupla hélice. Momento de constituição de uma mesa permanente de governança do ecossistema por meio do Pacto pela Inovação.
- *Crescimento*: universidades, empresas, governo e sociedade apresentam desafios e estão envolvidos em ações para alcançar a visão. Grupos de trabalho formados por agentes da quádrupla hélice trabalham em ações para solucionar os desafios colocados e priorizados na mesa do pacto.
- *Maturidade*: o ecossistema já reconhece a mesa do pacto como mecanismo de coordenação dos agentes. O andamento das ações é apresentado periodicamente.

A Mesa avalia e monitora as ações e apresenta novos desafios. Os agentes da quádrupla hélice são orquestrados com uma metodologia aceita e adotada para alcançar a visão, interpretar novos desafios e impulsionar a ação.

Recomendações para implementar um pacto de inovação

"Não seremos cidade se não imaginarmos coletivamente."

A primeira grande reflexão é que a cidade é um projeto coletivo. Se o conjunto de atores de uma cidade não compartilha uma visão comum, teremos tantas cidades quantas forem as visões (ou ausência de visões) de cada um dos atores.

Para tal, é necessário um exercício de construção de uma visão coletiva com base no potencial das capacidades instaladas e na interpretação das oportunidades que as novas tecnologias nos proporcionam, bem como das ameaças que nos podem impactar e dos problemas do passado que podem afetar o futuro.

Barcelona, com o **22@** (*case* I), cria uma visão de um novo bairro em um ambiente degradado nas dimensões urbana, econômica e social. Essa visão, formulada em 2000, a partir da interpretação de quais tecnologias de informação e comunicação (a) transformam a cidade em *Smart City* em sua dimensão urbana, (b) promove uma nova economia do conhecimento e (c) cria um bairro para viver e trabalhar incorporando áreas verdes, habitação social, colocando as pessoas como base, ou seja, talentos, no centro do desenvolvimento.

Medellín (*case* II), perante uma situação de grande complexidade histórica, faz da inovação o seu eixo de transformação e formula, com o **Grande Pacto pela Inovação**, uma estratégia de cidade que visa mobilizar as organizações para investir na inovação como parte vital do seu motor de crescimento e, assim, contribuir para a competitividade e qualidade de vida da cidade, a retirando da condição de uma cidade dominada pelo narcotráfico e a transformando em referência de cidade criativa pela Undesco.

Santa Catarina (*case* III) propõe um **Pacto de Inovação** com o objetivo de acelerar o desenvolvimento do ecossistema catarinense de inovação, com vistas a transformar Santa Catarina em uma referência internacional em inovação nos mais diversos setores. A iniciativa promove alinhamento entre entidades de representação estadual, localizada em diferentes cidades, de forma a promover sinergia estratégica entre elas, fomentando a inovação territorial com apoio das diferentes hélices. **Porto Alegre** (*case* IV) manifesta, em seu **Pacto pela Inovação**, a busca por transformar a cidade em referência como ecossistema de inovação de classe mundial, que valoriza as capacidades da cidade, para construir um ambiente inspirador que contribua para a criação de um futuro melhor para a cidade e para as pessoas que dela fazem parte.

Não há compromisso sem cocriação

Nas políticas públicas, é necessário não só a transparência dos projetos, mas também o estabelecimento de mecanismos de participação para enriquecer os projetos coletivos a partir da contribuição das instituições e das pessoas. Esta contribuição, como mecanismo de cocriação, fundamenta o vínculo com o projeto e, portanto, o compromisso com o seu sucesso.

O estabelecimento de apresentações públicas e oficinas participativas permite a incorporação de diversos agentes que, tanto pela sua qualidade como quantidade, contribuirão para enriquecer a partir de diferentes perspectivas tanto a formulação da visão, como a identificação de desafios e a proposição de projetos.

Neste livro foram detalhados os mecanismos de participação, as formas de visualização dos trabalhos coelaborados pelos participantes e a apresentação de propostas nos diversos fóruns.

Em Barcelona, universidades, empresas e governo desenvolveram *clusters* urbanos, com o objetivo de implantar uma nova realidade econômica no território. Se promoveu a associação de empresas e instituições do 22@.

Em Medellín, por meio do Pacto, instituições, empresas e cidadãos se envolveram para aderir ao movimento e, por sua vez, se comprometer por uma cidade mais inovadora.

Em Santa Catarina, foram realizadas reuniões coletivas para apresentação e assinatura de endossos públicos pelos atores a fim de visualizar o compromisso com o Pacto.

Em Porto Alegre, a partir da Aliança de universidades, os atores foram mobilizados, fazendo-os participar da construção da visão, definição de valores, compreensão dos desafios e promoção de projetos.

Os valores devem estar no DNA do caminho

A formulação e o consenso sobre os valores que estarão presentes no Pacto expressam a forma como ele funcionará. Valores como inclusão, criatividade ou transparência expressam as diretrizes comportamentais que regulam os atores do Pacto.

Cada Pacto deve cocriar e compartilhar os valores logo no início do processo, para garantir que todos os participantes entendam e compartilhem como o Pacto se desenvolverá. Expressam profundamente os comportamentos de cada uma das pessoas e, por sua vez, a maneira coletiva como o projeto avançará.

Barcelona, com o 22@, expressa os valores da inovação, sustentabilidade e inclusão social. Para tanto, esses valores foram concretizados com os projetos promovidos como *clusters*, infraestruturas sustentáveis ou habitação social.

No caso de Medellín, propõe uma mobilização social por uma sociedade e economia baseadas no conhecimento, com equidade, inclusão e responsabilidade social, priorizando a ciência, a tecnologia e a inovação. Destaca-se as mudanças nos espaços públicos de alta qualidade, facilitando o acesso em zonas de alta vulnerabilidade social.

As entidades signatárias do Pacto pela Inovação de Santa Catarina comprometeram-se a disponibilizar ao pacto capacidades institucionais, tanto no nível de infraestruturas como de pessoas, e a divulgar o pacto por meio dos seus meios de comunicação. Assim, cada entidade compartilhou suas iniciativas com mais de 200 ações pactuadas e R$ 139 milhões investidos.

No caso de Pacto Alegre, foram definidos e pactuados os valores que estariam presentes no desenvolvimento do pacto, sendo: interesse de todos, compromisso, cooperação, inclusão, transparência, criatividade e empreendedorismo, tangibilizado em uma clara e democrática definição de projetos estruturantes a serem executados na sequência.

Ativando e alienando ativos preexistentes

O pacto nasceu num contexto em que as atividades de inovação já são realizadas. A identificação do papel das universidades, das empresas e do governo, mas também dos demais atores do ecossistema, garante que estamos cientes de quem de quem serão nossos parceiros no desenvolvimento do pacto nos sucessivos processos de construção da visão, identificação de desafios e promoção de projetos.

O mapeamento do acordo preexistente do pacto, para entender "quem faz o quê", garante um inventário de todas as capacidades já instaladas e, por sua vez, dá a oportunidade de visualizar e potencializar a atuação de atores pouco conhecidos ou reconhecidos. Também será verificado quais atividades se sobrepõem ou duplicam por vários agentes e, por sua vez, quais atividades não são realizadas por ninguém e que posteriormente será necessário promover.

O alinhamento de todos os atores com a visão do pacto garante que eles possam ser eficientes com os recursos disponíveis e o desenvolvimento de sinergias entre todos os agentes do Pacto que compartilham da mesma visão.

Com a Lei 22@, Barcelona transformou o uso do solo para desenvolver atividades baseadas no conhecimento no distrito e promoveu a criação de universidades no distrito para localizar talentos e tecnologia de grupos de pesquisa e centros de tecnologia.

Medellín alinhou todos os agentes do Sistema Regional de Inovação para que se comprometam a trabalhar em equipe para aumentar as capacidades instaladas e a treinarem constantemente para transferir os conhecimentos e as capacidades necessárias para promover a cultura da inovação aos diferentes grupos de interesse.

Santa Catarina convidou entidades nacionais e internacionais que atuam na área de ciência, tecnologia, inovação, empreendedorismo e educação para o pacto, a fim de garantir a contribuição de todas elas na constituição e consolidação do Pacto de cada área.

O Pacto Alegre realizou um estudo aprofundado da situação nas dimensões talento e conhecimento, capital financeiro, infraestrutura para inovação, instituições e legislação, interação e qualidade de vida. Esse estudo permitiu conhecer em profundidade os atores, ativos e atividades que acontecem em Porto Alegre.

Das ações individuais aos projetos coletivos

Uma vez acordada a visão e com base nas capacidades instaladas, são identificados quais desafios urbanos, econômicos, sociais e de governança devem ser enfrentados. É neste momento que a realização de projetos pelos agentes deve ser promovida com o objetivo de superar os desafios. Aqui encontramos projetos individuais que os agentes podem desenvolver isoladamente ou projetos coletivos, que agregam capacidades e resolvem desafios complexos ou interdisciplinares.

Barcelona promoveu grandes projetos coletivos, como os *clusters* urbanos, e facilitou projetos individuais, como a implantação de universidades e centros tecnológicos no 22@ *Innovation District*.

Medellín preconizou o autodiagnóstico do estado de inovação de cada ator e sua posterior promoção de projetos de inovação. Coletivamente, foi definido o cumprimento da meta de 1% do PIB (produto interno bruto) como percentual do investimento em ciência, tecnologia e inovação; além disso, fortaleceu e muito as empresas públicas municipais.

Santa Catarina sugeriu que cada ator se comprometesse com ações e projetos individualmente e, por sua vez, identificou desafios coletivos a serem resolvidos para desenvolvê-los de forma conjunta.

Porto Alegre, com base nos macrodesafios identificados: talentos, transformação urbana, ambiente empresarial, imagem da cidade, qualidade de vida e modernização da administração pública, convocou/elegeu projetos que respondessem coletiva ou individualmente aos desafios colocados.

O que não é avaliado é desvalorizado

O andamento dos projetos é fundamental para poder transformar a realidade existente na visão formulada. Para tanto, é necessário monitorar publicamente o andamento desses projetos. O estabelecimento de mecanismos de monitoramento, bem como de fórmulas para apresentação pública dos projetos, garante a compreensão coletiva dos resultados alcançados.

O objetivo da avaliação não é tanto suspender ou aprovar os projetos, mas entender porque eles não estão progredindo ou alertar a comunidade do pacto para as dificuldades específicas a que estão sujeitos os projetos. A capacidade de desbloquear ou unir esforços para avançar o projeto deve ser um desejo coletivo.

22@Barcelona, avalia periodicamente o estado do distrito na sua dimensão urbana (p. ex., m^2 de terreno disponível, m^2 construídos), na sua dimensão econômica (p. ex., número de empresas, número de trabalhadores, faturamento) e na sua dimensão social (p. ex., habitantes do distrito, número de alunos nas universidades) a fim de monitorar o progresso do distrito.

Medellín acompanha permanentemente o cumprimento do objetivo de atingir 1% de investimento em ciência, tecnologia e inovação, bem como os indicadores de inovação da Ruta N.

Santa Catarina, por meio do pacto, realiza reuniões periódicas para relatar o andamento dos projetos, com a participação de todos os agentes signatários do pacto, garantindo o acompanhamento de seu progresso.

O Pacto Alegre realiza reuniões periódicas nas quais apresenta o andamento dos projetos por meio de visualização de semáforos, expressando em verde os projetos que estão progredindo adequadamente; em amarelo, os que aguardam por alguma questão a ser resolvida; e.em vermelho, os que não avançaram.

Do governo à governança

A articulação de ecossistemas de inovação é um dos desafios mais complexos que um território e seus agentes devem enfrentar se desejam construir uma visão comum e serem eficazes e eficientes nos projetos que objetivam desenvolver.

Os governantes eleitos, a partir dos resultados da votação democrática, têm autoridade de representação e responsabilidade de liderança no mandato temporário determinado. As transformações das cidades requerem projetos que vão além de um mandato e, para tanto, são necessários mecanismos que permitam enfrentar os projetos de médio e longo prazo.

A criação de plataformas baseadas na teoria da quádrupla hélice, que incorporem além do governo, as universidades, a indústria e a sociedade civil organizada, garante, além do envolvimento e compromisso com a visão, que se uma das hélices mudar de representante (p. ex., reitor, presidente da câmara de comércio ou presidente da câmara), os restantes agentes terão uma memória histórica da visão consensual e dos compromissos estabelecidos. Um novo representante pode influenciar o pacto com sua agenda, desde que os demais agentes concordem com um novo rumo e novos projetos.

Barcelona promoveu a criação da Rede 22@ como plataforma de dinamização dos negócios e instituições do distrito, garantindo o envolvimento das empresas que se instalaram no 22@Barcelona.

Medellín propôs, por meio do pacto, um mecanismo em que setor público, empresas e entidades do sistema regional de inovação se comprometam com um pacto pela inovação com ações, propostas e projetos que promovam o bem-estar dos cidadãos da cidade.

Santa Catarina formalizou a mesa do pacto em que poder público, universidades e indústria se reúnem periodicamente para avaliar os avanços e propor novos desafios.

Porto Alegre reúne periodicamente os integrantes da mesa do pacto para apresentar o andamento dos projetos e propor novos desafios. O Pacto Alegre também possui um conselho consultivo e um comitê estratégico.

Reflexões finais sobre as lições aprendidas

As mudanças urbanas são condicionadas por transformações globais que modificaram os padrões de produção e renovação das economias industriais.

O espaço urbano adaptou-se ao modo de produção dominante: a cidade comercial ou a cidade industrial são bons exemplos. A mudança mais recente na relação entre desenvolvimento capitalista e urbanização está principalmente associada à economia do conhecimento ou à economia criativa.

O capitalismo cultural cognitivo (SCOTT, 2008) apresenta uma cidade baseada em políticas neoliberais caracterizada por distritos centrais de negócios, elegantes áreas comerciais e de entretenimento e áreas portuárias revitalizadas que atendem aos requisitos de renovação industrial e atraem talentos e turistas para a cidade. Esse é o cenário em que a competição e os fluxos globais de valores colocam novos desafios para a política e governança em comunidades urbanas, aumentando a intensidade da inovação e as tendências culturais pós-modernas.

A globalização econômica fez os governos municipais se preocuparem muito mais do que no passado com os aspectos globais do desenvolvimento econômico local.

Em certo sentido, as cidades estão se tornando redes mundiais de orientação urbana com a tarefa estratégica de ajustar as comunidades urbanas às condições da economia de todo o mundo. Os governos municipais podem fazer isso aumentando sua competitividade ao influenciar o contexto geral no qual essa competição entre cidades ocorre.

Os governos municipais precisam aumentar sua capacidade de governar e projetar estruturas de governança favoráveis. Portanto, a criação de respostas bem-sucedidas à competição interurbana global é essencialmente um problema de posicionamento estratégico e de governança (ANTTIROIKO, 2009).

Florida (2002) entende que o lugar é o fator que agrega organicamente oportunidades econômicas e talentos, empregos e pessoas que são o fundamento para a criatividade, para a inovação e para o crescimento.

"Transformar para desenvolver" também é importante estratégia coletiva vista nas iniciativas apresentadas. Assim, o conceito de forma mais ampla busca o engajamento de diferentes entidades, em busca de atuar em uma proposição comum, que está associada à inovação de seus territórios.

A capacidade das cidades de atrair recursos externos de maneira eficaz, especialmente no que diz respeito a atividades de alto valor agregado, determina em grande parte sua posição na hierarquia urbana global, refletindo e determinando sua atratividade e capacidade geral no mundo globalizado. Isso reforça a necessidade de políticas urbanas básicas que envolvam a população local e sejam capazes de equilibrar as políticas de desenvolvimento com a adoção de uma visão integral.

Os ecossistemas de inovação surgem neste contexto como a pedra angular da síntese global-local: eles atraem recursos externos, aumentam os existentes e criam condições favoráveis para a competitividade global. Assim, nos processos de renovação e dinamização urbana que procuram estimular a inovação, vemos a convergência da melhoria e modernização da infraestrutura física por um lado e, por outro, o desenvolvimento do investimento no capital humano e na melhoria social.

A criação de pactos de inovação tornou-se ferramentas de revitalização urbana. Para esse tipo de desenvolvimento urbano requer não apenas uma metodologia clara, mas também uma compreensão profunda do contexto e dos atores envolvidos no processo, conforme descrito neste livro.

A transformação urbana implica a participação da comunidade, empresas, instituições e políticas para melhorar a qualidade de vida dos cidadãos em geral. No entanto, as políticas têm enfocado diferentes dimensões de renovação, apontando para um tipo de regeneração (física) ou outra (social). Abordagens abrangentes para a regeneração pretendem combinar intervenção física e políticas sociais para melhorar a qualidade de vida dos cidadãos (ROBERTS; SYKES, 2000). Posteriormente, essa abordagem foi predominante na regeneração de cidades e distritos. É generalizada a intervenção abrangente que melhora não só as infraestruturas ou os espaços públicos, mas também fornece elementos intangíveis à comunidade para aumentar a sua qualidade de vida.

Certas cidades definitivamente oferecem um conjunto melhor de atributos para negócios e atividades econômicas do que outras. Estes incluem simultaneamente ativos tangíveis na forma de elementos físicos facilmente mensuráveis (i.e., estradas, aeroportos) e elementos mais indefinidos, como imagem, qualidade de governança e características sociais e culturais (BEGG, 2002).

Infraestrutura e desenvolvimento urbanístico

O desenvolvimento histórico das cidades tem grande influência em sua situação atual. A associação de uma cidade a um determinado perfil econômico não surge de imediato: em grande medida, o passado determina o presente das cidades. As sucessivas transformações econômicas deixam inexoravelmente seu legado no território.

A disponibilidade de boas infraestruturas e ligações de transportes, bem como centros de ensino superior, a disponibilidade de capital e mão de obra com as qualificações necessárias, a par de um contexto institucional que favorece a localização de empresas por meio de programas e ações específicas, como isenções de imposto ou o preço da terra abaixo do mercado, tem sido fatores tradicionalmente considerados como determinantes da localização econômica das empresas. A oportunidade de desenvolver uma cidade inteligente, por exemplo, é uma decisão estratégica a ser incluída na abordagem holística.

Empresas e desenvolvimento econômico

Tradicionalmente, grande ênfase tem sido colocada nos benefícios das economias de aglomeração, economias de escala e agrupamento como promotores do crescimento econômico. Os *clusters* foram analisados e identificados como desempenhando um papel muito relevante na análise da inovação e na definição do apoio político à atividade industrial (PORTER, 1990). Eles são definidos como concentrações geográficas de empresas no mesmo setor ou em setores relacionados ao longo da cadeia de valor que colaboram ou competem e também têm ligações com outros atores (como universidades). Segundo Porter, os *clusters* refletem uma abordagem de cima para baixo na promoção de uma determinada região, que consiste basicamente em agrupar diferentes atores (universidades, centros de tecnologia e pesquisa, empresas, recursos administrativos e financeiros, privados e públicos) interessados em trabalhar juntos em um setor econômico.

Talento e desenvolvimento social

Esses fatores sublinham a importância de certas instalações ou atributos urbanos que contribuem para a criação de um ambiente atraente para as pessoas. Sendo o talento o motor da sociedade e da economia baseada na criatividade e no conhecimento, esses aspectos associados à região tornaram-se mais importantes do que os fatores de localização para a atividade econômica. Qualidade de vida, ambiente ou tolerância são apenas alguns desses elementos.

As redes pessoais ou profissionais, implícitas ou explícitas, tornam-se os conectores entre os atores que participam em diferentes partes da atividade econômica. Na verdade, os fatores de rede são uma formulação alternativa aos fatores clássicos de localização, intimamente relacionados ao aspecto de conectividade que uma boa infraestrutura oferece. Além disso, envolvem também aqueles aspectos que indicam a trajetória individual das pessoas e sua conexão com o território. Logo, não apenas a existência individual é necessária, mas a força de uma rede está justamente na qualidade de suas conexões estabelecidas entre os diferentes atores.

Governança

Esses fatores sublinham a importância de certas instalações ou atributos urbanos que contribuem para a criação de um ambiente atraente para as pessoas. Como o talento se tornou o motor da nova economia baseada na criatividade e no conhecimento, esses aspectos associados à região tornaram-se mais importantes do que fatores de localização para o desenvolvimento econômico e social.

Os pactos de inovação criam um modelo de inovação dinâmico baseado no conceito de quádrupla hélice, que fomenta a confluência da administração pública, universidades, empresas e sociedade civil organizada de forma a desenvolver sinergias entre esses parceiros estratégicos para aumentar a competitividade do território e desenvolvimento social em um ambiente sustentável. As relações de colaboração constituem a base para o desenvolvimento da hélice quádrupla: essa interação é o resultado das sinergias criadas no território entre as partes interessadas e não uma "prescrição" das autoridades. Além disso, os diferentes atores envolvidos assumem papéis distintos dos tradicionais, oportunizando a inovação.

Incorporar as necessidades dos cidadãos e trazê-los para o centro das decisões a fim de assumirem os desafios da cidade, de acordo com os preceitos do modelo da quádrupla hélice é outra decisão estratégica a ser tomada ao desenvolver um modelo de governança.

Enfoque holístico e integrador

As cidades são a plataforma da economia do conhecimento porque são as plataformas do talento, a verdadeira matéria-prima da nova economia e da nova sociedade. As cidades devem oferecer um bom lugar para trabalhar e viver se quiserem atrair, reter e criar talentos.

Por outro lado, as cidades também são alvo de inovação. Por esse motivo, eles podem ser um lugar para aprender. Os legisladores, as universidades e as indústrias podem usar a cidade como um laboratório para aprender localmente e competir globalmente.

A quádrupla hélice envolve o lado da demanda de inovação. Os cidadãos são os beneficiários da inovação, mas também podem desempenhar um papel fundamental no processo de inovação. As cidades que desejam desenvolver áreas de inovação devem desenvolver fatores duros e fatores suaves para a transformação urbana, econômica e social.

Os pactos de inovação devem ativar uma ecologia de inovação que inclua todos os agentes do ecossistema (universidades, indústrias, governo e sociedade civil organizada). O ponto de partida pode ser diferente, mas a visão deve ser clara na direção da economia e da sociedade baseadas no conhecimento. As cidades devem entender os desafios para alcançar essa visão e desenvolver ações que resolvam os desafios urbanos, econômicos e sociais, aproveitando as capacidades e levando em consideração suas idiossincrasias locais, como valores culturais, potencialidades econômicas, restrições ambientais, infraestrutura disponível, capacidade empreendedora, acesso a recursos econômicos e financeiros, aparato legal e desigualdades sociais. Assim, esta obra, mesmo que trazendo uma série de ferramentas e estratégias de ação, não deseja que suas sugestões sejam levadas a termo, sem a devida adaptação às realidades locais e grau de ambição almejada pela população que, em um determinado território, se estabelece e se desenvolve.

Quanto mais experiências forem documentadas e compartilhadas, melhor será aos cidadãos, gestores e leitores, levar a cabo seus necessários processos de desenvolvimento local territorial, tornando nossas cidades verdadeiros e sustentáveis ecossistemas de inovação e prosperidade.

Referências

ANTTIROIKO, A. V. Urban responses to global intercity competition. *In*: KULTALAHTI, J. *et al.* (eds.). *Globalisation:* challenges to research and governance. Helsink: East-West Books, 2009. p. 257–279.

ATLAS DO DESENVOLVIMENTO HUMANO NO BRASIL. *Ranking:* todos os Estados. 2020. Disponível em: http://www.atlasbrasil.org.br/ranking. Acesso em: 14 fev. 2022.

AUDY, J.; KNEBEL, P.; PIRES, S. *A aventura da transformação*. Porto Alegre: Anprotec, 2017.

AUDY, J.; PIQUÉ, J. *Dos parques científicos e tecnológicos aos ecossistemas de inovação:* desenvolvimento social e econômico na sociedade do conhecimento. Brasília: Anprotec, 2016.

AZEVEDO, I. S. C.; TEIXEIRA, C. S. Florianópolis: uma análise evolutiva do desenvolvimento inovador da cidade a partir ao seu ecossistema de inovação. *Revista Eletrônica do Alto Vale do Itajaí*, v. 6, n. 9, p. 108–121, 2017.

BASTOS, M. *Missão, visão e valores:* do conceito à definição. 2017. Disponível em: https://www.portal-administracao.com/2017/10/missao-visao-e-valores-de-empresa.html. Acesso em: 14 fev. 2022.

BEGG, D. Growth, integration, and macroeconomic policy design: some lessons for Latin America. *The North American Journal of Economics and Finance*, v. 13, n. 3, p. 279–295, 2002.

BRANDENBURGER, A. M.; NALEBUFF, B. J. *Co-Opetition*. New Jersey: Doubleday, 1997.

BROWN, T. *Design thinking:* uma metodologia poderosa para decretar o fim das velhas ideias. Rio de Janeiro: Elsevier, 2010.

CANNON, T. The talent economy, cities and science parks. *Paradigmes:* economia productiva i coneixement, n. 1, p. 35–45, 2008.

CARAYANNIS, E. G.; CAMPBELL, D. F. J. *Smart quintuple helix innovation systems:* how social ecology and environmental protection are driving innovation, sustainable development and economic growth. Cham: Springer, 2019.

CARAYANNIS, E. G.; CAMPBELL, D. F. 'Mode 3' and 'Quadruple Helix': toward a 21st century fractal innovation ecosystem. *International Journal of Technology Management*, v. 46, n. 3-4, p. 201–234, 2009.

CENTROS DE INOVAÇÃO DE SANTA CATARINA. [c2022]. Disponível em http://centrosdeinovacao.sc.gov.br/#saiba-mais-ecossistema. Acesso em: 14 fev. 2022.

CENTROS DE INOVAÇÃO DE SANTA CATARINA. *Venha para os centros*. [202-]. Disponível em: http://centrosdeinovacao.sc.gov.br/#saiba-mais-ecossistema. Acesso em: 14 fev. 2022.

CHESBROUGH, H. *Open innovation:* the new imperative for creating and profiting from technology. Boston: Harvard Business School, 2006.

CONCEIÇÃO NETO, A. A. *et al*. Inovação em Santa Catarina: uma análise dos atores do ecossistema de inovação. *In*: CONGRESSO NACIONAL DE INOVAÇÃO E TECNOLOGIA, 3., 2018, São Bento do Sul. *Anais* […]. [*S. l.: s. n.*], 2018.

CSIKSZENTMIHALYI, M. *Flow:* the psychology of optimal experience. New York: HarperCollins, 2008.

DHANARAJ, C.; PARKHE, A. Orchestrating innovation networks. *Academy of Management Review*, v. 31, n. 3, p. 659-669, 2006.

ENGEL, J. S.; BERBEGAL-MIRABENT, J.; PIQUÉ, J. M. The renaissance of the city as a cluster of innovation. *Cogent Business & Management*, v. 5, n. 1, p. 1-20, 2018.

ETZKOWITZ, H.; LEYDESDORFF, L. The dynamics of innovation: from National Systems and 'Mode 2' to a Triple Helix of university-industry-government relations. *Research Policy*, v. 29, n. 2, p. 109-123, 2000.

ETZKOWITZ, H.; LEYDESDORFF, L. The triple helix: university-industry-government relations: a laboratory for knowledge-based economic development. *EASST Review*, v. 14, n. 1, p. 14-19, 1995.

ETZKOWITZ, H.; SOLÉ, F.; PIQUÉ, J. M. The creation of born global companies within the science cities: an approach from triple helix. *Engevista*, v. 9, n. 2, p. 149-164, 2007.

ETZKOWITZ, H.; ZHOU, C. *The triple helix*: university–industry–government innovation and entrepreneurship. London: Routledge, 2017.

ETZKOWITZ, H. et al. Pathways to the entrepreneurial university: towards a global convergence. *Science and Public Policy*, v. 35, n. 9, p. 681-695, 2008.

FLORIDA, R. *The rise of the creative class:* and how it is transforming work, leisure, community and everyday life. New York: Basic Books, 2002.

FLORIDA, R. *Who's your city?* How the creative economy is making where to live the most important decision of your life. New York: Basic Books, 2008.

FUTURO do movimento. *VIA Revista*, ano 4, n. 7, p. 36-39, 2019. Edição especial: Pacto pela Inovação de Santa Catarina. Disponível em: https://via.ufsc.br/wp-content/uploads/2019/12/revistaVIA-especial-Pacto-pela-Inovacao.pdf. Acesso em: 14 fev. 2022.

GOOGLE MAPS. Porto Alegre.[c2022]. Disponível em: https://www.google.com.br/maps. Acesso em: 14 fev. 2022.

GRAN pacto por la inovacción. c2018. Disponível em: https://www.rutanmedellin.org/granpacto/. Acesso em: 14 fev. 2022.

HWANG, V. W.; HOROWITT, G. *The rainforest:* the secret to build the next Silicon Valley. New York: Regenwald, 2012.

IRIGARAY, H. A. R.; CUNHA, G. X.; HARTEN, B. A. Missão organizacional: o que a análise crítica do discurso revela? *Cadernos EBAPE.BR*, v. 14, n. 4, 2016.

JUCEVICIUS, G. et al. The emerging innovation ecosystems and "Valley of death": towards the combination of entrepreneurial and institutional approaches. *Engineering Economics*, v. 27, n. 4, p. 430-438, 2016.

JUSTO, A. S. *O que é PMO?:* 7 passos para implantar um escritório de projetos com sucesso na sua empresa. 2018. Disponível em: https://www.euax.com.br/2018/09/pmo-escritorio-de-projetos/. Acesso em: 14 fev. 2022.

KNIGHT, R. V. Knowledge-based development: policy and planning implications for cities. *Urban Studies*, v. 32, n, 2, p. 225-260, 1995.

KYRIAKOU, D. et al. (ed.). *Governing smart specialisation*. London: Routledge, 2016.

LAPPALAINEN, P.; MARKKULA, M.; KUNE, H. (ed.). *Orchestrating regional innovation ecosystems:* Espoo Innovation Garden. Otavan Kirjapaino Oy: Aalto University, 2015.

LIPNACK, J.; STAMPS, J. *The teamNet factor:* bringing the power of boundary crossing into the heart of your business. Essex Junction: Oliver Wight, 1993.

MANIFESTO. *In*: DICIO: dicionário online de Português. c2022. Disponível em: https://www.dicio.com.br/manifesto/. Aceso em: 14 fev. 2022.

MARTÍNEZ GARCÍA, D.; PLANELLES OLIVA, P. *Pacte cap a un Poblenou amb un 22@ més inclusiu i sostenible*. Barcelona: Fundació Barcelona Institute of Technology for the Habitat, 2019.

MEDELLÍN se integra com o Gran Pacto por la Innovación. [*S. l.: s. n.*], 2014. 1 vídeo (2 min 35 seg). Publicado pelo canal Ruta N. Disponível em: https://youtu.be/ApYDZR6QtMg. Acesso em: 14 fev. 2022.

NIKINA, A.; PIQUÉ, J. M. *Areas of innovation in a global world*: concept and practice. Málaga: International Association of Science Parks and Areas of Innovation, 2016.

NONAKA, I.; TOYAMA, R.; HIRATA, T. *Managing flow*: a process theory of the knowledge-based firm. Basingstoke: Palgrave Macmillan, 2008.

OPPENHEIMER, A. *Crear o morir!* La esperanza de Latinoamérica y las cinco claves de la innovación. Madrid: Debate, 2014.

O PACTO pela inovação como diferencial para o desenvolvimento econômico. *VIA Revista*, ano 4, n. 7, p. 28–31, 2019a. Edição especial: Pacto pela Inovação de Santa Catarina. Disponível em: https://via.ufsc.br/wp-content/uploads/2019/12/revistaVIA-especial-Pacto-pela-Inovacao.pdf. Acesso em: 14 fev. 2022.

O PACTO pela inovação de Santa Catarina: conexão do ecossistema para visão de futuro almejada. *VIA Revista*, ano 4, n. 7, p. 15–27, 2019b. Edição especial: Pacto pela Inovação de Santa Catarina. Disponível em: https://via.ufsc.br/wp-content/uploads/2019/12/revistaVIA-especial-Pacto-pela-Inovacao.pdf. Acesso em: 14 fev. 2022.

O MOVIMENTO: compartilhamento e acompanhamento das ações. *VIA Revista*, ano 4, n. 7, p. 34–35, 2019. Edição especial: Pacto pela Inovação de Santa Catarina. Disponível em: https://via.ufsc.br/wp-content/uploads/2019/12/revistaVIA-especial-Pacto-pela-Inovacao.pdf. Acesso em: 14 fev. 2022.

ORGANISATION FOR ECONOMIC CO-OPERATION AND DEVELOPMENT. *Better life index*. [c2021]. Disponível em: http://www.oecdbetterlifeindex.org/. Acesso em: 14 fev. 2022.

PAREJA-EASTAWAY, M.; PIQUÉ, J. M. Identity of the territory in the knowledge economy. *Paradigmes*: economia productiva i coneixement, v. 6, n. 5, p. 182–193, 2010.

PAREJA-EASTAWAY, M.; PIQUÉ, J. M. Spain: creating ecologies of innovation in cities: the case of 22@Barcelona. *In*: ENGEL, J. S. (ed.). *Global clusters of innovation*: entrepreneurial engines of economic growth around the world. Northampton: Edward Elgar, 2014. p. 141–159.

PAREJA-EASTAWAY, M.; PIQUÉ, J. M. Urban regeneration and the creative knowledge economy: the case of 22@ in Barcelona. *Journal of Urban Regeneration & Renewal*, v. 4, n. 4, p. 319–327, 2011.

PIQUÉ, J. M. Barcelona: la creación de un ecosistema de innovación urbano 22@. *In*: SCHEEL, C.; PINEDA, S. (ed.). *Innovacities*: impacto de los sistemas regionales de innovación en las estrategias competitivas de las ciudades. Bogotá: UTadeo, 2015. p. 153–162.

PIQUÉ, J. M.; MAJÓ, A. Barcelona Urban Lab: Barcelona's initiative to foster precommercial and public procurements of innovative products and services. *In*: IASP WORLD CONFERENCE ON SCIENCE AND TECHNOLOGY PARKS, 29., 2012, Tallinn. *Proceedings* [...]. [Málaga]: IASP, 2012.

PIQUÉ, J. M.; MIRALLES, F. Areas of innovation in cities: holistic modelling of urban, economic and social transformation. *In*: INTERNATIONAL ACADEMIC CONFERENCE ON SOCIAL SCIENCES, 6., 2017, Barcelona. *Proceedings* [...]. [Batumi: International Institute for Academic Development], 2017.

PIQUÉ, J. M.; MIRALLES, F.; BERBEGAL-MIRABENT, J. Application of the triple helix model in the creation and evolution of areas of innovation. *In*: ABU-TAIR, A. *et al.* (ed.). *Proceedings of the II International Triple Helix Summit*. Cham: Springer, 2020. p. 223-244. (Lecture Notes in Civil Engineering, 43).

PIQUÉ, J. M.; MIRALLES, F.; BERBEGAL-MIRABENT, J. Areas of innovation in cities: the evolution of 22@ Barcelona. *International Journal of Knowledge-Based Development*, v. 10, n. 1, p. 3-25, 2019.

PIQUÉ, J. M. *et al*. Application of the triple helix model in the revitalisation of cities: the case of Brazil. *International Journal of Knowledge-Based Development*, v. 10, n. 1, p. 43-74, 2019.

PORTER, M. E. *The competitive advantage of nations*. New York: Free, 1990.

PORTER, M. E. The competitive advantage of the inner city. *Harvard Business Review*, v. 73, n. 3, p. 55-71, 1995.

PROJECT MANAGEMENT INSTITUTE. *A guide to the project management body of knowledge (PMBOK guide)*. 6th ed. Newtown Square: Project Management Institute, 2018.

PUTNAM, R. D. (ed.). *Democracies in flux*: the evolution of social capital in contemporary society. Oxford: Oxford University, 2004.

RITALA, P.; ARMILA, L.; BLOMQVIST, K. Innovation orchestration capability: defining the organizational and individual level determinants. *International Journal of Innovation Management*, v. 13, n. 4, p. 569-591, 2009.

ROBERTS, P.; SYKES, H. (ed.). *Urban regeneration*: a handbook. London: SAGE, 2000.

RUTA N. [c2021]. Disponível em: https://www.rutanmedellin.org//es. Acesso em: 14 fev. 2022.

RUTA N. *Autodiagnóstico de innovación*. [2021?]. Disponível em: https://www.rutanmedellin.org/es/oferta/empresarios-y-emprendedores/orientacion-estrategica-en-innovacion/item/autodiagnostico-de-innovacion. Acesso em: 14 fev. 2022.

RUTA N. *Observatório Regional de Ciência, Tecnologia e Inovação*. [202-]. Disponível em: https://www.rutanmedellin.org/es/recursos/observatorio. Acesso em: 14 fev. 2022.

SANTA CATARINA. *Política catarinense de ciência, tecnologia e inovação*. 2. ed. Florianópolis: FAPESC, 2010. Disponível em: http://www.fapesc.sc.gov.br/wp-content/uploads/2015/09/politica_catarinense.pdf. Acesso em: 14 fev. 2022.

SANTA CATARINA. Secretaria do Desenvolvimento Econômico Sustentável. *Guia de implantação dos centros de inovação*: livro 1: conceitos, fundamentos e Pacto pela Inovação. Florianópolis: SDS, 2017.

SANZ, L. From technology parks to learning villages: a technology park model for the global society. *In*: IASP WORLD CONFERENCE ON SCIENCE & TECHNOLOGY PARKS, 18., 2001, Bilbao. *Proceedings* […]. [Málaga]: IASP, 2001.

SARIMIN, M.; YIGITCANLAR, T. Towards a comprehensive and integrated knowledge-based urban development model: status quo and directions. *International Journal of Knowledge-Based Development*, v. 3, n. 2, p. 175-192, 2012.

SCHUMPETER, J. A. *Capitalism, socialism and democracy*. New York: Routledge, 2010.

SCOTT, A. J. *Social economy of the metropolis*: cognitive-cultural capitalism and the global resurgence of cities. Oxford: Oxford University, 2008.

SINEK, S. *Comece pelo porquê*: como grandes líderes inspiram pessoas e equipes a agir. Rio de Janeiro: Sextante, 2018.

SJOER, E.; NØRGAARD, B.; GOOSSENS, M. Implementing tailor-made CEE in theory and in practice: the knowledge triangle as a conceptual tool. *In:* WORLD ENGINEERING EDUCATION FLASH WEEK, 1., 2011, Lisbon. *Proceedings* […]. [Brussels]: SEFI, 2011.

SPIGEL, B. The relational organization of entrepreneurial ecosystems. *Entrepreneurship Theory and Practice*, v. 41, n. 1, p. 49–72, 2017.

SURIE, G. Creating the innovation ecosystem for renewable energy via social entrepreneurship: Insights from India. *Technological Forecasting and Social Change*, v. 121, p. 184–195, 2017.

THE WORLD CAFÉ. *History*. c2022. Disponível em: http://www.theworldcafe.com/about-us/history/. Acesso em: 14 fev. 2022.

TSUJIMOTO, M. *et al*. A review of the ecosystem concept: towards coherent ecosystem design. *Technological Forecasting and Social Change*, v. 136, p. 49–58, 2018.

URBAN SYSTEMS. *Ranking connected smart cities*. c2022. Disponível em: https://www.urbansystems.com.br/rankingconnectedsmartcities. Acesso em 23 fev. 2022.

VIA ESTAÇÃO CONHECIMENTO. *Habitats de inovação em Santa Catarina*. [c2022]. Disponível em: https://via.ufsc.br/mapas-da-via/. Acesso em: 14 fev. 2022.

WILLIAMSON, O. E. *The economic institutions of capitalism:* firms, markets, relational contracting. New York: Free, 1985.

WISE, E.; HØGENHAVEN, C. (ed.). *User-driven innovation:* context and cases in the Nordic Region. Nordic Innovation Centre, 2008.

WRAY, S. *Next phase for Barcelona's 22@ innovation district reflects new challenges*. 2020. Disponível em: https://cities-today.com/next-phase-for-barcelonas-22-innovation-district-reflects-new-challenges/. Acesso em: 14 fev. 2022.

ZEN, A. C. *et al. Pacto Alegre:* mapeamento do ecossistema de inovação: percepções e desafios. Porto Alegre: Aliança para Inovação, 2019.

LEITURAS RECOMENDADAS

AJUNTAMENT DE BARCELONA. *Medida de gobierno:* impulsemos el 22@. [Barcelona]: Ajuntament de Barcelona, 2020. Disponível em: https://www.barcelonactiva.cat/documents/20124/259884/MG-Impulsem-22%40-CAST-WEB.PDF/7cc80de9-6b3e-659c-4664-b352bdb8e698?t=1607504025575. Acesso em: 14 fev. 2022.

BROWN, J.; ISAACS, D.; WORLD CAFÉ COMMUNITY. *The World Cafe:* shaping our futures through conversations that matter. San Francisco: Berrett-Koehler Publishers, 2005.

BROWN, J.; WORLD CAFÉ COMMUNITY. *The World Café:* a resource guide for hosting conversations that matter. Mill Valley: Whole Systems Associates, 2002.

COPAJA-ALEGRE, M.; ESPONDA-ALVA, C. Tecnología e innovación hacia la ciudad inteligente: avances, perspectivas y desafíos. *Bitácora Urbano Territorial*, v. 29, n. 2, p. 59–70, 2019.

EUROPEAN COMMISSION. *Smart specialisation platform*. [202-]. Disponível em: https://s3platform.jrc.ec.europa.eu. Acesso em: 14 fev. 2022.

GUEDES, M. K.; TEIXEIRA, C. S. Análise da Ruta-N: parque de inovação e negócios. *In:* CONGRESSO NACIONAL DE INOVAÇÃO E TECNOLOGIA, 1., 2016, São Bento do Sul. *Anais* […]. [*S. l.: s. n.*], 2016. Disponível em: http://via.ufsc.br/wp-content/uploads/2016/11/analise-da-ruta-N.pdf. Acesso em: 14 fev. 2022.

SOUZA, J. V. T.; RAMOS, D. N.; TEIXEIRA, C. S. Medellinnovation: contextualização e a análise da iniciativa colombiana. *In*: CONGRESSO INTERNACIONAL: PESQUISA & DESENVOLVIMENTO, 1., 2017, Florianópolis. *Anais* [...]. [*S. l: s. n.*], 2017. p. 321–334.

THE WORLD CAFÉ COMMUNITY FUNDATION. *Café to go!*: a quick reference guide for hosting World Café. 2015. Disponível em: http://www.theworldcafe.com/wp-content/uploads/2015/07/Cafe-To-Go-Revised.pdf. Acesso em: 14 fev. 2022.

VIA Revista, ano 4, n. 7, 2019. Edição especial: Pacto pela Inovação de Santa Catarina. Disponível em: https://via.ufsc.br/wp-content/uploads/2019/12/revistaVIA-especial-Pacto-pela-Inovacao.pdf. Acesso em: 14 fev. 2022.